産経NF文庫
ノンフィクション

スターリン秘録

斎藤 勉

潮書房光人新社

まえがき

第二次大戦後の東西冷戦で米国と覇を競ったソ連が崩壊して三十三年経った。その地上初の共産主義帝国に独裁者として君臨し、国内では「人民の敵」にでっち上げた数百万人もの政敵の「大粛清」を断行、謀略渦巻く冷戦の戦端をも開いたヨシフ・スターリンが死んで七十一年になる。

ソ連の後継国家、新生ロシアにはしかし、民主主義はついに根付かなかった。「ソ連崩壊は二十世紀最大の地政学的大惨事」と呼ぶ現在のプーチン大統領が帝国主義的妄執から始めた大義なき隣国・ウクライナ全面侵略は二〇二四年二月二十四日、三年目に突入した。この先駆けともいうべきウクライナ南部・クリミア半島の一方的併合からはちょうど十年になる。ウクライナはロシアからの「脱隷属化」を目指す最終戦争を戦っているのだ。

ソ連帝国の屋台骨を支えた巨大かつ凶悪な秘密警察、国家保安委員会（ＫＧＢ）出身のプーチンは国内では侵略を「特別軍事作戦」と偽って言論の自由を圧殺した恐怖政治を敷き、ウクライナでは無辜の市民を虐殺、大量の子供をロシアに連れ去って、自身に国際刑事裁判所（ＩＣＣ）から逮捕状が出されている。

スターリン同様、数々の暗殺に手を染めてきたプーチンは、今年二月十六日、最大の政敵と恐れ、北極圏の刑務所に隔離・収監していた反体制の指導者、ナワリヌイ氏の息の根を止めた。米国のバイデン大統領は「間違いなくプーチンの責任だ」と非難し、「対抗措置」を示唆した。

スターリンは第二次世界大戦を「大祖国（防衛）戦争」と呼んで国民の結束を訴えかけた。戦前には「宗教は阿片だ」として全国で四万ものロシア正教の教会を破壊しておきながら、開戦後は殊勝にも自ら教会で「勝利への祈り」を捧げるポーズをとって国民の愛国心を煽った。ソ連軍民に二千七百万人もの犠牲者を出しながら、ヒトラーを破った「独ソ戦勝利」後は「地上の赤い神」といわれた。

プーチンもスターリンに倣って侵略を「祖国防衛戦争」にすり替え、ロシア正教も抱き込んで国民を戦場へと駆り立てている。プーチンはナワリヌイ氏の死から一カ月後の今年三月、大統領五選を決めた。四年前に恣意的に断行した憲法改正で今後十二年間、八十三歳まで都合三十六年間の長期独裁が可能になった。過去最長政権だったスターリンの約三十年の独裁を上回る。

プーチンは今年七十一歳、スターリン死して七十一年。プーチンはまさにスターリンの「二十一世紀の生まれ変わり」（在日ウクライナ筋）というほかない。

二〇〇〇年に登場したプーチンがいち早く着手したのは、スターリンが制定したソ連国歌のメロディーを新ロシア国歌に採用したことだ。プーチン独裁下のロシアにはスターリン像があちこちに復活した。一九五六年のフルシチョフによる「スターリン批判」以後、「ボルゴグラード（ボルガの街）」と名称変更されたロシア南部の都市「スターリングラード（スターリンの街）」の旧名復活運動も地元では今なお根強い。スターリングラードは大祖国戦争でヒトラーとの天下分け目の決戦場となった因縁の地だ。プーチンも旧名復活に前向きといわれる。

プーチン体制下での「ロシアの偉人二十傑」のアンケートでは、スターリンが断トツのトップ、二位がプーチンと「ロシアの魂」といわれる作家・詩人のプーシキンだ。侵略に徹底抗戦を誓い、「非共産化」と「非ロシア化」を推し進めるゼレンスキー大統領率いるウクライナは、スターリン、プーチンは無論、精神的けじめとしてプーシキンやトルストイ、ドストエフスキーまで拒否するほどロシアとの決別機運は強い。

スターリンの権力と個人崇拝の頂点は一九四九年十二月二十一日の七十歳の誕生日だった。ソ連全土に独裁者の巨大な肖像画や写真が無数に現れた。古稀の祝典が催されたモスクワのボリショイ劇場には大戦後、スターリンが共産化した東欧諸国の全首脳が集まり、直前の十月一日に中華人民共和国の建国宣言をしたばかりの毛沢東も念願叶ってスターリンに初めて招待され、最初に祝辞を述べた。東側同盟国などから約二万三千点もの豪華な贈り物が届けられた。

プーチンも二〇二二年十月七日の自身の七十歳の誕生日について、崇拝するスターリン同様の絢爛たる祝賀行事を夢想していたのではないか、と私はみている。ウクライナ全土を併合して「領土を拡大した英雄」と称えられ、帝政ロシア時代に同じく新たな領土を獲得したピョートル大帝やエカテリーナ女帝らと並ぶ「皇帝」として歴史に名を刻もうと妄想を巡らせたのではないか。

それが証拠に、プーチンは当初、首都キーウ（キエフ）を数日間で制圧し、直後に現地で戦勝パレードまで考えていたとの内部情報が出回った。現実には、キーウはウクライナ軍の反撃で占領できずに終わり、戦線を東・南部に振り向けざるを得ず、戦況は膠着状態が続いている。

七十歳の誕生日当日は祝典どころか、惨憺たる事態となった。まるでプーチンへの面当てのようにノーベル平和賞が発表され、選りによってプーチンが「外国のエージェント（スパイ）」に仕立て上げて解散を命じたロシア最大の人権団体「メモリアル（記憶）」▽ウクライナで民間人虐殺などの「プーチンの戦争犯罪」を調査・記録している「市民自由センター」▽プーチンを後ろ盾に独裁体制を維持しているベラルーシのルカシェンコ大統領に真っ向から立ち向かっている人権活動家、ビャリャツキ氏―の三者が受賞したのだ。ちなみに「メモリアル」は主にスターリンの粛清や弾圧等を告発していた。

加えて翌十月八日には、プーチン自らトラックを運転して渡り初めまでしたクリミア半島とロシアを結ぶクリミア大橋まで爆破された。

実はスターリンの誕生日祝典の四カ月前の一九四九年八月二十九日、ソ連は米国の広島、長崎への原爆投下から四年経って初めての核実験に成功し、関係者の間では「これこそスターリンへの最高のバースデー・プレゼント」といわれた。七十五年後の今、その核兵器をプーチンがウクライナ侵略で現実に使うのではないかと世界で強い懸念を呼んでいる。

第二次大戦は日露間ではまだ終わってはいない。スターリンが終戦直前、日ソ中立条約を一方的に破って対日参戦し、旧満州や朝鮮半島などから日本の軍人や軍属など約六十万人（現実にはこの数字よりはるかに多いとする研究もある）をシベリアなどに強制連行し、奴隷労働させたあげく、約六万人の死者（これも最低限の数字とされる）を出した「シベリア抑留」問題はクレムリンから公式文書での謝罪も補償もなく未解決のままだ。私事だが、私の父も極東の酷寒の収容所で二年間、強制労働させられた。極度の栄養失調のまま何とか帰還はしたが、私が十歳の時、四十五歳で他界した。

シベリア抑留と並行してスターリンが仕出かした択捉・国後・色丹・歯舞の日本固有の領土である北方四島の不法占領も、いまなお続く世紀を跨いだ国家主権侵害の国際犯罪だ。ところが、プーチン政権は「南クリール（四島）はロシアの領土であり、国際法で確定している」との虚説を主張、「領土問題抜きで平和条約を結ぶ」と嘯いている。ウクライナ侵略を始めた直後には平和条約交渉自体を中断してしまった。

シベリア抑留が「壮大な拉致事件」とすれば、スターリンの蛮行のＤＮＡをそのまま受け継いでいるのが残忍極まる日本人拉致事件の全面解決を拒む北朝鮮の金王朝だ。拉致事件ではほんの一握りの被害者とその家族が戻ってきただけで、残る被害者たちは政治的な凍土で一刻も早い救出を待ちわびている。

スターリニズムは二十世紀の遺物ではない。北方領土に居座るロシア、拉致に加えて核・ミサイル発射に血道を上げる北朝鮮、南シナ海を軍事化し、尖閣諸島奪取を狙う中国。いずれも核を持ち、絶え間なく日本に牙を剥き続けている。

私はモスクワ特派員として初めて赴任したゴルバチョフ時代のペレストロイカ（改革）以降にロシアで発行された歴史書や文献、専門家の論文、古文書館の機密文書などを中心に、この希代の独裁者の実像に迫る「スターリン秘録」を二度目のモスクワ赴任となった二〇〇〇年十月から十二月にかけて産経新聞紙上で七十一回にわたって連載した。これをまとめた同じタイトルの単行本を二〇〇一年三月に産経新聞出版から出版し、二〇〇九年六月には一部加筆のうえ扶桑社から文庫本を出版した。

このたび、「スターリンの再来」というべきプーチンのウクライナ侵略に伴い、潮書房光人新社から産経NF文庫として装いも新たに再び文庫本出版の運びとなった。

本書をプーチンのロシアとウクライナ侵略の正体、中国や北朝鮮、さらに今後、世界のどこかで生まれるであろう独裁・強権国家の本質を理解する一助としてお読み戴けるのであれば、望外の喜びである。

二〇二四年三月

産経新聞論説委員　**斎藤 勉**

スターリン秘録——目次

第二部　覇権への道――冷戦とソ連帝国

第三部　暴虐の荒野――粛清と死

1940年末の赤軍(陸軍)の政治的統制

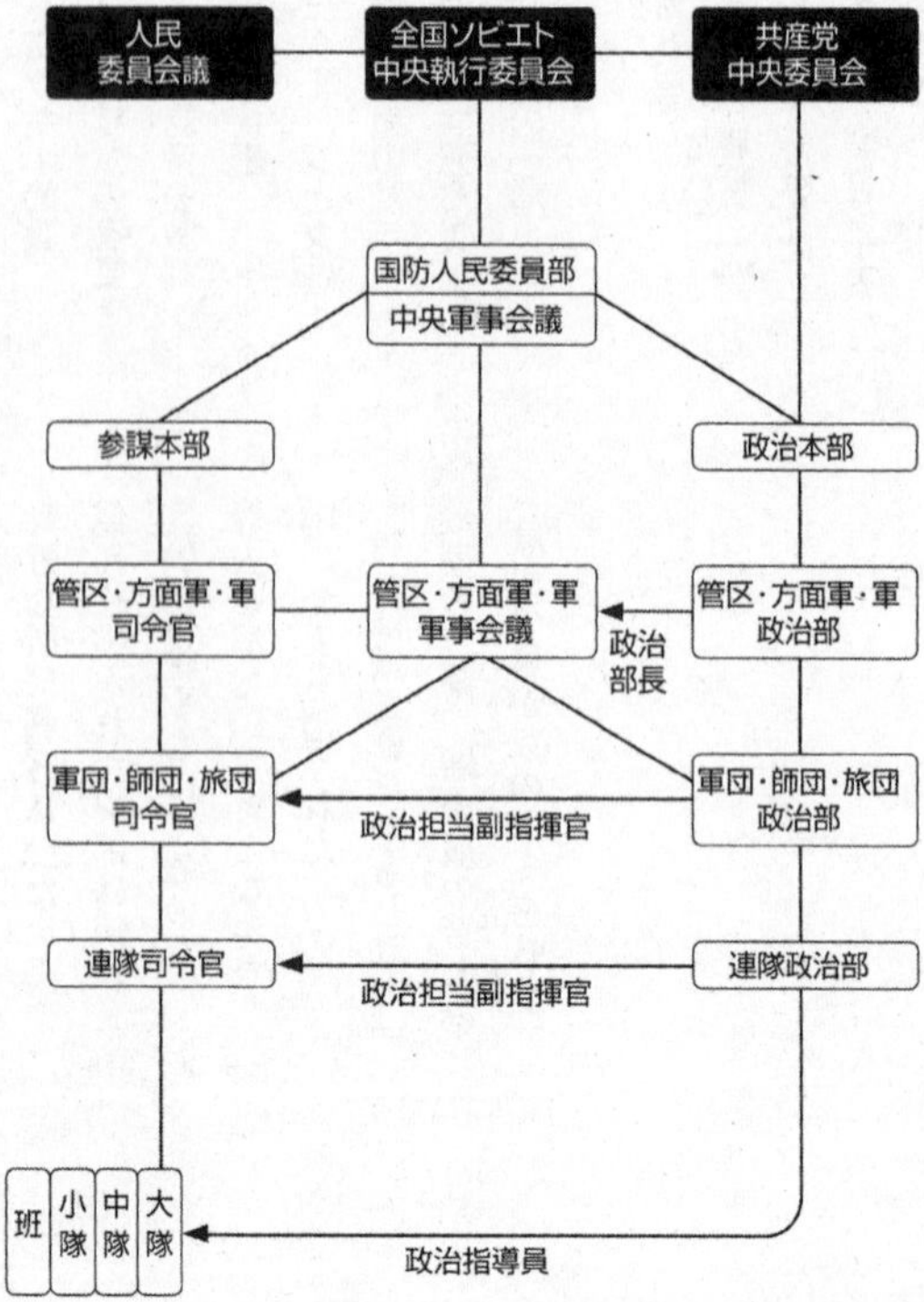

スターリン秘録

第一部　地上の赤い神

――大祖国戦争から終戦

開戦前夜の謀略――独裁者が独裁者を眠らせた

一九四一年のモスクワは、この年のソ連の破滅的な運命を象徴するかのように冬が六月まで尾を引き、二週目には雪が舞った。

陰鬱《いんうつ》な日々が続くある午後、ヨシフ・スターリン（本名・ヨシフ・ビッサリオノビッチ・ジュガシビリ）は、クレムリンの執務室にゲオルギー・ジューコフ参謀総長を呼んだ。ナチス・ドイツがソ連に電撃侵攻する「バルバロッサ作戦」開始の十数日前のことである。

スターリンは机の引き出しから数枚の紙片を取り出すと、「読んでみたまえ」と言ってジューコフに手渡した。それは、スターリンからドイツの独裁者、アドルフ・ヒトラーに宛てた書簡だった。

「尊敬すべきヒトラー総統閣下。閣下はなぜ、我が国の国境一帯に軍を集結させておられるのか。我が方は二年前の独ソ不可侵条約を遵守しており、今後も平和的関係を続けたいと願っている」との趣旨で、独ソ対決回避を強く訴えていた。ジューコフが目を通し終わると、スターリンは「ほれ、これが返事だ」と別の書簡を取り出した。

ヒトラーがスターリンに返信をしたためてきたというのだ。

三九年九月一日、ポーランドに侵攻して第二次世界大戦の口火を切ったドイツ軍は、破竹の勢いで欧州各地を席捲《せっけん》した。翌四〇年六月、フランスを陥落させ、四一年春までにブルガリア、さらにバルカン半島にも軍を進めてソ連と友好不可侵条約を結んでいたユーゴスラビアをも占領、一気にギリシャへと侵攻した。独ソ関係にはにわかに暗雲が漂い始め、欧州各地で「独ソ戦開始近し」、との噂が広がっていた。

「ソ連とドイツとの戦争が近いとの噂が英国や他の外国メディアで誇張されて報道されているが、これは独ソ両国に敵対し、戦争拡大を望む勢力の拙劣なでっち上げ宣伝である。ドイツはソ連にいかなる領土的、経済的要求もしてはいない」

ヒトラーの返信から数日後の六月十四日、ソ連国営タス通信は、返信の内容とほとんど瓜二つの声明を発表したのだった。

スターリンはヒトラーからの私信を「独ソは互いに戦端を開かず」のメッセージと真に受け、それをソ連自身の意思として全世界に発表することで、ヒトラーとの宥和《ゆうわ》を図ろうとしたのである。

《独ソ戦の開戦前夜、スターリンとヒトラーが書簡を交換していた――との逸話は、ジューコフの通訳、レフ・ベズィメンスキー氏がジューコフ自身から六六年に聞き出し、二〇〇〇年発行の著書『ヒトラーとスターリン／戦い前夜』の中で初めて暴露している》

スターリンは全連邦共産党（ボリシェビキ＝五二年十月からソ連共産党）書記長だった一九三〇年代前半から党、軍、政府諸機関内の「政敵」たちを粛清でごっそり抹殺し尽くし、三九年三月の第十八回党大会で全権を完全掌握、党指導部を新世代の若い幹部で固めた。同年十二月に還暦を迎えたスターリンは、独ソ戦開戦までには国民にとって「誤謬《ごびゅう》なき〝地上の神〟」となっていた。

四一年四月、帝政ロシア時代の軍服の復活を決定した。「世界革命」の野望をひとまず棚上げし、スターリンは「神」に加えて一国社会主義体制に君臨する「赤いツァーリ（皇帝）」への道にも踏み出したのである。さらに五月四日、党中央委員会はスターリンを人民委員会議議長（首相に相当）に任命、公式に国家の指導者にも就任する。

「スターリンはヒトラーとの直接交渉団のトップになるために首相となり、戦争回避を自ら説得するつもりだった。ヒトラー指導部はまだ対ソ戦開始を最終決定しておらず、その軍部内にも亀裂《きれつ》がある、との諜報員《ちょうほう》の情報があったためだった」

《スターリンの最大の政敵だったレフ・トロツキーの暗殺（四〇年八月）を計画、指揮したことで知られるパーベル・スドプラートフ国家保安省情報・破壊工作局長はその著書『特別作戦』でそう断ずる》

その前日の五月三日、党機関紙「プラウダ」は、スターリンの隣にウラジーミル・デカノーゾフ駐独大使が立つ珍しいメーデーの写真を一面に掲載した。ドイツのベルネル・シューレンブルグ駐ソ大使は、これをドイツへの宥和の一連のシグナルと受け止め、素早い動きに出た。

モスクワ中心部のチーストゥイ（清廉）横町の一角に、現在はロシア正教会の総主教、アレクシー二世が住む乳白色の古風な邸宅がある。戦前はドイツ大使公邸だった。

五月五日。シューレンブルグ大使は帰国中のデカノーゾフ駐独大使と外務人民委員部（外務省）のパブロフ西欧部長を密かに大使公邸の朝食会に招待した。スターリンが望む二人の独裁者同士の直接対話に向けた極秘交渉の始まりだった。この秘密会合は九日に場所を外務人民委員部迎賓館に移し、さらに十二日には同大使公邸に戻って合計三回、集中的に行われた。

《これら一連の会合の模様はイスラエル有数のロシア研究者、ガブリエル・ゴロジェツキー氏がロシア大統領古文書館の資料を基に執筆した九九年発行の著書『破滅的自己欺瞞／スターリンと、ヒトラーのソ連侵攻』に詳しい》

独ソ首脳会談に向けた交渉の舞台の一つとなったモスクワのドイツ大使公邸（斎藤勉撮影）

シューレンブルグ大使は最初の交渉で、奇妙にも「この会合は実は私自身のイニシアチブで、ヒトラー指導部の指示ではない」と切り出し、二回目会合でこんな提案を行った。

「スターリン首相はヒトラー総統と松岡洋右外相、（イタリアの）ベニト・ムソリーニ・ファシスト党首領の三人に全く同じ内容の私的書簡を送り、ソ連が今後もこの三国に友好的な政策を取り続けると保証したらいかがでしょう。スターリン首相はこの私信で（独ソ開戦の）噂に反駁《はんばく》し、これにヒトラー総統が返事を書く。これで、問題は解決されるはずです」

スターリンは渡りに船とばかり、ドイツとの宥和外交の補強策に全力を挙げた。三回目の会合でソ連のデカノーゾフ大使は「スターリン首相とビャチェスラフ・モロトフ外相の同意が得られた」とドイツ側に伝え、シューレンブルグ大使とモロトフ外相が共同でスターリンのヒトラー宛の手紙を起草する提案まで机上に乗せたのである。

これが数日後、二人の独裁者の交換書簡につながっていく。

だが――。この極秘交渉に冷水を浴びせるかのように、五月六日、東京から風雲急を告げる暗号電報がクレムリンに舞い込んでいた。発信者はソ連赤軍第四部からドイツの「フランクフルター・ツァイトゥング」紙特派員の肩書を隠れ蓑に日本で暗躍していた対日諜報員「ラムザイ」(コードネーム)だった。リヒャルト・ゾルゲその人である。

「ヒトラーはソ連を殲滅《せんめつ》し、全欧州支配のための穀物原料基地として、ソ連の欧州部を手に入れる決断を下した」(ロシア大統領古文書館資料)

ヒトラーにとって、秘密交渉も、その結果としての交換書簡も、実は、目前に迫ったソ連突入に備えてスターリンを眠らせておく謀略の甘いエサだったのである。

警鐘は無視された——「戦争を煽る奴は銃殺だ」

モスクワ・ボリショイ劇場の斜め向かいにある帝政ロシア時代からの名門ホテル「メトロポール」。スターリンとヒトラーの書簡交換と直接対話に向けた極秘交渉が一段落した一九四一年五月下旬、ここで奇妙な〝事件〟が起きた。ベルリンから飛んできたドイツの二人のクーリエ（伝達使）がほぼ同時に、一人はトイレの中に、もう一人はエレベーター内に閉じ込められ、たった五分の間に、機密文書を全て盗撮されてしまったのだ。

スターリンの直接の指示だった。

《この秘密工作については、自ら直接関与したパーベル・スドプラートフが自著『特別作戦』で明かしている》

スターリンは対ソ開戦を否定するヒトラーの真意に常に疑念を抱き、水面下の動きを必死で探ろうとしていた。

三三年一月、自分より十歳若いヒトラーがドイツで政権を掌握、反対派への苛烈な弾圧で独裁体制を敷くと、スターリンはヒトラーの著書『わが闘争』の中の過激な一節に目を奪われた。

「我々は戦争（第一次世界大戦）前の植民地・商業政策を止め、今後は領土獲得政策へと移行する。欧州の新しい領土について言えば、我々が第一に念頭に置いているのは、ロシアとその支配下にある周辺諸国だけである」

「いつの日か、ヒトラーの軍がソ連に必ず襲来する」。こう確信したスターリンは、国内で進めていた大粛清最中《さなか》の三七年、抹殺すべき政敵のリストを点検しつつ、四二年までの軍事力増強作戦「労農赤軍発展・再編五カ年計画」を策定、戦争準備に着手する。

四〇年六月、ドイツに襲われたフランスのあっけない陥落はスターリンを激しく落胆させ、居合わせたニキタ・フルシチョフ党政治局員の前で「畜生！」と呟《つぶや》き、がっくりとうなだれた。それでも「ヒトラーとドイツ軍部は馬鹿ではない。ソ連と西欧の二正面作戦の暴挙に打って出ると思うか」が口癖で、「ドイツとの開戦は、ヒトラーが英国を完全屈服させた後の四二年末か半ば」との確信を再三、側近らに漏らしていた。「四二年になればヒトラーに対抗できる戦力が育つ」との読みもあった。

スターリンには何としても時間稼ぎが必要だった。独ソ不可侵条約もその一策だったが、四一年四月、ソ連の国防産業の向上を見せつけるため、ドイツの駐ソ武官をシベリアの最新軍事工場見学に招きもした。そこに降って湧いたように翌月、直接対話を目指す極秘交渉がドイツ側から提案されたのである。スターリンはこれにすがりついた。

しかし、同じ頃、モスクワのチカロフ中央空港に、ドイツの輸送機ユンケルス52がソ連の航空管制の網を見事にかいくぐって着陸する事件が発生、スターリンを激怒させた。主人は空軍司令部の幹部数人の責任を追及し、銃殺に処した。

極秘交渉の裏で、独裁者同士の神経戦もピークに達していたのだ。

「戦争直前、モスクワ郊外にあるダーチャ（別荘）で、スターリンはしばしば側近を呼んで酒宴を催した。（いつもは孤独好きの）主人が、毎度我々の輪に加わり、この別荘での会合がクレムリンでの会議に取って代わった」

《五六年の第二十回党大会で「スターリン批判」を行い、世界に衝撃を与えることになるフルシチョフも酒宴に参加し、その模様を『回想録』に記している。側近から「主人」と呼ばれたスターリンは、二度目の妻、ナジェージダ・アリルーエワの三二年十一月の短銃自殺の後、五三年三月の死までこの別荘で一人暮らしを続けた》

酒宴に戦争の恐怖と不安を紛らそうとしたスターリンだが、警鐘は容赦なく乱打され続けていた。

英首相のウィンストン・チャーチルは再三、「ヒトラーのソ連侵攻の可能性」を警告してきた。しかし、スターリンは「苦境に陥った英国が独ソを戦わせようとする挑発だ」と真に受けなかった。

東京にいる対日スパイ「ラムザイ」ことゾルゲは四一年六月一日、たて続けに数本の緊急暗号電報をクレムリンに打電し、「オット駐日独大使は『ドイツの対ソ侵攻は九五％まで間違いない』と述べている。ドイツは東欧に強力軍を張り付け、一刻も早く赤軍を駆逐してソ連側からの脅威を完全に一掃しないと、アフリカ戦線の拡大が不可能になる。これがソ連侵攻の理由だ」と分析していた。

《ゾルゲがこの日の電報で、ドイツ侵攻の「Xデー」を「六月二十二日」とピタリと言い当てたとの通説があるが、それを証明する公式記録は発見されていない》

六月九日、スターリンはセミョーン・チモシェンコ国防相とゲオルギー・ジューコフ参謀総長を前に、冷笑を浮かべながら、「ゾルゲ情報」についてこう皮肉を述べている。

「日本で売春宿を抱えている（資本主義三昧《ざんまい》の生活をしているの意）ような輩《やから》が、ご丁寧にもドイツが攻めてくると教えてくれなすった。あんな奴を信用できると思うか？」

その九日後、スターリンは「完全戦闘態勢」の準備を進言するジューコフに「お前は何だ。わしらを脅しにきたのか。戦争が必要なのか。ひょっとしてお前、勲章が足らずにもっと高いのを狙っているのか」となじった。チモシェンコにも「お前のように戦争を煽る奴は銃殺にしてくれる」とののしった。（ガブリエル・ゴロジェツキー著『破滅的自己欺瞞』）

独ソ戦直前、スターリンがしばしば、側近を集めて酒宴を催した別荘の一室。この部屋は「政治局会議室」として使われた（斎藤勉撮影）

アドルフ・ヒトラー

ヨシフ・スターリン

しかし、風雲急を告げる情報は国際共産主義運動組織、コミンテルン（第三インターナショナル）を通じて中国からも舞い込んでいた。

「中国共産党の周恩来は毛沢東に宛てた電報の中で、『国民党の蒋介石主席は、ドイツが六月二十一日にもソ連に侵攻すると断言した』と報告している」（コミンテルンのゲオルギー・ディミトロフ書記長の六月二十一日付の日記）「ドイツ軍を挑発するな」が、主人の至上命令となった。「挑発行動を煽っている」として、主人はウクライナの民族独立主義組織、サモスチーニクの弾圧に乗り出した。

ヒトラーとスターリンの極秘交渉は、ベルネル・シューレンブルグ駐ソ独大使の言葉通り、「平和主義者」の評判高い同大使自身の発案であり、ヒトラーの指令ではなかった。ただ、スターリンを油断させておく格好の方策として黙認していたのだ。ヒトラーは交渉最終日の五月十二日、密かに「交渉停止」を命じ、既に四〇年十二月に正式決定していたソ連侵攻の最終準備にかかる。そうとは知らぬスターリンはなお交渉継続に期待をかけていた。

ドイツ軍の侵攻――「ヒトラーはこれを知らないのだ」

受話器の向こうから、重い息遣いだけが聞こえていた。長い沈黙……、そして、溜め息。一九四一（昭和十六）年六月二十二日、日曜日の午前三時半。ヒトラーが二年前の独ソ不可侵条約を破ってソ連に電撃侵攻した直後、ゲオルギー・ジューコフ参謀総長からの緊急電話にヨシフ・スターリンはダーチャで明らかに色を失っていた。最後に一言だけ絞り出すように、こう指示した。

「対抗措置は取るな」

スターリンは前夜十一時まで全連邦共産党（後にソ連共産党と改称）の政治局会議を開いていた。そこへジューコフや国防人民委員（国防相）のセミョーン・チモシェンコらが飛び込んできて機密情報を伝えた。

「たった今、我が方に脱走してきたドイツ兵が『ドイツ軍は二十二日午前四時にソ連国境を越える』との情報をもたらしました」

しかし、スターリンは「我々を挑発するために、ヒトラーが逃亡兵を特別に送り込んできたのじゃないかね」と言い残し、最側近の外相、ビャチェスラフ・モロトフらを従えてダーチャへ引き揚げ、開戦の直前まで酒宴を続けていたのである。

《開戦前夜のスターリンの様子は、ガブリエル・ゴロジェツキー著『破滅的自己欺瞞』、『アナスタス・ミコヤン回想録』などに詳しい》

陰鬱《いんうつ》な雲に覆われていたモスクワには、六月二十一日の土曜日になって突然、久しぶりにギラギラした太陽が照りつけ、真夏日となった。市民たちは戦争の不安をしばし忘れ、街に、公園に、郊外のダーチャに……と、どっと繰り出し、学生たちの卒業パーティーも各地で催された。ヒトラーは、この平和な週末の寝込みを襲ったのである。

《この日までに、モスクワのドイツ大使館員の大半は既に帰国し、バルト諸国・ラトビアのリガ港に停泊していたドイツの船舶も全て引き揚げ、ヒトラーの戦争準備は完了していた》

開戦と同時に、五百五十万のドイツ同盟軍は、モスクワ、レニングラード、ウクライナ、カフカスの各方面に向けて進撃を開始、空軍機はソ連領土深く侵入して白ロシア（ベラルーシ）の首都ミンスク、ウクライナの首都キエフ、黒海の海軍基地セバストポリなどに激しい空爆を加えた。国境一帯の戦闘機は飛び立つ間もなく約千五百機が破壊され、鉄道、通信網も各地で寸断された。初日から壊滅的な被害が出た。

二十二日午前四時半。クレムリンで緊急政治局会議が始まった。風邪の発熱を押して、いの一番に執務室に駆けつけたスターリンは、顔面蒼白《そうはく》で、途方に暮れた表情だった。たばこをいっぱいに詰めたパイプを手にしながらモロトフ、レフ・メフリス、ラブレンティ・ベリヤらを前に「（ソ連侵攻は）ドイツ軍部の挑発だ」と切り出した。チモシェンコは「主人」の幻想を覚まそうと、「問題はもはや、地域の紛争ではなく、全戦線での侵攻なのです」と説得を試みたが、スターリンは「挑発だとすると、ドイツ軍は（ソ連に罪を負わせるため）自国の都市も爆撃しているはずだ」と自説を曲げなかった。そして、やや考え込んだ後、突拍子もないことを言い放ったのである。

「ヒトラーは間違いなく、これ（ソ連侵攻）を知らないのだ」

ヒトラーの真意を確かめるため、スターリンはモロトフに駐ソ独大使のベルネル・シューレンブルグと至急、連絡を取るよう命じた。

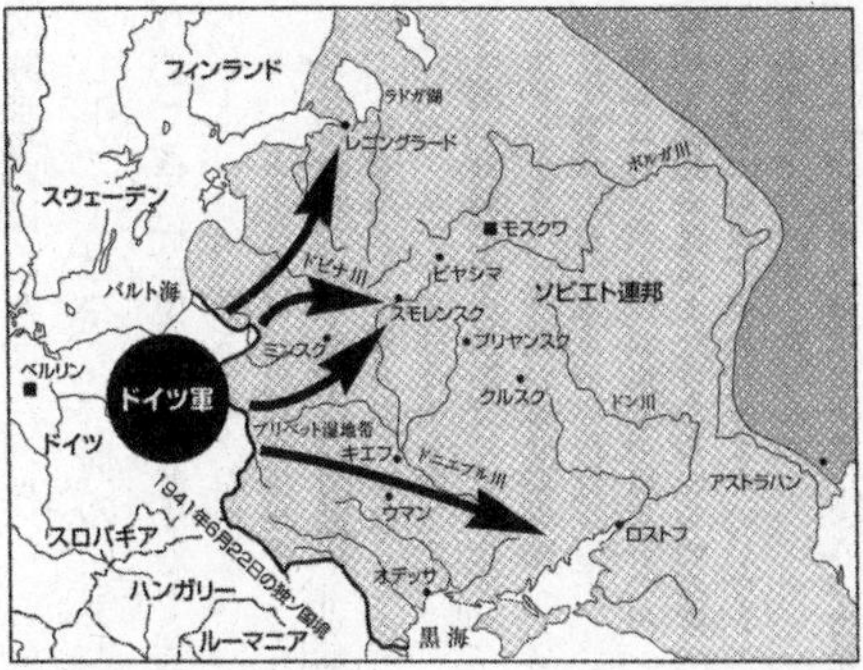

独ソ戦緒戦のドイツ軍侵攻図

だが、独裁者同士の直接会談をお膳立てしようとした主役のシューレンブルグは自分の方からクレムリンに出向いてきて午前五時頃、モロトフにこう告白した。

「誠に遺憾なことですが、ドイツ政府は国境に集結しているソ連軍への軍事的対抗措置を取らざるを得ないと考えております」

事実上の宣戦布告であった。

午前七時からラザリ・カガノービチ、ゲオルギー・マレンコフらを加えて再開された政治局会議で、スターリンはようやく、ヒトラーへの強い怒りを露《あらわ》にした。

「ヒトラーは全く、何の口実もなく、交渉もしないで、我が方を襲撃してきた。ただ、攻めてきた。卑劣だ。まるで強盗じゃないか」

ヒトラーとの直接交渉の可能性に「時間稼ぎ」の最後の期待をかけていたスターリンは、「最後通告」もない襲来を信じられなかった。そして、なぜ英国軍がソ連侵攻に加わらなかったのか不思議だった。

スターリンは四〇年六月のフランス陥落後、ドイツとの戦闘で苦境に陥っていた英首相、ウィンストン・チャーチルがドイツをソ連と戦わせ、独ソ双方の弱体化を狙っているのではないか、との疑念に常にとらわれていた。

そこへ四一年五月十日、ナチス・ドイツ副総統のルドルフ・ヘスが密かに航空機で祖国を飛び立ち、英国上空で撃墜されてパラシュートで脱出、降下する事件が起きた。これをスターリンは、英独が極秘裏に手を結び、交戦国同士から一転、同盟関係を締結してソ連に刃向かってくる前兆——とにらんでいたのだ。ヘスが元々、「英独同盟」の信奉者として知られていたことも背景にあった。

《スターリンが英独連携を疑っていたことについては、ガブリエル・ゴロジェッツ

キー著『破滅的自己欺瞞』によった》

しかし、チャーチルは独ソ戦開始の六月二十二日の当夜、スターリンが後に「歴史的」と評価したソ連支援の演説を行う。

「私以上に一貫した反共主義者はいないが、我々には、ヒトラーとナチズム体制を徹底的に破滅させるというただ一つの不変の目的しかない。我々はでき得る限りの援助をロシアとロシアの民に与えたい。ロシアの危機は英国の危機であり、米国の危機でもある……」

《これが英米ソの反ヒトラー連合の出発点となったのだが、四一年中の現実の対ソ援助の履行率の低さが、逆にソ連の対英不信を生むことになったと秋野豊著『偽りの同盟』は指摘している》

やっと〝眠り〟から覚めたスターリンだが、二十二日正午、ラジオを通じて開戦後初めて国民に訴える役目はモロトフに負わせた。

「我々は正しい。敵は殲滅《せんめつ》されよう。勝利は我々にある……」

スターリンは、ヒトラーの裏切りと自らの判断ミスに、深く打ちのめされた。「地上の神」となった絶対的独裁者に対し、徹底抗弁できる側近がいない全体主義国家ゆえの弱さが露呈された緒戦の大敗北であった。

独裁者の動揺――主人は自分の逮捕を確信した

白樺、菩提樹、松……。目を洗われるような緑が夏の夕日に照り映えている。クレムリンから車で北西に十五分。モスクワから少し外れたクンツェボの森は、戦争勃発《ぼっぱつ》や、開戦前の恐怖逃れの酒宴騒ぎが嘘のように静まりかえっていた。

独ソ戦開戦から八日目の一九四一（昭和十六）年六月三十日。スターリンはクレムリンには全く姿を現さず、森にすっぽり隠れた公邸代わりのダーチャの「小食堂」で、悄然《しょうぜん》として一人ソファに体を沈めていた。十二年後に突如、昏倒《こんとう》し、死を迎えることになる因縁の一室である。壁にはレーニン（本名はウラジーミル・イリイッチ・ウリヤノフ）の肖像画が掛かり、その上で年中つけっ放しの豆電球が灯明のように薄暗く「革命の父」を照らし出している。

ふと、「小食堂」の入り口付近が複数の足音でざわめき、六人の男たちが何の前触れもなく、入ってきた。外相のビャチェスラフ・モロトフ、内相のラブレンティ・ベリヤ、副首相のアナスタス・ミコヤンとニコライ・ボズネセンスキー、党政治局員のクリメント・ウォロシーロフ、党書記のゲオルギー・マレンコフの面々である。

彼らを目にした途端、スターリンは異常な反応を示した。

「主人は文字通り石のように身を硬くして頭を両肩の中に埋め、ソファに体ごと深くずり下がった。驚愕《きょうがく》して目を大きく見開いていた。我々を怪訝《けげん》そうに見回すと、喉から絞り出すような低い声で言った。『何をしにきた』と」（九九年発行の改訂版『ミコヤン回想録』）

この瞬間、ミコヤンとベリヤは、「主人は、我々が主人を逮捕しにやってきたのだと確信したのだ」と直感した。

《スターリンはモスクワ郊外に四つの別荘を持っていたが、三三年建設のクンツェボ別荘はクレムリンから最も近く、通称「近い別荘」と呼ばれた。大粛清の謀略構想を練り、第二次世界大戦から戦後にかけて英国のウィンストン・チャーチル、ユーゴスラビアのヨシプ・チトー、中国の毛沢東と周恩来、北朝鮮の金日成らの首脳を招き、別荘外交を展開した》

三〇年代の大粛清で「政敵」らを片っ端から逮捕、銃殺し尽くした独裁者が、あろうことか、自分の逮捕を確信したように「驚愕」して身構えたというのだ。スターリンが生涯で見せた唯一の光景だった。

ロシアの大統領古文書館には、クレムリンのスターリンの執務室への詳細な要人の出入り記録が残っている。しかし、独ソ戦開始直後の困惑の日々の中で、六月二十九、三十の二日間だけが全く空白なのだ。

快進撃を続けていたドイツ軍は二十九日、侵攻後一週間で白ロシア（ベラルーシ）の首都ミンスクを陥落させ、早くもモスクワを射程内にとらえつつあった。各戦線との通信網も寸断されていた。ヒトラーのだまし討ちに憤慨したスターリンは二十八日、政治局の面々を前に、険しくいらだった表情で「わしは指導部から手を引く」と、辞任を示唆する驚くべき台詞《せりふ》を吐くと、そのままダーチャに引きこもってしまったのである。

《この辞任発言は開戦当時、ウクライナ共和国の党第一書記だったニキタ・フルシチョフが後にベリヤから聞いた話としてその回想録に記した》

二十九日。スターリンはモロトフらを引き連れて突然、国防省に姿を現した。しばし、参謀総長のゲオルギー・ジューコフと穏やかに話していたかに見えたスターリンは突然、激高してジューコフを怒鳴りつけた。

「何が参謀本部だ。何が参謀総長だ。（侵攻の）初日からあわてふためきやがって。何も掌握しちゃいない。誰が司令しているんだ」

思わぬ叱責《しっせき》と中傷に、勇猛で鳴るジューコフは「わーっ」と号泣し、別の部屋に引きこもってしまった。国防省からの帰途、スターリンは落胆した面持ちで呟《つぶや》いた。

「我々は、レーニンが残してくれた偉大な遺産（社会主義国家体制を指す）を、全てクソと一緒に全部出し尽くしてしまった……」（『ミコヤン回想録』）

スターリンがモロトフら六人の突然の来訪に「驚愕」したのはその翌日のことだった。

緒戦の壊滅的打撃に、スターリンはレーニンが築いた国家の崩壊の悪夢に深く、打ちのめされていた。そして、「指導者の座から降りると宣言した以上、ヒトラーの襲来に何ら反撃措置を取れなかった責任を取らされて、自分の逮捕を直感したのではないか」（ベリヤの証言）というのだ。

スターリンは警戒を怠っていた訳ではなかった。開戦半年前の四一年一月には、参謀本部に命じ、密かに独ソ戦の机上シミュレーション（模擬戦争）を試みさせている。

「どちらが勝ったのだ」。延べ九日間にわたる綿密な模擬戦争の結果を尋ねたスターリンに、当時の参謀総長、キリル・ミェレツコフがうつむいて沈黙を続けると、「哀れなことに、我々には適当な参謀総長がいないようだ」と睨《にら》みつけ、その場で解任した。翌日には、キエフ特別軍管区司令官だった、まだ四十四歳のジューコフを後任に据えた。自分が抜擢《ばってき》したジューコフへの怒りは自らへの怒りでもあった。

《模擬戦争の模様は『クレムリン・司令部・参謀本部』（ユーリー・ガリコフ著）などに詳しい》

開戦直前まで乱打し続けられた諜報員からの警鐘をことごとく無視してしまった誤った判断に加え、革命時から残っていた指揮能力に長けた赤軍幹部は、自分が大粛清で根絶やしにしてしまっていた。深い悔恨の念がスターリンをとらえていた。

側近六人が揃ってスターリンのダーチャを訪れたのは、ヒトラーに屋台骨を揺さぶられた国家を立て直し、戦時体制の確立に向けて全権を一手に集中させる「国家防衛委員会」の創設と、その議長就任を主人に要請するためだった。スターリンの驚愕ぶりに、一同は「不思議さ」を覚えた。モロトフが来意を告げると、大きく見開いた目をにわかになごませ、硬直させた体を元に戻した。「分かった。引き受けよう」。主人の一言で一同はようやく、国家防衛委員会の組織協議に入った。

しかし、スターリンが落胆の底から立ち直るにはなお時間を要した。

スターリンが自分の「逮捕を確信した」と周囲に思わせるほど破滅的だった緒戦の大敗北は、その戦略的原因をたどると、スターリンが対独激突までの時間稼ぎを謀ったはずのモロトフ・リッペントロップ条約（独ソ不可侵条約）そのものに行き当たるのである。

独ソ不可侵条約——「ヒトラーを騙すぞ、騙すぞ」

独ソが開戦する二年前の一九三九（昭和十四）年八月二十三日夜。クレムリンのスベルドロフ・ホールは祝杯のシャンパングラスを触れ合わせる音が深更まで続いた。この日、ベルリンから飛んできたドイツの外相、ヨアヒム・リッペントロップが、ソ連外相のビャチェスラフ・モロトフとの間で、期限十年の独ソ不可侵条約を締結したのだ。ヨシフ・スターリンがアドルフ・ヒトラーと手を結んだ瞬間だった。

この条約がヒトラーの裏切りで一年十カ月の短命に終わるとは、この時は露知らないスターリンは祝宴の挨拶で、世界をぎょっとさせる言葉を吐いた。「反コミンテルンの新メンバー、スターリンのために飲みましょう」

世界は革命前夜にあるとの認識の下、国際共産主義運動組織「コミンテルン」（共産主義インターナショナル＝第三インター）はロシア革命から間もない一九年三月、モスクワに誕生した。これに対し、ドイツと日本は三六年十一月、「反コミンテルン」を旗印に「防共協定」を締結したが、スターリンは独ソ不可侵条約締結で表向き、敵陣営に寝返った形になったことを冗談めかしてこう表現したのだ。

《全連邦共産党（ソ連共産党の旧称）最高指導者のスターリンは、コミンテルンの盟主として三九年までにその幹部を粛清で根こそぎにしていた。世界における共産党政権樹立を至上目標としていたコミンテルンは今や、「一国社会主義」のソ連体制に奉仕するだけの僕《しもべ》として骨抜きにされ、独ソの野合に反対する勢力は存在しなかった》

祝宴でスターリンはさらに、会場の隅にいた党政治局員でユダヤ人のラザリ・カガノービチを指し、「我々のカガノービチにも乾杯しましょう」と音頭を取った。ヒトラーのユダヤ人弾圧を意識したスターリンの悪ふざけである。

カガノービチも、「ヒトラー総統に乾杯」とやらざるを得ない羽目になった。これらに小躍りしたリッベントロップはその晩遅く、ベルリンに緊急電話を入れ、ヒトラーから「我が、天才的な外務「大臣よ」との賛辞を受けている。座は大いに盛り上がった。

スターリンは別れ際、リッベントロップにこう確約した。「ソ連は新条約に真剣に対応し、自分のパートナーを騙《だま》すことはしない、と正直に請け合いますぞ」

《独ソ不可侵条約の祝宴の様子は、スターリンの通訳だったワレンチン・ベレシコフの著書『スターリンとともに』などに詳しい》

独ソ不可侵条約締結の前年、三八年十月にヒトラーはミュンヘン協定で英国首相のネビル・チェンバレンらにズデーテン（チェコスロバキアの西方）の割譲を要求、「これが最後の領土要求だ」と言いくるめて認めさせ、欧州主要国の〝手打ち〟が成った。

しかし、ヒトラーが三九年三月、ミュンヘン協定を破ってチェコスロバキアを完全征服すると、英仏で対独宥和《ゆうわ》路線への見直しの動きが強まった。一方、ソ連の東方では日中戦争が拡大、三九年五月半ばには、日本が実質支配する満州国とソ連の影響下にあるモンゴル人民共和国の国境で満州国軍と外蒙軍が武力衝突する「ノモンハン（ロシア語名＝ハルヒン・ゴル）事件」が発生した。

スターリン（後列左から二人目）が見守る中、独ソ不可侵条約に調印するソ連のモロトフ外相（手前）

東西で日本とドイツの脅威に直面したスターリンは英仏との取引を模索しながらも、「英仏はヒトラーをソ連との対立に向かわせようとしている」との根深い猜疑《さいぎ》心を遂に拭《ぬぐ》い切れず、かねて目論んでいたヒトラーとの野合への傾斜をにわかに強めていく。

対欧米外交の牽引役《けんいん》だったユダヤ人の外相マクシム・リトビノフを突然解任、首相のモロトフに外相を兼務させてヒトラーへのシグナルを送った。

ヒトラーはこれにすぐ呼応した。ベルリンでドイツ外務省経済政策部長のカール・シュヌーレはソ連代理大使のゲオルギー・アスターホフと会い、「独ソ間の全般的関係改善を謳《うた》った特別な秘密議定書」の締結を提案したのだ。これが不可侵条約への呼び水となった。

ソ連と西欧での二正面衝突を回避したいヒトラーの戦略と、ヒトラーとの対決先延ばしを目論むスターリンの思惑が一致したのだった。（レフ・ベズィメンスキー著『ヒトラーとスターリン／戦い前夜』）

独ソ不可侵条約締結の一報に、メキシコに亡命中のスターリンの宿敵、レフ・トロツキー（本名はレフ・ダビードビチ・ブロンシュテイン）は「仮面はかなぐり捨てられた。スターリニズムとファシズムが同盟を結んだのだ」（ドミトリー・ボルコゴーノフ著『スターリン』）と揶揄《やゆ》し、ドイツの寝返りに驚いた日本の首相、平沼騏一郎は「欧州の天地は複雑怪奇なる新情勢を生じた」として八月二十八日、総辞職を決める。

ヒトラーはソ連との不可侵条約締結を待っていたかのように、調印からわずか九日後の三九年九月一日、一気にポーランドに侵攻、欧州を第二次世界大戦に引きずり込んだ。

《この時のスターリンの心境を、通訳だったベレシコフは『スターリンとともに』の中で次のように書く。「(第二次世界大戦勃発で)英仏がドイツに宣戦布告した後、スターリンは安堵《あんど》に胸をなでおろした。ヒトラーの西欧での戦争は数年は続き、最終的にヒトラーが勝利するとしてもドイツは弱体化しよう。その時〝世界プロレタリア革命〟の条件は熟す。だが、今はヒトラーとの関係を保つことが重要だ」》

これがスターリンの深謀遠慮だった。リッベントロップに「ヒトラーを騙しはしない」と口約束したスターリンだが、実はその舌の根も乾かないうちに、側近の党政治局員たちには「ヒトラーを騙すぞ、騙すぞ」と口走っていたのである。(『フルシチョフ回想録』)

不可侵条約には、二人の独裁者が東欧を密かに分割する「秘密議定書」が付けられていた。スターリンはポーランド東部、リトアニアを除くバルト諸国、ルーマニア領のベッサラビアと北ブコビナ、つまり帝政ロシアの西部国境地帯の版図のほぼ全域を奪回する代わりに、ヒトラーのポーランド侵攻を事実上、黙認したのだ。しかし、スターリンにとって、この取引の前途には幾多の陥穽《かんせい》が待ち受けていた。

バルト併合――「署名しないと帰れませんぞ」

独ソ不可侵条約を締結するや、ヨシフ・スターリンはその秘密議定書に基づき、帝政ロシア（ロマノフ王朝）時代の版図奪回に素早く始動した。単に領土拡張の野望ばかりでなく、アドルフ・ヒトラーと手を結ぶその裏で、近い将来、必ず訪れるであろうヒトラーとの全面対決の日に備え、少しでも懐の深い緩衝地帯の確保を急ぐ必要があったからだ。

一九三九（昭和十四）年九月一日にヒトラーが西方からポーランドになだれ込むと、スターリンは九月十七日、「白ロシア（ベラルーシ）とウクライナの少数民族の擁護」を名目に、東方からポーランドに侵攻、ロシア帝国の領土だった西ウクライナと西ベラルーシをあっさりと奪回した。

ポーランドで出合った独ソは新たな国境線画定の必要に迫られた。二人の独裁者がポーランド国家を武力で消滅させ、その領土を思うままに山分けしようというのだ。独外相のヨアヒム・リッベントロップはモスクワを再訪問、不可侵条約秘密議定書の一部を修正する形で「独ソ国境友好条約」に調印した。

ここで、スターリンはヒトラーからリトアニアを譲り受けてバルト三国全体を自らの勢力圏に収め、その見返りに、ポーランド東端はヒトラーに提供した。

「合意されたばかりのドイツ領土とソ連間の国境が引かれた地図が持ち込まれると、スターリンはそれを机の上に広げて大きな青鉛筆を手に取り、意のままに、新たに獲得した西ベラルーシと西ウクライナの領土全体を覆うように大きな文字で渦巻き模様の飾り書名をした」（ワレンチン・ベレシコフ著『スターリンとともに』）

独ソがポーランド分割の国境条約を結んだ九月二十八日、スターリンはクレムリンに、エストニアの外相セルテルを呼びつけていた。帝政ロシア時代はその支配下にありながら、第一次大戦後、束の間の独立を謳歌《おうか》していたバルト諸国攻略の火蓋《ひぶた》が静かに切って落とされたのだ。バルト諸国内にまず、赤軍の軍事基地を建設し、その強力な圧力で国家併合に持ち込む——というのがスターリンの戦略だった。


スターリンと同席したソ連外相のビャチェスラフ・モロトフはセルテルに、ソ連海軍と空軍基地をエストニアに設置する「相互援助条約」を机上に乗せ、締結をせかせた。

「この条約に署名しないと帰国できませんぞ。どうか、お国への実力行使を余儀なくさせるような真似だけはしないでほしい」

それは露骨な脅しだった。有無を言わせず、セルテルはその日のうちに条約に調印させられた。

四日後の十月二日。今度はラトビアの外相ムーンテルスがクレムリンの圧力の餌食《えじき》となった。

モロトフ 我々には不凍港が必要なのです。（ヒトラーの侵攻で）既にポーランドもオーストリアもチェコスロバキアも消滅した。他の国が消えない保証はどこにもありませんぞ。第一、バルト諸国が中立でいることは不安定です。

スターリン 我々に必要なのは、（ラトビアの）リエパヤ港とベンツピルス港、それに四つの空港です。ラトビアの失業者にも新しい職ができる。何も怖がることはない。

《このやり取りは、レフ・ベズィメンスキー著『ヒトラーとスターリン／戦い前夜』による。当時のソ連は、レーニン政権が一九一八年三月にドイツ、オーストリア・ハンガリー二重帝国など中欧四国と講和したブレスト・リトフスク条約で、リトアニアやラトビアなどを失ったため、バルト海に不凍港を持っていなかった》

結局、十月十日までにラトビア、リトアニアも相次いでソ連と相互援助条約を結ばされた。スターリンは翌四〇年六月半ば、条約を盾に赤軍を一斉にバルト三国に進駐させ、その強力な軍事力の監視下でバルト三国は七月二十一日から翌日にかけて「ソ連邦加盟」を決議した。

しかし、住民のソビエト共産主義とスターリンへの反発と怨念《おんねん》はバルト全土に波及した。赤軍進駐初日の一晩だけで、バルト三国合わせて約十三万人もの住民がソ連当局に逮捕、連行され、貨車でシベリア各地へ強制移住させられた。その一人に、後にイスラエル首相となるユダヤ人青年、メナヘム・ベギンがいた。バルトには代わりにロシア人が大量に入り込み、今になお尾を引く「ロシア化」が始まる。

1940年8月、バルト三国のエストニアに進駐するソ連軍（ロシア軍中央博物館提供）

バルトを屈服させたスターリンは三九年十月、フィンランドにもバルトと同様の相互援助条約を提案した。レニングラード防衛戦に備え、カレリ

ア地方などを割譲させるのが狙いだったが、拒否され、攻撃を開始（通称「冬戦争」と呼ばれる）する。しかし、フィンランド軍が予想外の頑強な抵抗を続け、ようやく戦闘が止んで講和が成ったのは翌四〇年三月だった。

米国の著名な歴史学者、マーティン・メイリア氏は著書『ソビエトの悲劇』の中で、「モロトフ・リッペントロップ（独ソ不可侵）条約というまずい賭《か》けが、（ヒトラーとの対決の緒戦で）ソ連を敗北間際にまで導いたスターリンの最初の過ちだった」と断じ、同条約に潜んでいた落とし穴をこう指摘する。

「第一に、不可侵条約締結以前、ソ連はドイツと共通の国境を持っていなかったが、新たな領土は、ドイツの奇襲攻撃を不可能にしていた独立ポーランドという緩衝地帯を奪ってしまった。第二に、ヒトラーはいったん全欧州を征服するや、その資源と人を自分の戦争に動員できた。第三に、同条約でドイツに石油や様々な非鉄金属、食糧といった戦略的原料を提供したこともヒトラーの西部戦線の征服に貢献した」

「この結果、（ヒトラーがソ連に侵攻した）四一年六月、ドイツは三九年とは比較できないほど強大な敵となっていた。特に冬戦争はソ連軍の指揮系統、士気、装備に重大な欠陥があることを暴露し、これがヒトラーを大胆にした」

スターリンは冬戦争で、狙い通りカレリア地方などを獲得はした。だが三九年十二月、ソ連は国際連盟から除名され、四〇年夏以降、ルーマニアを勢力下に置こうとするヒトラーとの反目も高まり、再び国際的孤立感を強めていく。そんなスターリンの視野に入ってきたのは、今度は、東の日本との取引であった。

日ソ接近――「イデオロギーは障害にならぬ」

第二次近衛文麿内閣の外相、松岡洋右は、独ソ戦勃発が三カ月先に迫っていた一九四一（昭和十六）年三月二十四日、シベリア鉄道でモスクワのヤロスラブリ駅に到着した。キッチンに寝室付きという特別仕立ての車両での旅だった。旅行好きの松岡の要望に応えたスターリンの粋な計らいである。

松岡は胸に遠大な野望を秘めていた。

アドルフ・ヒトラーのドイツ国防軍が破竹の勢いで欧州を席捲《せっけん》していた四〇年九月二十七日、日本はヒトラー、ベニト・ムソリーニとの間で日独伊三国軍事同盟を締結した。この三国同盟を基軸にやがて訪れる米英との戦争に備えるため、「ソ連を三国同盟に引き込み、その圧力で米国にアジアから手を引かせて日中戦争に終止符を打ち、返す刀で日本軍の東南アジアへの南進を有利に展開させる」という戦略構想である。

その戦略の一角として松岡は「日ソ不可侵条約」の締結という密命を帯びてモスク

ワに乗り込んできたのである。

《ソ連の三国同盟への加盟問題については、同じ四〇年九月二十七日、ヒトラーが「大英帝国の欧州、アジア、アフリカにおける植民地利権の分配」を謳《うた》い文句に、ソ連に密かに提案していた。この〝四国協商〟の秘密議定書には「インド洋の南方向」へのソ連の利権範囲まで盛り込まれていた》

日ソ不可侵条約構想はヒトラーには秘密だった。ヒトラー側も、既に四〇年十二月に決定していたソ連侵攻計画を同盟国・日本にも知らせていなかった。しかし、いざドイツがソ連と開戦して日本に対ソ参戦への圧力をかけてきた場合、北と南の二正面作戦を余儀なくされる日本はこれを拒否する方針で、その前に何とかソ連と手を組んでおきたかったのである。同盟国同士の日独間の化かし合いである。

クレムリンに入った松岡は、早速ソ連外相のビャチェスラフ・モロトフ、スターリンと相次いで会談し、「日ソ不可侵条約」の締結問題を持ち出した。

《日ソ不可侵条約については、前年の十一月一日、赴任早々の駐ソ大使、建川美次がモロトフとの会談でその草案を提出した。しかし、ソ連側は見返りとして当時日本が保有していた北部サハリン（樺太）の石油・石炭利権の解消を要求するなど、

日露戦争の講和条約であるポーツマス条約の見直しを主張、交渉は不調に終わっていた》

スターリンは中国の抗日運動支援の立場から蔣介石・国民党政権との間で既に三七年八月、中ソ不可侵条約を締結していた。モロトフは松岡の提案に「中ソ不可侵条約の精神から日ソ不可侵条約は結べない」と断り、代わりに「日ソ中立条約ではどうか」と逆提案してきた。

しかし、松岡は「日本は三二年にも日ソ不可侵条約締結に向けて努力した経緯があり、関係正常化のためには不可侵条約が好ましい。日本政府は日独伊三国同盟で英国を打破し、同時に資本主義をも打破したいと願っている」と食い下がった。

1941年頃、クレムリンの執務室でのスターリン(ロシア軍中央博物館提供)

スターリンは日本と条約を結ぶこと自体は歓迎だった。四一年に入り、ヒトラーは欧州で破竹の進撃を続け、クレムリンとの関係は緊張の度を高めていた。スターリンはドイツと日本に挟撃されるという悪夢だけは回避したいと念じていた。中国の抗日運動を支援する一方で、日本との直接対決も絶対、避けたかったのである。

結局、松岡とスターリン、モロトフとの交渉は結論に達するには至らなかった。しかし、スターリンは最後に、「日ソ両国のイデオロギーの違いは、関係正常化の障害とはならない」と強調し、妥協の余地を残す発言で会談を締めくくった。

《この日ソ会談の模様はガブリエル・ゴロジェツキー著『破滅的自己欺瞞／スターリンと、ヒトラーのソ連侵攻』などに詳しい》

モスクワを後にした松岡は三月二十七日、ドイツ入りした。秘密だったはずの松岡とクレムリンの交渉はドイツ側に漏れてしまっていた。この点をヒトラーに突かれた松岡は「スターリンとは二十五分、モロトフとは十分、話しただけです」と率直に詫《わ》びたが、ヒトラーは「バルカン半島はドイツにとって不可欠な地域だ。ソ連には絶対に譲りはしない」とソ連が戦略拠点として重視するバルカンへの野望を剥き出しにし、態度を硬化させていた。

外相のヨアヒム・リッベントロップも「我々は天皇陛下に、独ソ間の紛争がないとは確約できない。日本はソ連とは不可侵条約など結ばない方がよいと思う」と、その時初めて日本側に対ソ開戦を強く示唆し、圧力をかけてきたのだ。〃四国協商〃構想が事実上、潰《つい》えた瞬間だった。

日ソ条約締結への地ならしに「ヒトラーの反ソ的な思考を何とか、変えようと画策した」松岡の努力は徒労に終わった。

独ソ開戦のきな臭さを肌で嗅《か》ぎ取った松岡は、この後イタリアを回って四月六日、再度、モスクワに舞い戻った。日本では北守南進の機運がますます高まり、ソ連との条約締結の必要性はいよいよ切実なものになってきていた。翌七日、モロトフと終日、会談した松岡は「私の最大の望みは無条件で日ソ不可侵条約を結ぶことだ」と重ねて主張したが、平行線のままだった。

業を煮やした松岡は「結論が得られるまで帰国を一週間、遅らせる」と宣言、交渉を一時なげうって観光旅行を決め込み、その晩からレニングラードに飛んでエルミタージュ美術館などを見物して回っていた。

数日後、思わぬ急転回が訪れる。

日本との中立条約——「アジア人同士、一緒にいよう」

ロシアの（劇）作家、アントン・チェーホフの名作『三人姉妹』の芝居がはねてモスクワの劇場を出た途端、日本外相の松岡洋右に男が近づいてきた。一九四一（昭和十六）年四月十二日の夜九時過ぎである。男は「スターリン閣下がお待ちです」と告げ、松岡を丁重にクレムリンに案内した。

それまで約三週間、スターリンとの不可侵条約締結交渉は暗礁に乗り上げていたが、松岡がレニングラードへの旅行で頭を冷やしていた最中、東京から「天皇陛下は（ソ連側の要求通り）日ソ中立条約を締結することを承認せられた」との報が飛び込んできた。

突破口は開かれた。松岡はモスクワに戻る急行列車「赤い矢」の中で急ぎ、条約草案を書き上げ、十一日にそれをソ連外相ビャチェスラフ・モロトフに手渡していた。

モロトフはしかし、なお北サハリン（樺太）での日本の利権放棄という見返り条件に固執した。松岡は十三日の帰国の前日、昼はクレムリン見物、夜は芝居観賞に費やし、交渉は打ち切りか、と思われた。

そんな矢先、スターリンから再度誘いの手が差し伸べられたのだ。

深夜のクレムリンで待っていたスターリンに、松岡は「何とか無条件で中立条約を結びたい。これは日本ばかりでなく、ソ連にも有利なはずです」と最後の懇請をした。

スターリンは両手を組んで自分の首に押し当てる仕種をし、「あなたは（強引な要求で）私の首を絞めようとしていますな」と言うと、やや間を置いて、「よろしい。中立条約に無条件で調印しましょう」と明言したのだ。

この晩のスターリンは珍しく、冗舌だった。さらにこう続けた。

「最初、私は（ソ連との条約を求める）日本の真の目的に疑いを抱いていたが、今、外交ゲームでなく、心から関係正常化に関心を持っていることが分かりました。その昔、ナポレオンが重用した外務大臣、タレーランは有名な言葉を吐きました。〝外交官の舌は本音を隠すためにある〟とね。しかし、あなたのように、頭の中にあることをはっきり口に出して言う外交官も珍しい。イデオロギーを超えて、心底から一緒に行動できるものと信じます」

翌十三日夕。クレムリンで松岡は駐ソ大使の建川美次とともに、モロトフとの間で日ソ中立条約に調印した。条約の有効期限は五年で、平和友好関係の維持、領土の相互不可侵、一方の締結国に対する第三国の軍事攻撃の際は、他方は中立を守る——などの内容から成っていた。モンゴル人民共和国と満州国の領土保全と不可侵を相互に尊重する、との共同声明も併せて発表された。

条約締結後、直ちに祝宴が始まった。欧州とアジアの東西二正面での安全保障が当面、確保されたスターリンと、ソ連の侵攻の脅威なしに南進政策に邁進できる日本。利害が一致した条約の成立は双方を浮かれさせた。スターリンも松岡も、しこたま飲み、酔った。松岡はスターリンと腕を組み合い、報道陣に向かって〝記念のポーズ〟をとった。独裁者と日本外相のこの珍しい写真は、翌朝のソ連各紙に掲載された。

重大使命を完遂した松岡が帰国のシベリア鉄道に乗るため、建川ら大使館の一行とヤロスラブリ駅に着いたのは十三日午後六時頃だった。いずれも、足どりもおぼつかないほどアルコールが回っていた。

そこに、思わぬハプニングが起きた。酔ったスターリンが松岡の見送りに現れたのである。日本側代表団も、集まっていた報道陣も度肝を抜かれた。独裁者が各国要人の送迎に姿を見せるのは前代未聞のことだったからだ。

スターリンは松岡はじめ日本人のほぼ全員と何度も抱き合い、握手を交わし、小柄な建川は背中をドーンと叩かれて三、四歩、大きくぐらついたほどだった。

スターリンの後ろに千鳥足でついてきたモロトフは、ピオネール（共産少年団員）よろしく、右手を額の前に掲げる敬礼の真似を繰り返して周囲を大笑いさせ、日本側代表団との別れのために愛唱歌謡のロシアの悲恋の歌を口ずさんでいた。

「葦《あし》がざわめき／風に揺れていた／暗い夜だった／一組の恋人が夜通し散歩していた／朝、起きると周りの草は踏みつぶされ／私の若さもつぶれていた／彼はいない／彼女は泣き出した／私の美しさはどこへ行った」

スターリンはふと、人ごみの中にドイツ大使館の武官クレプスを見つけると、彼の胸を叩きながら、「我々は友達でいましょう」と声をかけた。クレプスは「そう確信しています」と答えたが、その時、ヒトラーのソ連侵攻はもう二カ月余り先に迫っていたのだった。

1941年4月13日、日ソ中立条約締結を前にクレムリンで松岡洋右外相(右)と握手するスターリン(ノーボスチ出版提供)

スターリンの熱烈な送別で、列車は一時間も遅れた。プラットホームで別れ際、スターリンは松岡を抱き寄せ、「我々は欧州とアジアで秩序を作っていきましょう。私たちはアジア人同士。一緒にいるべきです」と言った。スターリンはフラフラの松岡が列車に乗り込むのを自ら手伝い、発車した列車をいつまでも見送り続けた。

スターリン時代の日ソ外交史上、最初で最後の友好的な場面だった。

スターリンは内務人民委員部、軍諜報部という二つのスパイ機関に加え、「私的戦略諜報・反諜報部」という私的なスパイ組織を抱えていた。そのスパイの一人、アレクサンドル・ラブロフは六月十二日、スターリンから「おまえ、松岡を変なやつだと思わぬか。あいつは相手に何かを請け合うとき、必ず、腹をたたくのだよ」と質問した。しかし、ラブロフは「彼は全く正常です。ロシアでは人の魂は胸に宿るといいますが、日本では腹に宿っているんですよ」と説明した。

《日ソ中立条約交渉のこの逸話は、ガブリエル・ゴロジェツキー著『破滅的自己欺瞞／スターリンと、ヒトラーのソ連侵攻』、アラン・ブロク著『ヒトラーとスターリン／偉大な独裁者の生涯』、オレグ・トロヤノフスキー著『ある家族の歴史』などによる》

熱狂的友好ムードの中で誕生した日ソ中立条約だったが、その寿命はわずか四年だった。ソ連は四五年八月八日、条約を一方的に破り突然、対日参戦に踏み切るのである。

首都防衛――レーニンの遺体が疎開した

話は独ソ戦開戦直後に戻る。

アドルフ・ヒトラーがソ連を急襲して十一日目の一九四一（昭和十六）年七月三日夜の七時過ぎ。モスクワから密かに六両編成の列車が東へ向かった。熱帯夜だが、うち一両の内部の温度は摂氏一二―一五度に保たれ、スズカケノキで作った特製の棺を数十人もの武装警備兵が厳重に守っていた。棺の内側には外気を遮断するパラフィンが塗られ、中の遺体は防腐剤を染み込ませたシーツにくるまれている。

レーニンの遺体の疎開であった。

前日、ドイツ軍機が早くもモスクワに飛来、ソ連機との間で空中戦が行われたため、ヨシフ・スターリンは「ソ連の象徴」を隠す素早い極秘作戦に出たのだ。

この日白昼、赤の広場のレーニン廟からこっそりトラックで駅に運び込ませた。別の車両には、二四年一月二十一日のレーニンの死後、一貫して遺体の保存・管理を任せられていた医師、ボリス・ズバルスキーとその子息、イリヤ・ズバルスキーの二家族らが息を潜めるように乗っていた。関係者総ぐるみの集団移動である。

四日後の七月七日早朝、列車が着いたのはウラル山脈を五百キロほど越えた西シベリアのチュメニ市だった。若き革命家スターリンが流刑で通過した街の一つである。

スターリンはチュメニの市党委員会幹部に「極めて重要な〝物体〟が着く」とだけ通告していた。

ボリス・ズバルスキーは市内を駆け巡り、中心部近くに鉄柵とレンガの塀をめぐらせ、警備環境と換気状態が良好な二階建ての農業技術学校の白い建物を遺体の安置場所と決めた。遺体は防腐措置を施したガラス製水槽の溶液の中に横たえられ、すっぽりとシーツがかぶせられた。

ズバルスキー一族も同じ建物の中に住んだ。やがて市民たちは尋常ならぬ警備態勢が敷かれているこの不思議な建物をひそやかに「ホワイトハウス」と呼び、「レーニンの遺体では……」とささやき出した。

《レーニンの遺体の疎開の様子はイリヤ・ズバルスキー著『物体第一号』などに詳しい》

レーニンの遺体を疎開させた七月三日。スターリンはラジオを通じ、開戦後初めて国民に直接訴えかけた。冒頭で彼はお決まりの「同志諸君」の呼びかけに続き、「市民の皆さん、兄弟姉妹たち、我が陸海軍の戦士たち、私はあなた方に訴える。我が友よ」と前代未聞の訴えかけをした。〝国民統合の父〟として対独戦を戦い抜く決意を示したのだ。主人は戦争を「ファシスト軍に対する全ソビエト国民の偉大な戦争」「全国民の祖国戦争」と定義付け、「敵の殲滅のために国民の総力を」と檄《げき》を飛ばした。

《独ソ戦勃発の六月二十二日は一八一二年にナポレオンが帝政ロシアに侵攻した六月二十四日とわずか二日違い。当時のロシア皇帝アレクサンドル一世が「祖国戦争」と名付けたのにちなみ、独ソ戦は「大祖国戦争」と呼ばれる》

スターリンは七月十九日、人民委員会議議長（首相）に加えて国防人民委員（国防相）も兼ね、八月八日にはソ連軍最高総司令官にも就いて戦時体制の全権を掌握、開戦直後の激しい動揺からようやく立ち直りつつあった。しかし、ヒトラー軍は九月末までにレニングラードの全市を包囲、ウクライナの首都キエフも陥落させ、遂にモスクワへの攻撃が開始された。国防人民委員会は十月十五日、主要な政府機関や外国使節などにクイブィシェフ（モスクワ南東約千キロの工業都市）への疎開を命じた。既に武器、弾薬、食料など後方支援の戦略産業はウラル以東へと移動させつつあった。

大雪に見舞われた十月十六日夜、スターリンは党の全政治局員をモスクワ近郊の別荘に緊急招集した。開戦後、別荘は至る所、主人が広げる各前線の地図で足の踏み場もなかった。スターリンは長年、独り身の自分の世話係を務める総婦長、ワレンチー

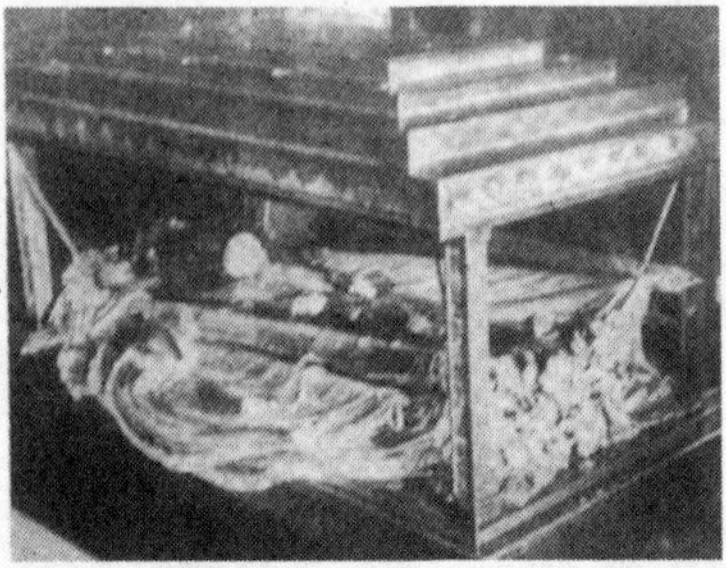
チュメニ疎開から赤の広場に戻り、廟内で新しい石棺に納まったレーニンの遺体（バグリウス出版提供）

ナ・イストーミナを呼び、全員の前で「君はモスクワから疎開するつもりかね」と尋ねた。ワレンチーナは「モスクワは我々の家です。最後まで守らねばなりません」と気丈に答えた。ワレンチーナは主人の「愛人」と噂されていた。全政治局員は気まずい沈黙の中で、彼女に従わざるを得なかった。

翌朝、スターリンは出勤の車中で運転手のクリフチェンコフに「わしは国民と一緒にモスクワに残って死ぬまで戦う」と断言した。別荘周辺も何度か空爆された。しかし、「当たるときは当たる」と運命論者的な台詞《せりふ》を口にし、屋根に上って対空砲射を眺めることはあっても、一度として防空壕に逃げ込むことはなかった。クルスク駅近くの大倉庫に用意されていたスターリンの疎開用の特別列車も、脱出用のダグラス機も、遂に出番はなかった。

スターリンはその年十一月七日の革命記念日の軍事パレードを空爆の恐怖の中で強行させた。幸い、大雪が独軍を遠ざけた。（スターリンの警護をしていたアレクセイ・ルイビン著『スターリンとともに』）

スターリンは、レーニンの遺体とともにモスクワに踏みとどまることが国民と前線の兵士の士気を鼓舞する最良の道と読んでいた。ただ、独裁統治の基盤であるカリスマ性と威光をなお、大きく頼らざるを得ないレーニンの遺体とその廟が破壊される危険性は断固として回避したかった。彼はレーニンの遺体を疎開させた後も廟前に衛兵を立たせて市民と外国外交団の目を欺き続けた。

レーニンの遺体がモスクワに戻ったのはドイツ軍の敗色が濃厚となった四五年三月二十八日。チュメニに向かった時より多い九両編成の隠密列車での帰還だった。

宗教の復活──「神」が神に祈りを捧げた

一九四一（昭和十六）年六月二十二日の独ソ開戦の当日。ロシア正教会の総主教代理セルギイは全土の教会に緊急メッセージを送った。

「ロシア正教会は国民と常に運命をともにしてきた。試練は国民と分かち合い、成功には慰めを得てきた。今回（の戦争）も我々は国民から離れることはない」

その数日後。中東の「リヴァン山」（レバノンの正教会の管区の名前）の府主教イリヤが洞窟にこもり、食事も睡眠もせず、水も飲まず、聖母のイコン（聖像）の前にひざまずいてロシア救済の祈りを捧げていた。彼の下には前線から戦況が刻々と届けられていた。三日目に奇跡が起きた。目の前の火柱の中に突然、聖母が現れ、神のお告げをもたらしたのである。

「ロシア全土の修道院、聖堂、神学校が開かれねばならぬ。戦線と監獄から聖職者を戻さねばならぬ。レニングラード市は敵に渡してはならぬ。（奇跡で知られる）カザン聖母寺院のイコンを奉じて市内を一周し、このイコンはロシア軍とともにモスクワ、スターリングラード、さらには国境まで行かねばならぬ。イコンが通った聖なる土地には一人の敵も踏み込めないだろう……」

1931年12月5日、スターリンによって爆破された直後のキリスト救世主聖堂の無残な光景（プラネット出版提供）

この話を半年後の四一年暮れ、ロシア正教徒である参謀総長のボリス・シャポーシニコフらから聞いたヨシフ・スターリンは総主教代理をクレムリンに招き、「イリヤ府主教が見た聖母のお告げを実行しましょう」と確約した。

《府主教の奇跡はモスクワの聖トロイツェ・セルギエフ大修道院発行『キリスト再来前のロシア』、劇作家エドワルド・ラジンスキー著『スターリン』による》

カフカス地方のグルジアの町ゴリで生まれたスターリンは「神の子」だった。ゴリ初等神学校を首席で卒業した特待生は、チフリスの中等神学校に進学した。

ところが、この地方にも浸透し始めた革命思想にのめり込んで「神はいない」と宣言、十九歳の一八九九年に放校処分を受けて宗教とは縁を切り、以後、革命家の道をひた走ることになる。

独裁者となったスターリンは、「宗教は人民にとってはアヘンである」と断じた革命の父、レーニンの言葉に従って、苛烈《かれつ》な宗教弾圧を断行、一九一七年の革命前までロシア全土で三万九千五百三十もあった教会のほぼ全てを独ソ開戦までに破壊、あるいは閉鎖していた。

十九世紀初頭、ナポレオン戦争の戦勝記念に建立されたモスクワの名高いキリスト救世主聖堂をも三一年十二月に爆破、戦後は市民プールに変身した。三八年から「反宗教五カ年計画」が設定され、四三年末ま

1998年に再建された現在の聖堂
（斎藤勉撮影）

でに全ての教会、聖堂と聖職者は根絶やしにされるはずだった。

だが、開戦がスターリンの宗教への対応を一変させ、一時的とはいえ、「神への回帰」が始まった。

四三年一月、かつての「神の子」は最高幹部会議長のミハイル・カリーニンに「行政的な（強制）手段では、国民は宗教を克服することはできない。教育だけが宗教を克服させられるのだ」と語っている。弾圧で教会は破壊できても、国民の信仰心を根底から奪い去るのは不可能だと内心、悟っていたのだ。

宗教の復活は国民に愛国心を蘇らせ、「母なる祖国のための戦争」へと駆りたてた。外国からの軍事援助にも宗教復活は不可欠であった。

スターリンは府主教イリヤのお告げに従って監獄の聖職者を次々に解放し、約二万の教会、聖トロイツェ・セルギエフ大修道院やウクライナの首都キエフのキエボ・ペチョールスカヤ大修道院などの修道院を復活させた。四二年四月四日には、モスクワなどで夜間外出禁止令を例外的に解いて「復活祭」を復活させる。信者が夜の街にあふれた。

兵士の出陣前には、禁句だった「ズ・ボーガム（神とともに＝うまくいきますように）」という励ましが常套句《じょうとうく》になった。「スターリン自身も祈りを捧げていた」と

『キリスト再来前のロシア』は書いている。

ロシア正教会は四三年九月、総主教チーホンの死去（二五年四月）以来、空席だった総主教に総主教代理のセルギイを選出、スターリンはこれを認め総主教制を復活させた。これに応えて、ロシア正教会は戦争への金銭的援助を申し出、アレクサンドル・ネフスキー名称航空戦隊やドミトリー・ドンスコイ名称戦車部隊などに資金を提供している。

カザン聖母寺院のイコンはお告げ通りモスクワ、レニングラード、スターリングラードを回った。破壊をほとんど免れたモスクワに比べ、レニングラードはドイツ軍の四四年までの九百日間もの包囲で死者百万とも言われる壊滅的被害を出し、スターリングラードは四三年二月までに全壊した。

しかし結局、この三大都市は死守され、これが、スターリンの勝利へとつながっていく。

スターリンは戦後の四七年秋、府主教イリヤにスターリン賞を授与した。四九年、ロシア正教会の戦争中の「物心両面の貢献」を称え、特別注文で製造させた高級車「ジス」（スターリン名称工場の略）を当時の総主教アレクシー一世に贈呈した。スターリンの愛車でもあったジスは黒塗りが普通だが、この特別車は全国で一台だけという濃緑色だった。ロシアで「生命」を象徴する緑に主人は「戦後のロシアの生命の復活」の願いを込めていたのだ。

この裏でスターリンは早くもロシア正教会の再抑圧に乗り出していく。戦争中に花開いた宗教が再び復興に沸くまでには、一九八〇年代後半のゴルバチョフ時代のグラスノスチ（情報公開）政策を待たねばならなかった。

恐怖の軍律――捕らわれた息子は息子ではない

「捕虜になった将兵は祖国の裏切り者とみなし、その家族は逮捕し、国家の保護と援助を停止する。脱走者や投降者は見つけしだい、その場で銃殺せよ」

独ソ戦開始から約二カ月経った一九四一（昭和十六）年八月十六日、ヨシフ・スターリンは前線に峻厳《しゅんげん》な「最高総司令部指令第二七〇号」を布告した。それまで弾圧していた宗教の復活などで国民の戦意高揚を図るアメと、恐怖の軍律で引き締めを強化するムチの同時進行である。既に七月二十二日には、開戦直後の大敗走を招いた責任を西部方面軍司令官のパブロフらに押し付け、「憶病と無策」などを理由に銃殺に処していた。

「第二七〇号指令」の約一カ月前の七月二十日、スターリンにドイツの新聞「人民評論家」に掲載された記事の翻訳が届けられた。スターリンの目は釘付けになった。

「スターリンの長男、ヤコブ・ジュガシビリ砲兵中隊長（陸軍上級中尉）は七月十六日、（レニングラードに近い）ビチェブスク市近郊で数千人の将兵とともに捕虜となった。現在、尋問中である……」

ドイツ軍が戦闘機から撒いたビラにも、ドイツ軍将校とロシアの青年将校が談笑している写真が刷り込まれていた。その将校は紛れもない自分の息子であった。独裁者の子息が「祖国の裏切り者」になったというのだ。

ドイツ軍機が撒いた、スターリンの長男の投降を伝える宣伝ビラ。円内と上の写真は左、下の写真は右がヤコフ（「ロージナ」誌所有の古文書から）

《息子が捕虜となったことをスターリンが知る様子は、ロシア軍参謀本部発行「軍事史誌」二〇〇〇年五・六月号による》

ヤコフは開戦翌日の六月二十三日、ベラルーシ（白ロシア）のミンスク方面の戦線に向かった。三十四歳。

四年前に砲兵大学を卒業、父の威光で参謀本部に残れる道を捨てて前線を志願したのだ。前日、送別会を催した十四歳下の異母弟、ワシーリーの別荘から父に出立を知らせる電話をかけた。父のはなむけは一言だった。

「行け、戦え」

それから一カ月も経たず、あっけなく捕虜になったのだ。

「スターリンは息子がヒトラーの政治宣伝に利用されるくらいなら、戦闘で死んでくれた方がましだと考えていた。ヤコフは意志が弱く、最高総司令官と国家に敵対行動を取るのではないか、と懸念していた」（ドミトリー・ボルコゴーノフ著『スターリン』）

スターリンはある日、十五歳の長女スベトラーナを呼び、「ヒトラーがヤコフと（赤軍の捕虜になった）ドイツ軍将軍の交換を提案してきた」と打ち明けている。父は娘に言い放った。「取引なんかできるか？　戦争は戦争だ。将軍と一兵士の交換など話にならん」

「この瞬間、スベトラーナは、父が（異母）兄を見殺しにしたと思った。いかにも父らしかった。ヤコフなどこの世に一時も存在しなかったかのように忘れることが（父には）できるのではないか……」（ニコライ・ゼンコービチ著『去り行く世紀の秘密』）

《スターリンは二度結婚した。ヤコフは革命前の一九〇七年、スターリンが二十八歳の時、故郷のグルジアで結婚したエカテリーナ・スワニーゼ（ヤコフの生後まもなく病死）との間に生まれた。二番目の妻、ナジェージダ・アリルーエワ（三二年に短銃自殺）との子供がワシーリーとスベトラーナである》

「ヤコフの顔は父親似だが、性格は母親に似て優しかった。二度、ユダヤ人女性と結婚したが、最初の妻との結婚を父に反対されると、短銃自殺を図った。しかし、急所を外れ、スターリンは『自殺もきちんとできないのか』となじった」（『ミコヤン回想録』）

スターリンは第二七〇号指令を自らの一族にも容赦なく適用した。ヤコフの二度目の妻、ユーリヤはルビヤンカ監獄に投獄、孫娘のガリーナはスターリンが引き取った。既に三〇年代後半、「人民の敵」として監獄送りにされていたヤコフの伯父、アレクサンドル・スワニーゼを四一年八月二十日に、さらにその妻マリヤとエカテリーナの妹、マリコの二人を四二年三月三日に、それぞれ銃殺刑に処したのである。

ヤコフのドイツでの尋問内容をユーリ・ムーリン著『家族に抱かれたスターリン』はこう伝えている。

「私は敵に包囲され、逃げ場がないと知って自分から降伏すると言った。私は生き残ったことを父の前に恥じる。恥であることを隠したくない。妻？　これはどうでもよい」

ヤコフが捕らわれていた将官専用の収容所では、連日、ヒトラーの宣伝放送が流されていた。ある日、ヤコフは「スターリンの言葉」として放送された内容に衝撃を受けた。

「捕虜となった赤軍兵士には裏切り者しかいない。私にはヤコフなどという息子はいない」

それから間もなく、ヤコフは壮烈な最期を遂げたのである。四三年四月十四日のことだった。

「その夜七時頃、捕虜たちは収容所の庭から一斉に収容棟に戻るよう指示されたが、ふさぎ込んでいたヤコフは突然、高圧電流の鉄条網に向かって歩き出した。歩哨は『止まれ、撃つぞ』とライフル銃を構えたが、ヤコフは怒り出し、両手で軍服の襟を引き破って胸をはだけ、『撃て』と叫んだ。歩哨はヤコフの頭を狙って射殺した。彼は鉄条網に倒れ込んだまま二十四時間も放置された後、火葬場へ運ばれた」（『家族に抱かれたスターリン』）

スターリンが息子の死とその供述内容を知るのは、四五年五月のドイツ降伏後、赤軍が押収した尋問調書によってだった。その二カ月前、元帥（当時）のゲオルギー・ジューコフからヤコフの運命を尋ねられたスターリンは「息子は祖国を裏切るより、死を選ぼう」と絞り出すように言い、長い間、食事に手をつけようともしなかった。独裁者が他人に初めて見せた「父親」の顔だった。

チャーチルへの不信――「インド亡命政権」も口にした

英国首相、ウィンストン・チャーチルがモスクワ・チカロフ中央空港に降り立ったのは一九四二（昭和十七）年八月十二日の白昼だった。第二次世界大戦勃発直後の三九年十月一日の演説で「神秘のベールに包まれた謎の中の謎」と自ら呼んだソ連への初訪問である。うだるような炎暑の中、チャーチルはそのままヨシフ・スターリンが用意したモスクワ郊外の賓客用別荘に直行した。熱い風呂で汗を流し、キャビアにイクラ、子豚などの豪勢な食事を振る舞われた後クレムリンに向かい、夜七時過ぎ、初めてスターリンと対面した。

その頃、第二次大戦の命運を決することになるロシア南部・ボルガ川沿いの要衝、スターリングラードの大攻防戦が間近に迫り、ドイツ軍はソ連の生命線であるバクー油田をも射程内にとらえつつあった。スターリンは、四一年十二月八日の日本の真珠湾攻撃で参戦した米国とともに、英国が北フランスに早急に対独第二戦線を開くことを切実に願っていた。

到着直後の粋《いき》な計らいに笑顔で執務室に入ってきた五歳年上のチャーチルを、スターリンは厳しい表情で出迎えた。会談には駐ソ米大使のアバレル・ハリマンも同席した。

チャーチル「英米両国にとって、九月は気候上からも（フランス）上陸の最後のチャンスとなる一カ月です。しかし、第二戦線構築には兵力も上陸装備も不十分なのです」

スターリン「やはり、第二戦線はできないということですな」

チャーチル「英国が今年、欧州で第二戦線を開くことは不可能です。別の場所では分かりませんが」

スターリン「リスクを冒さない限り、戦争には勝てません。英国はなぜ、ドイツを怖がっているのか。彼らはスーパーマンではない」

ここで、チャーチルは葉巻を深く吸い込むと、やや感情的になってこう抗弁した。

「四〇年六月のパリ陥落以来、我が国は単独でドイツ軍の突入の脅威の前に立たされ続けてきたのですぞ」

チャーチルがソ連滞在中のある晩、第二戦線構築が絶望的になったことを悟ったスターリンは外相のビャチェスラフ・モロトフを執務室に呼び、意外なことを口にした。「ヒトラー軍がウラル山脈を越えるような事態になれば、我が方は亡命政権のリストに入ってしまうかもしれぬ。ドイツが勝利すれば、日本もソ連に参戦してくる。それはファシスト諸国の強大化を意味する」

モロトフは「それ（亡命政権）は敗北でしょう」と諫《いさ》めたが、スターリンは「死ぬことはいつでもできる。チャーチルも、英国がドイツ軍に占領されれば、例えばカナダに渡ってでも戦い続けると話していた」と言いながら、壁に掛かっていた東半球の地図の前に立った。「ロンドンには十数カ国の亡命政権ができている。自分はロンドンには革命前に行ったから、もう十分だ。インド（当時は英国の直接統治下）なら（亡命に）適当な場所かもしれぬ」と呟《つぶや》き、手にしていたパイプの先端で地図上のインドの周りにぐるりと線を描いてみせたのである。

スターリンは亡命政権をも視野に入れる一方で、ヒトラーとの単独講和の道も模索した。チャーチルの訪ソ直後、外務次官（前駐独大使）のウラジーミル・デカノーゾフにドイツとの接触を命じ、デカノーゾフはドイツ外務省経済政策局部長、カール・シュヌーレとのストックホルムでの極秘会談に漕ぎ着けた。ソ連側は独ソ不可侵条約の秘密合意で獲得した西ベラルーシと西ウクライナをドイツに、ベッサラビアをルーマニアにそれぞれ引き渡し、ドイツ軍の燃料補給路としてペルシャ湾までの石油回廊を確保する——などの大幅譲歩案を提示した。だが、ヒトラーの回答はなかった。

《以上はワレンチン・ベレシコフ著『スターリンとともに』、『チャーチル回想録』などに詳しい。スターリンが亡命に言及したとき、その場に居合わせた通訳のベレシコフは「肝をつぶすほど驚いた」と記している》

スターリンは革命直後からチャーチルに不信感を募らせてきた。ソ連革命政権に対する外国軍の対ソ干渉戦争真っただ中の一八年、当時、軍需相だったチャーチルは演説で「ソビエト権力の首根っこを絞め上げねばならぬ」とぶち上げた。独ソ戦開戦当日の四一年六月二十二日、チャーチルが行った「対ソ支援」の演説をスターリンは「歴史的」と評価はしたが、そのチャーチル演説の中に「ナチス体制は共産主義の最も悪い特徴と差異はない」との表現があったことも忘れていなかった。

四一年七月中旬、スターリンはチャーチルに最初の親書を送って早々と欧州での第二戦線構築を要請、その後も「第二戦線が不可能なら、武器・弾薬、軍事物資の提供」を要求した。しかし、芳しい返答は得られず、スターリンはチャーチルについて、「百パーセント帝国主義者」「ナンバーワンの敵」「交渉ではわしがフライパンで鮒《ふな》を揚げるように料理してくれる」などと側近たちに息巻いていた。独ソ戦でソ連の勝敗がまだ不透明だった四二年暮れまで、英国の真の戦略は「英米の勝利を確かなものにし得る程度にまでソ連が自らとドイツの両方を脆弱にさせる抗戦を継続すること」（秋野豊著『偽りの同盟』より）にあったのである。

　スターリンはチャーチルが帰国する八月十六日の未明まで約七時間も十六歳の長女スベトラーナに給仕させて酒を酌み交わし続けたが、チャーチルを翻意させることはできなかった。両雄は初会談後、「ソ連と英米間における密接な協力と相互理解の存在を確認した」と表面を取り繕った共同コミュニケを発表した。

1942年8月、初訪ソしたチャーチル英首相（左）とモスクワ郊外の別荘で会談するスターリン（「ロージナ」誌所有の古文書から）

　肝心の第二戦線構築の合意は、連合軍の勝利が確実になった四三年十一月末、スターリン、チャーチルに米大統領フランクリン・ルーズベルトを交えたテヘラン会談までお預けとなったのだった。

スターリングラード攻防——一万三千五百人が自軍に銃殺された

「お前たちは最高総司令部指令第二七〇号（捕虜は祖国の裏切り者とみなし、家族は逮捕、脱走兵はその場で射殺——とした一九四一年八月十六日の指令）を忘れたのか。同様の厳格な指令を今日中に作成せよ」

ヨシフ・スターリンは、ドイツ軍がアゾフ海の東端に近い南ロシアのロストフナドヌー市を占領した四二年六月二十八日、ソ連軍参謀総長アレクサンドル・ワシレフスキーにこう命じた。

ドイツのアドルフ・ヒトラーは、ロストフナドヌー市からほぼ東に六百キロ離れたボルガ川西岸の工業都市スターリングラードを奪取することで、南に広がるカフカス地方をロシアから分断し、そこの豊かな穀物と、バクー（アゼルバイジャン）、グロズヌイ（チェチェン）の石油など戦略物資を手中にして〝兵糧攻め〟にする野望を抱いていたのだった。

《スターリンはロシア革命翌年の一八年五月、最高指導者レーニンの命で南ロシアのツァリーツィン（皇后の街）に食糧調達のため派遣された。内戦に加え、第一次

大戦でドイツ軍がロシア南方に進撃していた混乱期だった。これにちなみ、ツァリーツィンはスターリンがロシア共産党書記長になって三年後の二五年、スターリングラード（スターリンの街＝六一年からは現在のボルゴグラード）と改名された》

ソ連随一の穀倉地域であるウクライナを前年九月に奪取されていたソ連にとって、カフカスからの戦略物資の中継拠点で独裁者の名を冠したスターリングラードでの敗北は文字通り国家の死を意味していた。

　ワシレフスキーの新指令原案にスターリンは自ら手を加え、七月二十八日、「国防人民委員（国防相＝スターリン自身が兼任）指令第二二七号」としてこう布告した。

「ニェ・シャーク・ナザード（一歩も後ろへ退くな）」

　ドイツ軍はこの約十日間にスターリングラードへの攻撃を開始して北カフカスも次々と占領、八月に入るとイタリア、ルーマニア両軍も加勢してきた。

新たな指令は、最前線の後方に内務人民委員部（内務省）の「阻止部隊」を配置し、戦闘の恐怖から少しでも後退する将兵を情け容赦なく銃殺せよ——との指令である。「前方での死は名誉、後方の死は恥」（ドミトリー・ボルコゴーノフ著『スターリン』）というわけだ。

これを率先遂行したのが当時、最高総司令官代理のゲオルギー・ジューコフだった。彼はスターリングラードの最前線のすぐ後ろに戦車部隊を配置し、後退する将兵をその場で次々と銃殺した。

スターリンはさらに、八月二十二日、軍内で風紀を乱した将兵から成る「被懲罰部隊」を編制、最前線で地雷を踏ませた。

視界わずか数メートルという大雪であった。十一月十九日午前七時。スターリングラードで、市の中心部に攻め込んでいた第六軍司令官パウルス率いるドイツ軍に対する赤軍の猛反攻ののろしが上がった。ドイツ軍大包囲作戦だった。スターリン自身これを「ウラン作戦」と命名した。

《スターリンの耳にはこの頃までに、米国に核兵器の開発計画が存在する、とのスパイ情報が入っており、自身も核の威力に強い関心を抱き始めていたことが作戦名

に直結したとみられる》

この反撃計画は二カ月前の九月十三日、スターリンとジューコフ、ワシレフスキーの三人だけで決定され、「世界の戦法史上、最も輝かしい模範の一つ」(『スターリン』)となった。

気温は零下一八度。冷凍庫にいるような酷寒の中で、ドイツ軍を大きく取り囲んだ百万以上の赤軍の軍勢はまず一斉砲撃を開始、次いで戦車の怒濤《どとう》の進撃が続き、騎兵部隊が従った。視界が開けた昼頃には空軍も参加し、三日後の二十二日に完全包囲に成功した。

夏服に毛の生えたような軍服のドイツ兵士たちは、戦闘に加え、全く未経験の寒さと飢え、燃料不足もあって、バタバタと死んでいった。

《この戦況はアントニー・ビーバー、アーテミス・クーパー両氏がロシア国防省中央古文書館の機密資料を基に執筆した『スターリングラード』やニキタ・フルシチョフ著『回想録』などから引いた》

勢いづいたスターリンは、十二月十二日からは残ったドイツ軍とイタリア軍を南に追いやってカフカスを包囲する新たな「サトゥルン(土星)作戦」、さらに翌四三年一月十日からは、ドイツ第六軍殲滅《せんめつ》のための「カリツォー(輪)作戦」で次々にダメの大勝利となった。

スターリングラード攻防戦の開始時、市内には六十万の市民が残っていたが、スターリンは「パニックが起きないよう」市民がボルガ川を渡って疎開することを禁止した。戦闘の最初の一週間で約四万人の市民が死んだ。

九月からは現在、市の象徴の巨大な「母なる祖国像」が立つママエフの丘をめぐって激しい戦闘が約二カ月間、続いた。

結局、大攻防戦での赤軍の戦死者は約四十七万九千人（ソ連国防省の公式統計）だったが、このうちスターリンの逃亡阻止指令を遂行する〝銃殺部隊〟に殺された赤軍将兵は一万三千五百人にものぼった。

スターリンは四三年春、全壊したスターリングラードを訪れたが、瓦礫《がれき》の中で最初に再建したのは弾圧機関の内務人民委員部だった。銃殺部隊もまた、スパイの特別摘発機関である「スメールシ（スパイに死を）」と名前を変えた。

十九世紀初頭、ナポレオン軍が厳冬期の撤退を余儀なくされたナポレオン戦争と同様、四一年の冬将軍でモスクワを、四二年の冬将軍でスターリングラードを防衛したスターリンは、最高総司令官としても自信をつけ、国民から「天才的戦略家」ともう一つの称号で呼ばれるようになる。

テヘラン会談――米英首脳に手土産を持参した

ヨシフ・スターリンは、米大統領フランクリン・ルーズベルトには「生きたサーモン」を、英首相ウィンストン・チャーチルには「アルメニア・コニャック」を、それぞれ手土産として持参した。米英両指導者の好物と聞いていたからである。

史上初の米ソ首脳会談の場ともなる米英ソ三国首脳会談は、前年一月に英ソが軍事同盟を締結したイランの首都テヘランのソ連大使館で、一九四三（昭和十八）年十一月二十八日、開幕した。スターリンにとって二二年四月にロシア共産党（後のソ連共産党）書記長となって以来、最初の外国訪問であった。

眩《まばゆ》いばかりの青空が広がっていた。四三年二月、第二次大戦の天王山とも言えるスターリングラード攻防戦で大量の戦死者を出しながらも、ロシアの赤軍がアドルフ・ヒトラーのドイツ軍に勝利を収め、三首脳の胸中では早くも戦後の世界構想の思いが交錯していた。

スターリンは、英米中の三国首脳会談が行われたカイロから飛んできたルーズベルトに、「宿舎は会場のソ連大使館内の別館にするよう」進言し、納得させた。スターリンの耳には諜報機関を通じて「ヒトラーが三首脳の暗殺を計画している」との情報が入っていたのと、米大使館は英ソ両大使館から離れ過ぎているというのが表向きの理由だった。だが、スターリンには米大統領を抱き込み、世界分割を有利に展開しようという深謀があった。

二十八日午後三時、元帥の軍服姿に身を正したスターリンは、三首脳の会談前に初対面した車椅子のルーズベルトに近寄り、満面の笑顔で抱擁を交わした後、約一時間半、二人だけで話し込んだ。

ルーズベルトが「欧州列強は歴史的に保持していた世界の半分の支配権を失った。インドシナはフランスの影響下を脱する必要があり、英領インドでは全面改革を実施してソ連システムのようなものをつくることが必要だ」と水を向けると、スターリンは「それは革命を意味する」と弾けるように答えた。ルーズベルトはさらに中国国民党主席、蔣介石と会ったカイロ会談の話を披露し、「(アジアに新秩序を築くため)中国を強国にしたい」と述べた。

スターリングラード攻防戦が決着して欧州戦線に目途がついた今、ルーズベルトの心中では、ソ連の対日参戦が焦眉《しょうび》の急となっていたが、この時は切り出せなかった。
《以上の記述はウラジーミル・ロギノフ著『スターリンの影たち』によった》
その夜の初の三者会談は、実質的にスターリンが主導権を握り、ルーズベルトの思惑を見透かしたように、のっけから日本問題に触れた。
「我々はなお、ドイツ戦線にかかり切りであり、現段階で対日参戦はできかねる。ドイツに勝利した後、参戦しましょう」。日ソ中立条約の破棄を、スターリンはこの時点で確約していたのだ。

1943年11月、テヘラン会談の席上、スターリングラード戦勝記念として英ジョージ六世から贈られた剣にキスするスターリン(スターリンの通訳だったベレシコフ氏の遺族提供)

チャーチルが長く渋ってきた欧州第二戦線問題をルーズベルトが最初に取り上げ、四四年五月一日を期してフランスに構築することで実質的に合意した。(それが現実となったのは六月六日の秘密コード名「オーバーロード作戦」であった)
翌朝、スターリンから朝食に招かれたルーズベルトは、戦後の「三十五—四十カ国が加盟する全世界組織(国連)の創立」構想を打ち明け、スターリンも会談最終日の十二月一日、「日独の侵略に抵抗する効果的なメカニズムをつくる必要がある」と提案、相互に支持し合った。

《この頃はアナトリー・ウートキン著『ルーズベルト』から引いた。同書によると、ルーズベルトはカイロ会談で蔣介石に「将来の日本占領で最も重要な役割を果たしてほしい」と要請し、「天皇は退位させるべきだろうか」と聞いている。これに対し、蔣介石は「中国が連合軍の日本占領の調整役ができるか、自信はない」と答える一方、「スターリンを説得して（中国共産党指導者）毛沢東を支援しないよう圧力をかけてほしい」と頼んでいる》

二十九日、チャーチルは「スターリングラード戦勝記念」として英国王ジョージ六世から託された長い剣をスターリンに贈った。スターリンは鞘《さや》から剣を抜き、それにキスしてみせた。三十日はチャーチルの六十九歳の誕生日で、同夜、英大使館で祝宴が催された。前年夏のモスクワ訪問でチャーチルが「欧州での第二戦線構築は不可能」と明言してスターリンを絶望させた二人の関係は、ようやく修復されつつあった。

しかし、このチャーチルの祝宴でスターリンは、米国が四三年だけで五千機の戦闘機や石油などの戦略物資をソ連に大量供与したことに「感謝したい」とルーズベルトに乾杯、ルーズベルトも「赤軍の勇気に」と返杯した。スターリンにすれば、一貫して対ソ軍事援助に消極的だったチャーチルへの当てつけのようなパフォーマンスだった。

テヘラン会談でスターリンは、ポーランド国境の西方への移動（つまりソ連領土の拡大）でも米英首脳を了解させた。ルーズベルトは戦後のドイツの分割案を提示、スターリンは同意したが、チャーチルは「一部に強い地域、例えば旧プロシャ部分を（ドイツ領として）残すべきだ。細かく分割すれば、ソ連と近い将来、対峙《たいじ》するのは小国だけになってしまう」とスターリンへのあけすけな懸念を表明した。「ドイツ分割」で基本合意はしたが、結論は先送りされた。

米ソ間にも一部で対立はあった。バルト三国の処理問題である。ルーズベルトは「バルト諸国の独立の権利を尊重する。彼らが国民投票を行えば自分たちの意思でソ連に戻る可能性もある」と述べると、スターリンは「帝政ロシア支配下のバルト諸国には自治権さえなかった。ロシア帝国は米英と同盟関係にあったのに、バルト問題が取り上げられたことはない」と突っぱねたのだ。

ルーズベルトは会談最終日の十二月一日、スターリンを「アンクル・ジョー（ジョーおじさん）」と愛称で呼び、チャーチルとその側近を驚かせた。米ソ両雄の親密ぶりが特に目立った会談だった。

テヘラン会談で道筋がついた米英ソによる戦後世界の構築は、一年二カ月後の同じ三首脳のヤルタ会談で鮮明な輪郭が描かれることになる。

北カフカスの悲劇——あっという間に民族が消えた

それは、内務人民委員部（内務省）の軍内で極秘裏に「ゴールイ（ロシア語で『山』の複数形）作戦」と呼ばれていた。

一九四四（昭和十九）年二月二十三日、午前二時。内務軍の約十万の武装兵が北カフカスの山岳民族が住むチェチェン・イングーシ共和国の全ての村を完全包囲した。チェチェン人とイングーシ人約四十五万人を「八日間以内」に一人残らず、カザフ、キルギス両共和国などの中央アジアに強制移住させる秘密作戦である。大雪の中を作戦は払暁《ふつぎょう》から開始された。

各戸のドアが叩かれ、寝起きばな、まず十四歳以上の男全員が村の小さな広場に集められた。連行の際、山岳民族が持つ銃や独特の大きく反った剣など武器を携行させないためだ。女性と子供は銃を突き付けられながら短時間で身の回り品と食料を持たされ、着の身着のまま家から引きずり出されてトラックで駅まで運ばれた。

「歩けない老人や妊婦、身体障害者は射殺されたり、崖《がけ》から突き落とされたりした。駅で待っていた家畜輸送用の貨車にすし詰めにされ、酷寒の中で約一カ月もの間、暖房も電気もなく、用便は床の穴で足し、若い男女は立ったままで寝た。たまの停車で湯とかゆが支給されたが、飢えや貨車内で発生したチフスなどで死者が出た。土中に埋葬するのがイスラム教のしきたりだが、列車から五メートル以上離れると射殺されるため、女たちは兵士にこっそりと指輪や耳飾りを渡して『せめて雪の中に埋めて』と懇願していた……」

1923年1月15日、チェ チェン自治州の創設を祝う大会に集まったチェチェン人ら。この大会の20年後の43–44年、人々はスターリンによって中央アジアに強制移住させられる（ロシア社会・政治史国家古文書館提供）

貨車の扉にはペンキで「人民の敵」「人食い（動物並みという意味）」などと大書されていた。

チェチェンのツハラルトゥイ村では連行時、たまたま山中に入っていて貨車に乗り遅れたオズドエフ家の老夫とその幼い孫の二人を内務人民委員部（行政府）に提出した。委員部は住民の詳細な台帳を元に強制移住を決行しており、一人の「行方不明者」も許されなかったからだ。

結局、二十三日のたった一日で三十万人もの住民が貨車に詰め込まれた。作戦の「超過達成」だった。

《以上は、スベトラーナ・アリーエワ編「それは、こうして起きた／ソ連の民族弾圧」、「歴史的古文書」誌二〇〇〇年五・六月号などに詳しい》

ヨシフ・スターリンは四三年二月十一日、全連邦共産党（改称前のソ連共産党）政治局会議で「チェチェン・イングーシ共和国の廃止」を密かに決定した。

「大祖国戦争（独ソ戦争）でこの両民族の多くは祖国を裏切り、赤軍からも逃亡し、ドイツ軍に占領された間、ドイツの討伐隊に参加するなど、敵に協力した」

これが理由だった。作戦遂行のため、一夜にして内務軍の北カフカス軍管区が創設された。兵士たちは「軍事訓練」を口実にじわじわと同共和国内に浸透し始め、強制移住に備えて村の様子を知悉《ちしつ》する必要からいずれ連行する住民の家々を泊まり歩く芸当も見せていた。

北カフカス一帯がヒトラー軍に占領されたのは、現実には四二年中の約五カ月間だけで、チェチェン・イングーシ共和国は実質的に占領状態にはなかった。両民族は十八世紀末、併合を狙う帝政ロシアとの間で大流血を引き起こした「カフカス戦争」を戦い抜き、ロシアに伝統的に「血の復讐《ふくしゅう》」を誓っていた。山岳地帯という地勢もあってスターリンが二〇年代末から開始した農業集団化にも協力しようとせず、武装して伝統文化を固守するこの山岳民族は「反ソビエト権力」で固まり、スターリンの神経を逆なでしていた。

ロシアの歴史学者の間で今なお論議を呼んでいる問題に「チェチェン・ハイバフ村の大虐殺事件」がある。「深い山中にある雪のハイバフ村では強制連行が難航し、内務軍は期限内の計画達成を口実に、四四年二月二十八日、約七百人の村民を納屋などに閉じ込めて火を放ち、苦しんではい出してきた村民を銃で皆殺しにした」と言われる事件だ。

《その内容はユーリ・アイダーエフ氏が九六年に発行した『ハイバフ／消えた村』に詳しいが、ソ連当局の公式記録は発見されていない》

チェチェン・イングーシ共和国の領土は廃止後、隣のロシア共和国スタブロポリ地方やグルジア共和国などに四分割された。北カフカスではこれと前後して、四三年十月にカラチャイ自治州、四四年四月にはカバルジノ・バルカル自治共和国がそれぞれ廃止された。グルジア内の人口わずか千四百人の少数民族へムシルイ人は追放後、地上から永久に消滅した。強制移住という名の民族抹殺の対象者はカフカス全体でざっと六十万人にのぼった。カフカス北方のスタブロポリ地方の北にある仏教国、カルムイク自治共和国も四三年十二月に消え去り、ロシア共和国・アストラハン州と名称変更させられた。理由は全て「ナチス・ドイツへの戦争協力」である。

北カフカスでの集中的な民族粛清は、スターリンと、その右腕である内務人民委員（内務相）、ラブレンティ・ベリヤという二人のグルジア人指導者によって断行された。スターリンには革命前の一九一三年、「カフカスの民族問題は、この地域の後進民族をより高い文化の共通軌道に引き込む精神によってのみ解決される」と、少数民族の〝浄化〟を示唆した発言がある。しかし、一連の強制移住が始まる前年の四二年発行の北カフカスの秘密地図には、カラチャイ自治州の首都の名称が「ミコヤンシャハル」というカラチャイ語から早々と「クルホーリ」というグルジア語に変更されている。これを根拠に「それは、こうして起きた」は、「スターリンとベリヤは早い時期、大グルジア復活構想（注・グルジアは十八世紀に王国を築いたことがある）を夢想していたのではないか」と問題提起している。

チェチェン・イングーシ共和国などが消滅した北カフカス諸国の名誉が回復されるのはスターリン死後の五六、五七年のことである。

民族粛清の嵐――「ドイツ人を全員、逮捕せよ」

ヨシフ・スターリンは一九三七（昭和十二）年七月二十日の全連邦共産党（後にソ連共産党と改称）政治局会議議事録の隅に、短い手書きメモを残している。
「我が国の軍事、化学、発電、建設など全産業分野で、ドイツ人を全員、逮捕すべきである」

二つの「全」と「逮捕」の文字はアンダーラインで強調されていた。このメモで、専門技術者などとして当時ソ連に来ていたドイツ人の運命は一瞬のうちに決まった。命を受けた内務人民委員（内相）のニコライ・エジョフは七月二十九日からわずか一週間でロシア国籍を持たないドイツ人三百四十人を逮捕、その一部を即刻、国外追放処分にした。

三七年は「人民の敵」の逮捕、銃殺の嵐が吹き荒れた大粛清のピークの年だった。その粛清は、「反共」を掲げるアドルフ・ヒトラーがドイツで政権を握った三三年の翌年から綿密に準備された。「ヒトラーと戦う日」に備え、ヒトラー側に加担する恐れがある危険分子を根絶しておく必要があったのだ。「人民の敵」の多くが「ヒトラーのスパイ」の濡《ぬ》れ衣《ぎぬ》を着せられて消されていった。最大の危険分子は当然、ドイツ人だった。

さらに独ソ開戦から約二カ月後の四一年八月二十八日、スターリンの意を受けたソ連最高会議幹部会は次のような決議を発布した。

「ボルガ下流域のドイツ人の中には数千、数万のスパイと破壊工作者がおり、ヒトラーからの命令でその地域を爆発させようとしている。全ドイツ人を他の地域に移住させねばならない」

ボルガ下流域や黒海沿岸域には、帝政ロシア時代の十八世紀後半、自身がドイツ人である女帝エカテリーナの産業振興策に協力するため、多数のドイツ人が移り住み、ロシア国籍を得た。スターリンのドイツ人粛清は独ソ開戦でこれらドイツ系ロシア人にも拡大したのだった。

北カフカス民族と同様、四一年九月三日から始まった家畜輸送用貨車による悲惨極まる強制移住によって、二週間余で約三十八万人ものドイツ（系ロシア）人がシベリアのノボシビルスクやオムスク、中央アジアのカザフなどに分散連行された。ソ連邦成立二年後の二四年十二月に樹立された「ボルガ・ドイツ自治共和国」は消滅、ロシア共和国に組み込まれた。

強制移住者、特に十四歳以上の男には、労働ラーゲリ（収容所）でウランや石炭の採掘など一日十二時間以上の危険な重労働が待ち受け、「一定居住区から逃亡した場合には懲役二十年の刑」が科せられた。ドイツ人への特に残虐な仕打ちは、スターリンが収容所の幹部に故意に多くのユダヤ人を配置したことだ。彼らはヒトラーへの報復に、ドイツ人移住者に情け容赦なく暴力を行使し、ウラル山脈西側のモロトフ州・ブーベリ収容所では四二年二月の段階で千三百人いたドイツ人が「ハエのようにバタバタと死に」、二カ月後には三百人にまで減ってしまった。

ドイツ人は結局、四一年から四五年までに合計約百二十一万人がボルガ流域から消え失せたのである。

《以上は、ゲーテ研究所（駐露ドイツ大使館付属）九九年発行の論文集「懲罰された人民／ロシアのドイツ人弾圧」、スベトラーナ・アリーエワ編「それは、こうして起きた」などに詳しい》

スターリンの死後の五四年、ソ連社会の自由化の息吹を描いた作品『雪解け』で知られる文学者、イリヤ・エレンブルグは大戦中「反ファシスト」宣伝に動員され、赤軍機関紙「赤い星」に「（ソ連兵は）殺した敵を数えることだけに専念せよ。ドイツ人を殺せ。これがあなたの母の祈りだ。これがロシアの大地の叫びだ」とのアピールを書き、反ドイツ感情を煽り立てていた。

「敵」への協力やスパイの危険性の芽を事前に摘み取るスターリンのやり方は朝鮮人にも適用された。日中戦争の拡大で将来の日本との対決を意識し、「日本のスパイ」になる恐れがある極東の朝鮮人約三十万人を三七年から三八年にかけてカザフなどに強制移住させたのだ。

ボルガ流域から四散したドイツ人たちは五五年十二月に名誉回復されたが、帰るべき土地には既にロシア人が入り込んでしまい、民族共和国は今も復活されていない。

亡国の憂き目にあったのは、黒海のクリミア半島から追われたクリミア・タタール人も同じだった。彼らは四四年五月から計約十六万人が「ドイツの占領者どもを助け、ソ連国民を奴隷にしようとした」との口実でウズベク共和国のソフホーズ（国営農場）やコルホーズ（集団農場）に強制移住させられた。前線で懸命にドイツと戦っていたクリミア・タタール人兵士も突然の復員命令でウズベクへ連行された。「それは、こうして起きた」の中には、飢えたクリミア・タタール人の子供がトウモロコシを盗もうとしたり、アンズを木から取って現地民に撲殺された悲話などが満載されている。

スターリンは一連の諸民族抹殺の源流になったとみられる幾つかの言葉を、革命後に残している。

「民族自決の原則は、社会主義の原則に従わねばならぬ」（一八年五月）。「個々の被抑圧国家の民族運動は、プロレタリア運動発展の利益と対立するゆえに、支持できない」（二四年春）。「世界規模で社会主義が勝利する時、民族の言語は必然的に共通言語に統一されねばならぬ。それはロシア語でもなく、ドイツ語でもなく、何か新しい言語である」（三〇年七月）

つまり、諸民族固有の思想や利益は、全体主義という名の共産主義建設の道には障害でしかなく、民族の特徴を超越した「ソビエト社会」という均一の体制こそがあるべき理想だ——という思考だ。戦争はソ連国民の精神を解放させた。スターリンはヒトラーとの戦争での勝利が確実になると、戦後の「一枚岩」の独裁秩序を乱す独立運動を恐れるようになったのである。

諸民族の記憶に深く刷り込まれた弾圧への怨念《おんねん》は、ゴルバチョフ時代、独立と自決を求める民族運動として一気に噴き出し、ソ連崩壊の導火線となる。

ヤルタの密約――対日参戦の見返りを要求した

破壊された戦車、丸焼けの家々、降り注いだ砲弾で荒れた大地……。黒海に突き出したクリミア半島にはドイツとの戦闘の爪痕《つめあと》がまだ、生々しく刻まれていた。

真冬のその悪路を、半島北部のサキ空港から半島南端の保養地ヤルタへと、大統領のフランクリン・ルーズベルト率いる米代表団、首相ウィンストン・チャーチルらの英代表団、計約七百人の車列が続いた。

一九四五（昭和二十）年二月三日午後。米英ソ三国首脳が第二次大戦後の世界の勢力圏配分を協議する「ヤルタ会談」への道中であった。

ヤルタ会談は翌四日から十一日まで、ルーズベルト一行の宿舎にあてられたリバディア宮殿で行われた。帝政ロシア最後の皇帝ニコライ二世が一九一一年に建設した夏宮だ。

ホスト役のソ連首相、ヨシフ・スターリンは会談当日の朝、遅れて到着したとの説が定着しているが、スターリンは実は外相のビャチェスラフ・モロトフとともに二日にはリバディア宮殿にほど近い宿舎のユスポフ宮殿に入っていた。

「ヤルタに先着していたスターリンはルーズベルトとチャーチルを空港に出迎えなかった。米英両首脳はこれには幾分不満だったが、我々には理解できた。両国はスターリンが再三、要請してきた欧州での第二戦線構築を何年も引き延ばし、ソ連が最も苦難を強いられた日々に、我々をアドルフ・ヒトラーと差しで戦わせたからだ。だが、ヤルタ会談では、ソ連は逆に同盟諸国を助ける立場に回っていた」（スターリンに随行した海軍司令官、ニコライ・クズネツォフの回想録）

米英首脳を出迎えなかったスターリンはしかし、会談の成功には用意万端を期した。ヒトラーは四三年秋まで数カ月間、クリミア半島を占領したが、この間、ありとあらゆる物資、水道設備までも戦利品として奪い尽くしていた。このため、スターリンは会場、宿舎の調度品、食器、水道設備、食料品など全ての必需品をモスクワから列車や航空機で運ばせた。英国代表団から「宿舎の水槽に魚がいない」と指摘されるや、二日後、水槽は金魚でいっぱいになり、「カクテル・パーティーにレモンがない」と分かると翌日、レモンの木が届けられた。

初日の夕食会で三首脳は互いに功績と戦果を称え合った。三国同盟の絶頂を思わせる光景だった。

スターリン「（四一年六月の独ソ開戦前）ヒトラーに一人で対抗していた世界で最も勇敢な国家指導者チャーチル閣下に乾杯！」

チャーチル「ドイツの戦争マシンの背骨をへし折った国家指導者、スターリン閣下に乾杯！」

スターリン「国家利益を一番よく理解している国家指導者、ルーズベルト閣下に乾杯！」

ルーズベルト「我々三人の会談は家族ディナーのようですな」

次いで、「我々の同盟のために乾杯！」とやったスターリンが、奇妙なことを言い始めた。

「同盟の中では嘘をついてはいけません。騙《だま》すことは難しいし、我々の同盟は互いが嘘をつかないが故に強いのです」

真意は不明だが、欧州で第二戦線を開くのを様々な理由で遅延させた米英への皮肉とも、ヤルタで決められる合意を各国は遵守すべきだという素直な誓約の提案にも聞こえた。

《夕食会の三首脳の発言はアナトリー・ウートキン著『ルーズベルト』などによる》

クズネツォフが「ソ連は逆に同盟諸国を助ける立場に回った」と書いたのは、明らかに対日参戦を指していた。この問題は会談五日目の八日、スターリンとルーズベルトの二人だけの非公式会談で、わずか数十分で事実上、決着した。

スターリンは一年二カ月前のテヘラン会談で「ドイツに勝利した後、参戦する」と約束したが、今回は、「ドイツ降伏から二、三カ月以内に対日参戦する」とより具体的に確約した。その見返りとしてルーズベルトは、日露戦争で敗戦国ロシアが失った南サハリン（樺太）の返還ばかりか、一八七五（明治八）年の「樺太千島交換条約」で正式に日本の領土になっていたクリール諸島（千島列島）も「ソ連に引き渡される」とのスターリンの要求を受け入れてしまったのだ。

1945年2月のヤルタ会談で、米英代表団を見送るモロトフ外相（中央）とスターリン（その左）（ロシア軍中央博物館提供）

「当時、ルーズベルトは原爆を八月頃に日本に投下しようと考えていたが、原爆の本当の効果と威力は分かっておらず、四五年中には二個しか製造できないと聞かされていた。したがって、できるだけ早い時期のソ連の対日参戦を望んでいたのだ」（『ルーズベルト』）

スターリンは既に四四年十二月十四日、駐ソ米大使のアバレル・ハリマンと会い、対日参戦の条件を列挙していた。スターリンは「もし、ハリマン氏に提示した条件が満たされないなら、ソ連国民は国益のために参戦するということが理解できますまい」とルーズベルトに詰め寄り、全ての条件をのませた。

この中には、モンゴル人民共和国の現状維持、遼東半島の旅順港の租借権と大連港の優先的利益、南満州鉄道、東中国鉄道の共同運営権など中国における特別権益が含まれていた。スターリンは対日参戦を通じてソ連軍の中国進出の機会もうかがっていた。

ルーズベルトは同時に、対日戦での米軍の被害を最小限に食い止めるため、スターリンに中国国民党の蔣介石政権をソ連が認めることを約束させた。しかし、中国との条件交渉のためスターリンが実際に蔣介石政権との接触を開始した場合、熾烈《しれつ》な諜報戦によって「ソ連が日本と戦争状態に入る意図を二十四時間以内に世界に知らせる結果になってしまう」ことを恐れた。

これを察知したスターリンは「我々にはソ連軍二十五個師団を密かに極東に移動させる計画がある」と秘密計画を明かし、「これが完了した後で中国側と交渉に入ることに同意する」と確約したのだった。

ヤルタの野望――「待ちなさい。領土は戻る」

米英ソ三国首脳によるヤルタ会談たけなわの一九四五（昭和二十）年二月八日深夜。ヨシフ・スターリンは主会場からほど近いソ連の宿舎ユスポフ宮殿で、随員の参謀総長アレクセイ・アントノフと海軍司令官ニコライ・クズネツォフと夜食をともにし、二人にこう尋ねている。

「我が太平洋艦隊の状況と、（日本との戦争）準備はどうか」

クズネツォフらは「対日参戦には米海軍からの大量の援助が不可欠です」と訴えた。

翌九日。クズネツォフは、スターリンの指示で、米海軍から提供を受けるべきフリゲート艦、掃海艇、上陸用舟艇、水雷艇、対潜哨戒艇など合計約二百五十隻を記したリストを早速、米海軍司令官エドワード・キングに手渡した。キングは「今年（四五年）春から夏にかけて、（アリューシャン列島東部の）コールド・ベイで引き渡すということではいかがですか」と即答している。（クズネツォフ海軍司令官の回想録）

スターリンは既に駐ソ米大使アバレル・ハリマンとの四四年十二月の会談で自ら「戦車三千両、軍用車七万五千両、航空機五千機、他に食糧や燃料や水などを四五年六月三十日までに供与してほしい」と、海軍戦力以外の兵器や物資の提供を期限付きで要請していた。

この二カ月前、スターリンは米国の駐ソ軍事ミッション代表、ジョン・ディーンに「米軍からの対ソ軍事援助の見返りに、ロシアは沿海州とカムチャツカ半島の空軍基地を米国に使用させる用意がある」と言明している。対日戦に備えた米ソ軍事提携の布石は、ヤルタ会談以前から着々と打たれていたのだ。

スターリンはいつ頃から、帝政ロシアが日露戦争で失った領土の日本からの奪還を画策していたのか――。

クレムリンで三〇年代半ばに催されたメーデー（五月一日）のレセプション会場。三八年から海軍省第一次官を務めたイワン・イサコフは酔った勢いでスターリンに近づき、こう愚痴をこぼした。

「スターリン閣下、（日露戦争までロシア領だった）南サハリン（樺太）が返ってこない限り、我が海軍には太平洋への出口はありません。（千島列島は日本領なので）我々はオホーツク海で日本に包囲され、ネズミ捕りの中にいるようなものです。このままでは大海軍はできないし、つくっても意味がない……」

穏やかに聞いていたスターリンは食い下がるイサコフに、「もう少し待ちなさい。南サハリンは戻ってきますよ」と繰り返した。（歴史・文学雑誌「若き親衛隊」九五年五月号掲載のミハイル・ロバノフの論文「偉大な国家主義者」）

日本軍による真珠湾攻撃で日米が開戦して十八日後の四一年十二月二十六日、ソ連外務次官ソロモン・ロゾフスキーは早々と日独の敗戦を予想し、戦後の国境画定問題に言及した秘密報告書をスターリンに送っている。

「日独伊三国はいずれ殲滅《せんめつ》されるでしょう。今後、全てを決定するのはソ米英であり、日本が我々との戦争に入ればソ連と日本の戦後関係、特に国境問題を検討しなければなりません。日本の艦隊が今後もソ連を太平洋から分断し、クリール諸島（千島列島）の各海峡、宗谷、津軽、対馬の海峡を封鎖することには耐えられません」（ソ連共産党秘密文書）

英首相、ウィンストン・チャーチルは二月八日、ヤルタでスターリンと個別に会った際、「ロシア艦隊が太平洋に現れることを歓迎し、ロシアが日露戦争の損失を埋め合わせることを期待します」と述べた。

ヤルタ会談の最中、会場付近の施設で戦略を練るソ連軍の幹部ら。中央はアントノフ参謀総長（ロシア軍中央博物館提供）

ヤルタ会談では、ソ連が次々に解放しつつあった中・東欧諸国の戦後処理問題について、領土不拡大などを謳《うた》った大西洋憲章の確認と「民主的政府の樹立」を規定した「欧州解放宣言」が承認された。しかしソ連外相、ビャチェスラフ・モロトフは米国が起草したこの宣言を「行き過ぎだ」と批判、ポーランド問題では政権の性格付けや国境画定も先送りされた。

この際、スターリンは「(中・東欧処理は)後で、我々のやり方で実行すればよい。事の本質は、力の相互関係にある」と、近い将来の「中・東欧のソ連化」を意識した不敵な言葉を残している。

ヤルタでの二月八日のスターリン主催の夕食会では、英米首脳ら出席者全員が四十五回も立ち上がって乾杯が繰り返された。さらに十日、スターリン、米大統領フランクリン・ルーズベルト、チャーチルによる最後の晩餐会がチャーチルの宿舎のウォロンツォフ宮殿で催され、ヤルタ会談のホスト役だったスターリンのために「ウラー(万歳)!」の雄たけびが三度響き渡った。

戦後世界のグランド・デザインについて三首脳間には見解と立場の差異こそあったが、「反ヒトラー同盟」のピークを成す会談であり、スターリンにとっては、極東と欧州における戦後の「ソ連圏」を「西側」が実質的に承認したに等しい成果を収めた画期的な外交舞台であった。

チャーチルは後に、「ヤルタ会談はスターリンを世界の指導者に押し上げた」との見方を示した。

「スターリンはヤルタ会談で一切、書類やメモに頼らず、その論争術と機敏さによって、（ロシア革命の最高指導者）レーニンが批判した彼の『粗暴さ』は魅力に変わった。チャーチルは彼と激しく論争していた時でさえ、そう感じていた。かくしてヤルタはスターリンにとって個人的な栄達の絶頂となった。

彼もソ連も、かつて全世界にこれほど広範な称賛を呼んだことはなかった。彼の野心は満たされ、戦勝同盟国の他の二人の指導者、ルーズベルト、チャーチルと並んで二十世紀の歴史に地位を占めたのである」（アラン・ブロク著『偉大な独裁者の生涯』）

ヒトラー死す——「ろくでなしがくたばりやがった」

「ろくでなしが、くたばりやがった」——。最高総司令官ヨシフ・スターリンはこう吐き捨てた。ヤルタ会談から約三カ月経った一九四五（昭和二十）年五月一日、クレムリン。ソ連軍に追い詰められたドイツのアドルフ・ヒトラーが前日の四月三十日午後三時五十分、愛人エバ・ブラウンを道連れにベルリンの官邸地下室で自殺した——

との現地の当時白ロシア第一方面軍司令官、ゲオルギー・ジューコフからの一報に対する最初の反応だった。共産主義の独裁者がファシズムの独裁者を破った「ベルリン陥落」の瞬間だった。

ヒトラーと同様、宣伝相のヨゼフ・ゲッベルスも妻と五人の子供とともに自殺しているのが発見され、押収された日記には、ヒトラーが折に触れて話していたスターリン観をこう記していたことが分かった。

【37年7月10日】「スターリンは多分、気が狂ったのだ。そうでなければ（戦争の人的資源をむざむざ事前に失うことになる）大粛清など説明がつかない。いつか、我々はこの危険を根絶せねばならない」

【37年12月28日】「スターリンとその部下は病気なのだ。一掃せねばならない」

ヒトラーがソ連に電撃侵攻してから約四年。千四百日余の戦争で「根絶」され、「一掃」されたのは逆にヒトラーの方だった。

《ヒトラーの死を知ったスターリンの反応やゲッベルスの日記はジューコフの通訳だったレフ・ベズィメンスキー著『ヒトラーとスターリン／戦い前夜』による》

「（ヒトラーに勝った）スターリンは、自分をナポレオン軍を破ったロシア皇帝アレクサンドル一世と同じ立場にあるとみなし、欧州全体を支配できると信じていた」

炭で軍団の名前を書き込んだ即席の赤旗が翻った。

ソ連軍は五月二日、ベルリンを占領、ドイツ国会議事堂の屋上には、赤い敷布に石

遠征（祖国戦争）に勝利し、当時の欧州で「最強の君主」と言われた）

（『フルシチョフ回想録』。アレクサンドル一世はナポレオンの一八一二年のモスクワ

ベルリン占領一カ月前の四月一日。スターリンはジューコフとウクライナ第一方面軍司令官イワン・コーネフをクレムリンに呼び、「米英の司令部はベルリン占領作戦を既に用意している」とのソ連諜報員の秘密電報を読んで聞かせ、「ベルリンを先に獲るのは、我々なのか、連合軍か」と迫った。

スターリンは「ベルリン一番乗り」を両司令官に競わせる一方、連合軍最高司令官アイゼンハワーに対しては「ベルリンは以前の戦略的価値を失った。したがって、ソ連最高総司令部はベルリンには主力部隊は投入せず、我が方のベルリン突入は五月後半となろう」と真っ赤な嘘の電報を打った。（ロシア科学アカデミー発行「新・最新歴史」誌（季刊）二〇〇〇年第三号」

ソ連軍は現実には四月十六日にベルリン総攻撃を開始した。これに対し、ライン川から快進撃を続けていた連合軍は、予想される多大な兵員の損失に困惑して進撃を中

止したため、ベルリン攻防戦はソ連軍の独壇場となり、二十五日にベルリンを包囲、突入してわずか一週間で陥落させた。その二十五日にはエルベ川で有名な米ソ両軍の出合いが実現し、果てしない酒宴に浮かれた。

五月九日午前零時過ぎ、ベルリン占領の立役者となったジューコフが出席して、ベルリン軍事技師大学の食堂で行われた降伏文書調印式には、ヒトラーが自殺した官邸地下室のイスや絨毯《じゅうたん》などが運び込まれて使われ、ドイツ側を驚かせた。(二〇〇〇年六月十七日付ロシア国防省機関紙「赤星」)

モスクワでは六月二十四日、赤の広場で「ソ連史上最大規模」と言われる二時間の戦勝軍事パレードが行われ、スターリンはロシア革命の父レーニンが眠る廟上に立ち、ジューコフは白馬にまたがって閲兵した。ナポレオン戦争祝勝パレードでロシア皇帝アレクサンドル一世の足元にロシア兵がナポレオン軍から奪った旗を投げて行進したように、レーニン廟下にはドイツ軍旗が次々と放り投げられた。

二日後の二十六日、スターリンは「大元帥」となった。帝政時代の軍司令官の最高の称号である。この日、全連邦共産党(後、ソ連共産党と改称)政治局会議でジューコフらは「ロシア軍の伝統により、大勝利を収めた司令官にはそれにふさわしい称号が与えられています」と持ち上げた。スターリンは「同志スターリンに大元帥の称号を与えたいのか。どうしてそれがわしに必要なのか。わしには既に権威がある。蔣介石（中国国民党主席）は大元帥、フランコ（スペイン総統）も大元帥だ。同志スターリンにふさわしい仲間と言えるのか……」と躊躇《ちゅうちょ》していたが、結局は受け入れた。一七九九年、対フランス戦争の勲功で大元帥になった将軍アレクサンドル・スポーロフ以来、四人目の大元帥の誕生だった。（イワン・コーネフ著『前線司令官の手記』）

1945年5月、ベルリンを占領し、ソ連旗を掲げる赤軍兵士（ロシア軍中央博物館提供）

1945年6月24日、対独戦勝パレードで、レーニン廟下にドイツ軍旗を放り投げる赤軍兵士ら（ロシア軍中央博物館提供）

四三年暮れ、劇団員や施設が疎開先から戻ってきたモスクワのボリショイ劇場では、新しいソ連国歌を決めるコンクールが開かれた。スターリンは外相のビャチェスラフ・モロトフら三人の政治局員とともに審査員として四晩続きで同劇場に通い、帝政ロシア時代の国歌「神よ、ツァーリ（皇帝）を守らせたまえ」や、日本の「君が代」のほか、米英仏中の各国国歌を参考にして選曲に当たった。

四四年元日、全国にラジオで流された新国歌は、スターリン自身が決めたアレクサンドル・アレクサンドロフ作曲、セルゲイ・ミハルコフ作詞の「ボリシェビキ党歌」だった。レーニンが率いた伝統の党派名を冠したこの国歌の詞の中には「我々はスターリンに育てられた」とのフレーズが入っていた。ロシア革命以来の国歌「インターナショナル」は共産党の党歌となった。（アレクセイ・ルイビン著『スターリンとともに』）

対独戦勝利でスターリンはいよいよ、「赤いツァーリ（皇帝）」体制を盤石のものにしていく。

装甲列車でポツダムへ——暗殺を恐れ、米英に募る疑心

ヨシフ・スターリンは独ソ戦に勝利し、「大元帥」となった四日後の一九四五（昭和二十）年六月三十日、中国国民党政権の外相、宋子文をクレムリンに迎えていた。約五カ月前のヤルタ会談で対日参戦の見返り条件として米英首脳に認めさせた中国でのソ連の権益を中国側に了承してもらうための直接交渉だった。

「ソ連は極東での戦略的影響力を強めねばなりません。日本はドイツと同様、たとえ無条件降伏しても破滅はしまい。日独国民はともに非常に強い。ベルサイユ条約（第一次大戦後の対独講和条約）の後、ドイツは十五―二十年で復興したが、同じことが日本でも起きます」

スターリンはこう前置きし、「ソ連にはクリール諸島（千島列島）が必要なのです。我々は（オホーツク海に）閉じ込められて（太平洋への）出口がない。日本を東西南北あらゆる方向から脆弱《ぜいじゃく》にすることが必要で、そうすれば日本はおとなしくなる。しかし、我が極東には適当な港がない。だから中国の港が要る。我々には大連と旅順が三十年間必要です。日本が（降伏後に）復興しても、我々はそこから日本を攻撃できる」と説得した。

《この中ソ交渉の模様はデービッド・ホロウェイ著『スターリンと爆弾』などに詳しい。同交渉は同年八月十四日、日本の降伏直前に蔣介石国民党政権との間に締結された中ソ友好同盟条約に結実し、ソ連は大連と旅順を租借、南満州鉄道などの共同運営権などを獲得した》

ヤルタ会談で米大統領、フランクリン・ルーズベルトはスターリンに対日参戦を懇請したが、会談後、ソ連軍はベルリン占領をはさみ、ブダペスト、ウィーン、プラハなどを次々に解放、中・東欧がスターリンの影響下に組み込まれていく気配に米英は強い懸念を抱き始めていた。しかも、そのルーズベルトは四月十二日に急逝、ハリー・トルーマンに取って代わり、トルーマン新政権内では原爆実験を決行する準備が極秘裏に進んでいた。

こうした幾つかの理由から、米英両政府内部では「対日戦で米・連合軍の犠牲を最小限に抑えるためのソ連の対日参戦」を疎んじる消極論がにわかに広がっていた。

一方、クレムリンでは「英国の反動勢力がソ連の極東での影響力強化を阻止するため、日本との妥協的平和を欲している」との七月一日付全連邦共産党（後、ソ連共産党）中央委の秘密文書が回覧された。

「スターリンは、もし戦争がソ連の対日参戦前に終結すれば、米英はソ連参戦が条件になっていたヤルタ合意を放棄するのではないか、と恐れており、できるだけ早く（対日）軍事行動を起こすよう将校たちに圧力をかけていた」（『スターリンと爆弾』）

ヤルタで結束の絶頂を誇示した米英ソの「反ヒトラー同盟」は、ドイツの降伏とアドルフ・ヒトラーの死で目標を失ったかのように実質的に形骸《けいがい》化し、この時点で戦後の東西冷戦の芽が吹き出してきていた。

チャーチルは五月十二日、トルーマンに宛てた電報の中で「ソ連軍の前線では、〝鉄のカーテン〟が下りつつある。（ポーランド国境の）リューベックから（イタリアの）トリエステにかけてのカーテンの東方地域が、近くソ連軍に占領されるのは疑いない」と述べた。

《この発言は『チャーチル回想録』による。チャーチルは戦後の四六年三月、米ミズーリ州フルトンで冷戦開始を告げる有名な「鉄のカーテン」発言を行うが、この電報はそのさきがけとなる内容だった》

ベルリン郊外のポツダムで七月十七日、大戦後のドイツの処理、日本との戦争終結時期や条件などを協議する「ポツダム会談」が始まったのは、水面下で米英とソ連間の不信が強まってきた時期だった。

スターリンは開幕前日の十六日、「特別装甲列車」でポツダムへ向かった。四三年十一月のテヘラン会談出席に次ぐ生涯二度目で最後となる外遊である。モスクワとポツダム間は全長千九百二十三キロ。スターリンはここに独ソ戦で破壊された鉄道の復興を内務人民委員（内相）、ラブレンティ・ベリヤに命じ、六月初め、一週間足らずの突貫工事で広軌鉄道を完成させていた。

三両仕立ての特別装甲列車には内務人民委員部の二百人もの将校が警護に乗り込み、通信・暗号機器なども積載された。堅固な列車の前後をさらに数両の装甲列車が固め、沿線には一万七千百四十人もの武装兵が警備に立った上、線路の左右は幅二十キロにわたって徹底的な不審者狩りが断行された。

スターリンは会場となるかつてのドイツ皇太子ウィルヘルムのセシリエンホフ宮殿と各国首脳の宿舎全てに、モスクワから引き連れてきたメードやコック、ウエーター、警備要員など三千人近いスタッフを張り付けた。全員がスパイの任務を帯び、至る所に盗聴マイクが仕掛けられた。

内務人民委員部内部では、ポツダムまでの往復旅程から会場の仕切りまで全てを総合して、なぜか「パリマ（シュロ。ヤシ科の常緑樹）作戦」とのコード名が付けられた。綿密に計画された軍事作戦そのものだった。狙いは二つあった。一つは、スターリンが疑心を募らせていた米英陣営の会談中の動向を把握すること。もう一つは、六十五歳になっていたスターリンを暗殺から守ることである。（露政治・歴史誌「コメルサント・プラスチ」二〇〇〇年七月十八日号）

「独ソ開戦まで、自分の絶対的権威は国内、多分、コミンテルン（国際共産主義運動組織＝第三インター）の中だけだったが、今や国際的、全世界的になったことがスターリンには分かっていた。……しかし名声が高まるにつれ、年をとるにつれ、命を強く恐れる（暗殺に恐怖する）ようになった」（ドミトリー・ボルコゴーノフ著『スターリン』）

会談の舞台裏は、予想された通り、「偽りの同盟」の化かし合いであった。

焦燥のポツダム会談——「次は東京で行いましょう」

ベルリン西郊のポツダムで米英ソ首脳会談が始まって七日目の一九四五（昭和二十）年七月二十三日夜。総選挙のため帰国することになった英国首相、ウィンストン・チャーチルは自ら「さよならパーティー」を催した。ヨシフ・スターリンはスピーチでぶち上げた。

「次の三人の首脳会談は東京で行いましょう」

アドルフ・ヒトラーを倒して敵地のベルリンに乗り込んだスターリンは、次の標的、日本を打倒して東京で対日戦後処理の会談を開こうと宣言したのだ。世界にはまだ秘密だったソ連の「対日参戦」への強い意思表明だった。

酔って上機嫌のスターリンは、何を思ったか、メニューを手に立ち上がると、出席者のサインを求めてテーブルを一巡し始めた。チャーチルがサインした瞬間、両雄は目を見合わせ、大笑いしてみせた。(『チャーチル回想録』)
チャーチルの保守党はしかし、総選挙でクレメント・アトリー率いる労働党に敗北し、ポツダム会談の後半にはアトリーが駆けつけてきた。スターリンは嘆いた。「西側の民主主義とは虚しいものよ。ちっぽけなアトリーを、偉大なチャーチルと交代できないものか」(エドワルド・ラジンスキー著『スターリン』)
五カ月前、ソ連のヤルタに集まった米英ソ三首脳でただ一人残ったスターリンは内心、勝ち誇りたいような気持ちでいっぱいだった。
「ファシズムに対する勝利は、スターリンに自らの無謬《むびゅう》性と、ソ連国民と社会主義の運命を決めるメシア(救世主)的役割を一段と強く、確信させた。偉大な勝利はスターリンを遂に地上の神に変えたのだ」(ドミトリー・ボルコゴーノフ著『スターリン』)
ヤルタ合意で米国の後ろ盾ができたスターリンは四五年四月五日、突然、日本に対し「(翌年期限の切れる)日ソ中立条約を延長しない」と通告していた。
《米エール大学のジョナサン・ハスラム教授は論文「ソ連の対日政策/一九四四―一九四五」(九九年九月)で、「スターリンは四五年四月までに、日本がどんな譲歩をしようと、米国がソ連の参戦を必要としようとしまいと、対日戦争に踏み切る決

断をしていた。四月末までには日本との戦争計画は出来上がっていた」との見解を示している》

ポツダム会談におけるチャーチルの「さよならパーティー」から一夜明けた七月二十四日、スターリンは米国から悪夢の囁《ささや》きを聞かされる。全体会議の後、米大統領ハリー・トルーマンはスターリンに近づき、こう耳打ちした。

「新しい爆弾、例のない破壊力を持つ爆弾の実験に成功しました」

ポツダム会談での3首脳。前列左からアトリー英首相、トルーマン米大統領、スターリン

《米国はポツダム会談開幕前日の七月十六日早朝、ニューメキシコ州ロスアラモスで初の原爆実験に成功していた》

仰天するか、と息をのんで見つめるトルーマンに、スターリンは平然と「教えてくれて感謝します。それは日本に効果的に使えるでしょう」とだけ静かに答えた。だが、スターリンの胸中は穏やかではなかった。会談場から引き揚げるや、「我々の研究を早めねばならぬ」と外相のビャチェスラフ・モロトフに告げた。モロトフは「米国は（原爆実験成功を我々に教えるこ

とで、交渉で）自国を高く売ろうとしているのではないだろうか」と呟《つぶや》いた。スターリンは、独自の原爆開発を指揮していた著名な物理学者、イーゴリ・クルチャトフに「研究を急げ」と直接、電話を入れた。

米国は公式には四二年八月、原爆製造のための「マンハッタン計画」を実行に移したが、スターリンはこれより前の同年三月十日、米国に浸透させたスパイからの情報でその計画の存在を知っていた。翌四三年七月までには、米国の核兵器研究・開発に関する約三百種類もの秘密報告がスターリンの下に上がってきた。これに刺激されたスターリンは、密かに内務人民委員のラブレンティ・ベリヤの指揮下で、クルチャトフらに原爆の本格的な研究を開始させていたのだ。

《以上はデービッド・ホロウェイ著『スターリンと爆弾』のほか『アンドレイ・グロムイコ回想録』『チャーチル回想録』などに詳しい》

チャーチルはポツダム会談初日の七月十七日、米陸軍長官ヘンリー・スティムソンが宿舎に届けてくれた「子供（原爆）は丈夫で生まれた」とのメモでいち早く米国の原爆実験成功を知った。

「私は対日戦には大空爆と巨大な軍（ソ連軍）の参戦が不可欠だと考えていたが、

（原爆実験成功の報に）一、二発の攻撃で日本との戦争を終結させられる素晴らしい光景が浮かんだ。数日後、私は外相のアンソニー・イーデンにこう言った。『米国はロシアに今、対日参戦して欲しくないことが明白になった』と」（『チャーチル回想録』）

トルーマンは対日参戦問題をスターリンと正面切っては議論しなかった。ただ、米代表団はソ連側とまだヤルタ合意に関する交渉を続けていた中国国民党政権の外相、朱子文にポツダムから秘密電報を打ち、「交渉をできるだけ引き延ばし、一項目たりともソ連に譲歩しないよう」伝える寝業に打って出ていた。

二十六日、トルーマンとチャーチル、それに中国国民党政府の蔣介石は連名で、日本に降伏を迫る「対日ポツダム宣言」を発表した。宣言の内容は表向きソ連が日本となお形式上は中立条約を結んでいるとの理由から、スターリンとは全く協議されなかった。

「しかし、（ソ連外相）モロトフは宣言の公表をできる限り引き延ばそうと画策していた。公表されると、ソ連が参戦する前に日本が降伏してしまうと恐れたからだった」（『スターリンと爆弾』）

米国の原爆実験の成功、ポツダム宣言の公表で、一刻も早い対日参戦に一段と焦燥感を煽られたスターリンだが、幸いなことに、日本はすぐにはポツダム宣言を受諾しなかった。参戦時期を見極めていたソ連軍が雪崩を打って満州に侵攻するのは、米国が広島に原爆を投下した三日後の八月九日。長崎に原爆が落とされるその日であった。

対日参戦――「大成功。予想よりずっといい」

ソ連が対日参戦して数時間しか経たない一九四五（昭和二十）年八月八日夜（モスクワ時間＝極東時間は九日未明）、ヨシフ・スターリンはクレムリンの執務室で駐ソ米大使のアバレル・ハリマン、同大使館の顧問ジョージ・ケナンと相対していた。ケナンは戦後、「ソ連封じ込め」政策で世界の注目を浴びることになる有数のソ連専門家である。

「ソ連軍はたった今、満州に入りました。大成功のようです。予想していたより情勢はずっと良い」

スターリンはこう伝えた。

これより数時間前の対日参戦直前、東シベリア・チタの極東軍総司令部からスターリンに「準備報告」の電話を入れた総司令官アレクサンドル・ワシレフスキーは、補佐官アレクサンドル・ポスクリョブイシェフに「主人は今、映画を見ている」と言われ、電話をかけ直している。

参戦前後のスターリンは、胸の高鳴りを抑えるためか、表向きは冷静な様子だった。

「（八月六日の）広島への原爆投下の効果を閣下はどう考えますか」

ハリマンに問われたスターリンは「日本は今、降伏に同意できるよう、（鈴木貫太郎）内閣交代の口実を探していると思いますな。原爆は日本にその口実を与えることができるでしょう」と答えている。

この後、スターリンは驚くべきことを口にした。

「ソ連の科学者たちも原爆製造を試みていますが、まだ成功していません。……もし、アドルフ・ヒトラーが原爆を完成させていたら、決して降伏などしなかったでしょうな」

あえてソ連の秘密を漏らすことで米国を牽制《けんせい》したのだった。

広島への原爆について、ソ連の共産党機関紙「プラウダ」と政府機関紙「イズベスチヤ」はともに、米大統領ハリー・トルーマンの「原爆投下」声明を伝えたタス通信の電報をそのまま短く掲載したにとどまった。しかし、当時の英「サンデー・タイムズ」は「原爆のニュースは（ソ連指導部を）ひどく意気消沈させた。国際政治に（原爆という）新たな要素が現れ、原爆はロシアにとって脅威となることが明白となった。

絶望的なほど苦難に満ちた対独戦の勝利が今や、無駄になった、との悲観論まで出ている」と書いた。

広島への原爆投下の翌日、スターリンの通称「近い別荘」にやってきた長女のスベトラーナ（当時十九歳）は、「父のところにはいつもの客（政治局員ら）が集まっていた。誰もが原爆のことで不安そうで、父は私にはほとんど見向きもしてくれなかった」と後に回想録に記している。

スベトラーナが父の態度にむくれていたその八月七日の午後四時半、スターリンは参謀総長のアレクセイ・アントノフとともに「九日未明（極東時間）を期して満州で日本軍への攻撃を開始する」との指令書に署名していた。ヤルタ合意をめぐる中国との交渉は未終結だったが、原爆投下で日本が一気に降伏してしまうかもしれないという焦燥感と強い不安がスターリンを走らせていた。

《対日参戦開始前後のスターリンの様子は、デービッド・ホロウェイ著『スターリンと爆弾』、アレクサンドル・ワシレフスキー著『全生涯の仕事』などによる》

八日午後五時、ソ連外相ビャチェスラフ・モロトフは駐ソ日本大使の佐藤尚武をクレムリンに呼び、「八月九日をもって、ソ連は日本と戦争状態に突入する」との事実上の宣戦布告を行った。佐藤はスターリンに要請していた特使、近衛文麿（元首相）の受け入れに関する回答かと出かけたが、答えは最悪の内容だった。ソ連軍の戦車が国境を越えて満州になだれ込んだのは、そのわずか一時間後の九日午前零時十分（極東時間）。約十時間後の九日午前十一時過ぎ（日本時間）には米国が長崎に二発目の原爆を投下した。

《ソ連は四五年四月五日、日ソ中立条約（四一年四月締結）の「不延長」を通告した。しかし、日本は太平洋戦争をできる限り有利な条件で終結させる必要から、中立条約はなお有効とみてソ連の仲介にすがり、日本で元首相の広田弘毅が駐日大使のヤコフ・マリクと会談を重ねる一方、七月上旬には近衛を天皇陛下の特使としてモスクワに派遣する方針を決定していた》

米国の原爆投下に慌てたスターリンだが、対日戦への準備は周到だった。ヤルタ会談終了後の四五年春、Ｔ34新鋭戦車六百七十両を極東に移送し、ドイツが降伏した五月から八月にかけ、兵員と軍事物資を積んでモスクワから極東に送り込んだ貨車は延べ十三万六千両にものぼった。参謀本部は「対日戦ではザバイカル、沿海州、アムール州の三方面から侵攻して北東中国の中心部に向かい、関東軍を分断させて各個撃滅する」作戦を練り上げていた。

スターリンは満州侵攻の一年以上も前の四四年夏、「軍国主義・日本との戦争の際は、君に極東軍の司令官を任せる」と、当時白ロシア方面軍司令官だったワシレフスキーに密かに告げている。この頃、スターリンは「日本は太平洋ではもはや防戦一方になってきているのに、満州と朝鮮半島では兵力を縮小しようとしていない」と警戒を強め、参謀本部に連日、日本軍の動向に関する具体的な報告を要求していた。そのワシレフスキーが「ワシリエフ」と名前を変え、階級も元帥からわざと大将に落としてチタに極秘裏に到着したのは、四五年七月五日。スターリングラード攻防戦を参謀総長として指揮するなど歴戦の大物司令官が極東の最高指揮官になったとの情報を、日本の諜報機関に察知させないための偽装だった（『全生涯の仕事』）。

対日開戦前、スターリンはワシレフスキーに命じて、中国国民に次のようなメッセージを送っている。

「偉大なソ連の赤軍が同盟国・中国と友好的中国国民の支援にきた。日本による抑圧と奴隷状態から解放する軍として軍旗を掲げる」（ロシア国防省古文書）

日ソ中立条約を一方的に破棄したスターリンの言い訳だった。

怒濤《どとう》のように国境を破ったソ連軍は、ザバイカル軍、第一極東方面軍、第二極東方面軍、それに海軍・太平洋艦隊などを加え総勢百七十万もの兵力にのぼっていた。

千島列島南下——「占領できないのは侮辱だ」

二度の原爆とソ連軍の侵攻というダブルパンチを受けて、日本がようやくポツダム宣言を受諾したのは一九四五（昭和二十）年八月十四日だった。同宣言が発表されてから既に二十日。元首相、近衛文麿をモスクワに特派し、ソ連に太平洋戦争終結の仲介を要請する——との日本政府の最後の賭けも、結局は幻想に過ぎなかった。

翌十五日正午、天皇陛下が終戦の詔勅放送を行い、日本軍には戦闘停止命令が下った。詔勅放送の後、米軍も全軍に戦闘停止を命じた。ソ連だけが全く違った反応だった。

ヨシフ・スターリンは、広島への原爆投下に慌てて一気に対日参戦決定に踏み切ったのと同様、日本のポツダム宣言受諾の翌日の十五日、極東軍総司令官アレクサンドル・ワシレフスキーを通じてクリール諸島（千島列島）への侵攻を命令した。詔勅放送のわずか三時間後である。百七十万の大軍で対日参戦したソ連軍がヤルタ合意の〝戦果〟であるはずのクリールと南サハリン（南樺太）獲得を目前に、戦争が終結し

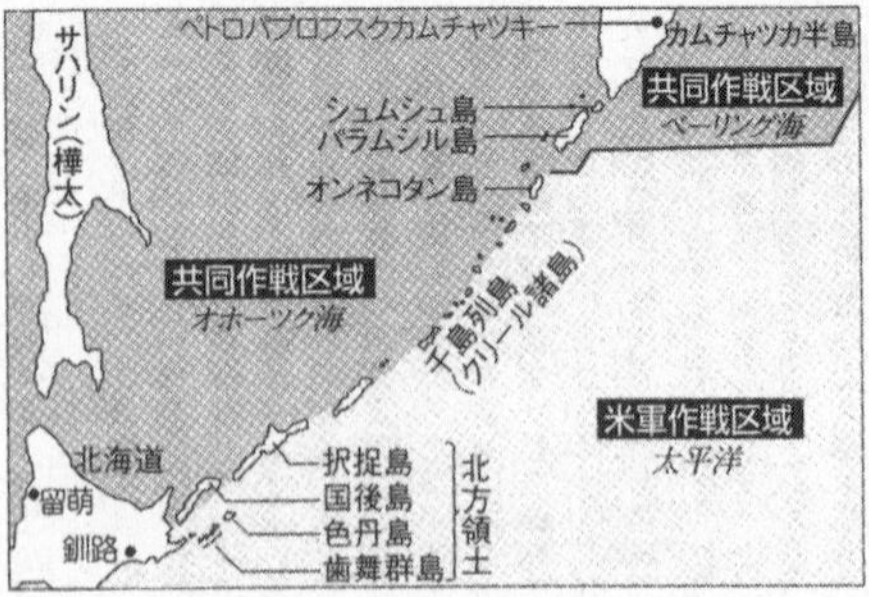

てしまうことを恐れたのだった。

スターリンはワシレフスキーとの密議で、攻撃続行に都合のよい理屈を編み出して十六日付ソ連共産党機関紙プラウダに発表させた。

「天皇が行った降伏の発表は単なる宣言に過ぎない。日本軍による軍事行動停止命令は出されていない。天皇が軍事行動停止を命じ、日本軍が武器を置いた時にのみ降伏とみなされる。したがって極東のソ連軍は対日攻撃作戦を続行する」（アレクサンドル・ワシレフスキー著『全生涯の仕事』）

スターリンにはもう一つ、米国がクリール諸島を占拠してしまうのではないか、という危惧もあった。ポツダム会談では、米ソ両国の参謀本部による軍事協議でソ連の対日参戦に伴う米ソ両軍の軍事行動範囲が密かに決められていたからだ。オホーツク海全域と、パラムシル、オンネコタン両島間の海峡からベーリング海北西部にかけての海域が米ソ「共同作戦区域」、オンネコタン以南のクリール諸島の太平洋側は米軍作戦区域とされていた。

加えて、米大統領ハリー・トルーマンは十五日の「一般命令第一号」で、ソ連が日本軍の降伏を受ける地域にクリール諸島を含めていなかった。このため、スターリンは十六日、トルーマンに電報を打ち、全クリール諸島と、北海道の釧路と留萌を結ぶ線の北側、それに東京でのソ連軍配備地域をソ連への日本軍降伏地域に加えるよう要求した。

その理由について「この提案はロシアの世論に特別の意味を持っている。日本は一九一九—二一年、（ロシア革命後の対ソ軍事干渉で）ソ連の全極東部を占領した。もしロシア軍が日本固有の領土の一部に占領区域を持てないなら、ロシアの世論はひどく侮辱されたことになる」と説明した。「軍事干渉の報復として全クリールと北海道北部をよこせ」という、スターリンのなりふり構わぬ領土的野心の表明だった。

《北海道占領については既に四五年六月二十六、

占領した南樺太（南サハリン）の真岡市（ホルムスク）を行進するソ連軍兵士（ロシア軍中央博物館提供）

二十七両日の党政治局会議で提起され、賛否両論が激突したが、スターリンは「北海道侵攻にはどの程度の兵力が必要か」とだけただして結論は見送っている。しかし、会議後、早くも歩兵二個師団や太平洋艦隊の一部などを北海道作戦に振り向ける計画が始動した》

トルーマンは八月十七日付返信の中で「日本軍は北海道を含めて日本の主要な島の全てで米国の前に降伏する」と強調、スターリンの北海道侵攻計画とソ連軍の東京駐留はきっぱりと拒否した。ただ、「全クリール諸島」をソ連軍への降伏地域に含めることには気前よく同意してしまった。

「私も同僚もあなたからこのような返事は予想していなかった……」。十八日にトルーマン返書を受け取ったスターリンは四日後の二十二日になって、こう切り出す親書を書いている。文面には、着々と準備を整えてきた北海道上陸を拒否された憤りがにじみ出ていた。

トルーマンへの返書を書いた二十二日、スターリンはワシレフスキーを通じて太平洋艦隊司令官、イワン・ユマシェフらに「特別な指令があるまで北海道上陸は差し控えることが必要だ」と命じる一方で「サハリンから南クリール諸島（日本の北方領土四島のこと）へ第一極東方面軍第八十七師団を移動する可能性を考えてほしい」とも指示した。

この指令の文面から、スターリンは北海道占領をひとまずあきらめる見返りに、日本固有の北方領土の奪取を決断したようにも受け取れる。いずれにせよ、この段階で、北方領土の戦後の運命は決まってしまった。ただ、注目されるのは、このスターリン指令で「南クリール諸島」として具体的に名指しされているのは、国後と択捉だけで歯舞、色丹には全く言及されていない点である。

《ソ連軍のクリール侵攻はスターリンとトルーマンの交換書簡が始まった直後に既に開始されていた。十七日にカムチャツカ半島のペトロパブロフスク基地を出港した上陸部隊は十八日、クリール最北端のシュムシュ（占守）島に艦砲射撃の援護を受けて上陸、日本軍守備隊の第九十一師団との四日間の戦闘で日ソ双方に約二千六百人の死者を出した》

二十二日の指令で「北海道上陸を差し控える」と述べていたスターリンが、北海道奪取を完全に断念したとみなされるのは、現地の参謀長セミョーン・イワノフの名前による八月二十七日付の次の指令である。

「同盟諸国の誤解と紛争とを避けるため、北海道のそばには絶対に、いかなる艦船も航空機も派遣することを禁ずる」

クリール諸島と並んでヤルタの秘密合意でソ連の領有が約束されていた南サハリンは八月二十五日、ソ連軍の手に落ちた。そのサハリンから投入された第一極東方面軍が北方領土の侵攻に着手するのは、八月二十八日のことである。

《米ソ両首脳の書簡のやりとりやソ連軍の動向などは「ロシア社会・政治史国家古文書」、デービッド・ホロウェイ著『スターリンと爆弾』などに詳しい》

領土奪取――「見よ、全部我らのものだ」

一九四五（昭和二十）年八月二十一日にクリール諸島（千島列島）の最北端、シュムシュ（占守）島を占領したソ連軍は「その後、ソ連の軍艦に日本軍の参謀を同乗させて千島列島を南下し、各島の日本軍守備隊の武装解除を行い、八月三十一日までにウルップ（得撫）島までの占領を終えた」（日本の「安全保障問題研究会」編『変わる日関係』）

南クリール、つまり北方四島の占領は、サハリン（樺太）から転戦した第一極東方面軍などによって決行された。ここで注目されるのは、ウルップ島までの占領と択捉島以南の奪取作戦が切り離されて立案された節があることだ。加えて、占領部隊が択捉、国後両島の「偵察」命令を受けたのは八月二十六日で、大半の艦船は機械油が不足し、パンも乾パンもないひどい食糧欠乏状態に陥っていた。北方領土侵攻がいかに準備不足のまま行われたかを如実に示している。

【8月28日】午後一時十五分、二隻の掃海艇が一面の濃霧の中、択捉島のルベツ（留別）湾に入り、一万三千五百人の日本軍の降伏を受けた。

【9月1日】午前六時四十分、国後島のフルカマップ（古釜布）湾に上陸、日本軍千二百五十人が降伏した。同九時、色丹島のシャコタン（斜古丹）湾に軍艦が入り四千八百人が降伏。

【9月2日】上陸部隊司令官の海軍大佐チチェーリンは、無線で「歯舞群島の占領計画を準備せよ」との指令を受け、これを「占領実行」と思い違いし、正式命令が出される前に一気に上陸を敢行してしまった。しかし、太平洋艦隊司令部では高く評価された。

【9月5日】歯舞群島の占領が完了。五百十人が捕虜となり、国後に連行された。

（「ロシア社会・政治史国家古文書館」所蔵の古文書）

ここで注目されるのは、北方領土に上陸したソ連兵が「米兵はいないか」と米軍を警戒するような問いを島民に発していることだ。

択捉（エトロフ）島で日本軍と戦うソ連軍（ロシア軍中央博物館提供）

ヨシフ・スターリンは歯舞にソ連軍が上陸した九月二日、国民に「戦勝メッセージ」を送り、日露戦争（一九〇四－〇五年）、日本の対ソ軍事干渉（一九一八－二二年）、日ソ両軍が豆満江下流の張鼓峰（ロシア名ハサン）で衝突した「ハサン事件」（三八年七月）、さらには「ノモンハン事件（三九年）」を並べ立てて日本への憎しみを煽り、次のように檄を飛ばしたのである。

「日本は日露戦争で我が国への侵略を開始した。帝政ロシアの敗北に乗じて南サハリンをもぎ取り、クリール諸島での地盤を固め、我が国の海洋への出口をふさぎ、ロシアの全極東を強奪した。ソビエト体制確立後の一九一八年には英仏米のソ連との敵対関係に乗じて再度、我が国を攻撃し、四年にわたって我が国民を引き裂き、極東を略奪した」

さらにこう続けた。

「日露戦争の敗北はロシア国民の意識に重い記憶を残し、我が国の黒いシミとなった。

我が国民は日本が敗北し、シミが消されるその日を信じ、待っていた。古い世代は四十年も待った。その日が来たのだ。南サハリンもクリール諸島もソ連のものになる。今後、これらの領土はソ連と海洋を直結させ、日本の侵略から我が国を防衛する手段となる」

そして、九月三日は「対日戦勝記念の祝日」に指定された。（四五年九月四日付の共産党機関紙「プラウダ」）

米英首脳が発表した「大西洋憲章」（四一年八月）や、米英中首脳による対日戦処理協議に基づく「カイロ宣言」（四三年十一月）の領土不拡大原則を無視し、日ソ中立条約を一方的に破棄して北方領土を奪取したスターリンの自己正当化だった。第二次大戦で領土を拡大した指導者はスターリンだけである。メッセージを読む限り、スターリンにとって対日戦争は、紛れもない日露戦争の雪辱戦であった。

四六年一月、ソ連軍当局はスターリンに、「大祖国戦争の戦死

第二次大戦勝利で、スターリンは「地上の神」となった。この写真は47年のもので、「ソ連国民の指導者万歳　偉大なスターリン！」と書いてある（ロシア軍中央博物館提供）

者と行方不明者は七百五十万人」と報告、これを基にスターリンはその後、「七百万」と公言していた。

しかし、ドミトリー・ボルコゴーノフは著書『スターリン』の中で、「死者は一般市民を含めて二千六百万—二千七百万、うち一千万が戦死あるいは捕虜として死亡」と推計している。

スターリンは戦後のある日、モスクワ郊外の「近い別荘」で、外相ビャチェスラフ・モロトフ、生まれ故郷のグルジアの党第一書記、アカーキー・ムゲラーゼを前に、新しいソ連国境線が引かれた地図を持ち込み、それを壁にピンで留めると、こう言った。

「我々が獲得したものを見てみよう。北は全てうまくいった。フィンランドは我々の前に大いなる罪を犯した。だから国境をレニングラードから（遠くに）離してやった。バルト諸国は元々ロシア領土だが、再び我らがものになった。ベラルーシ人は今や、みんな我々と一緒に住んでいるし、ウクライナ人もモルダビア人も一緒だ。西も順調だ。東の国境はどうか。クリール諸島もサハリンも全部我らのものだ。見たまえ。素晴らしいではないか！　旅順も大連もだ」

ここでスターリンは手にしていたパイプで中国の上に様々に線を引き、「東中国鉄道は我らのもの、中国とモンゴルも全て順調だ」と満足げだったが、「どうも、この国境が気に食わない」と言ってカフカスの南方をパイプで指した。

スターリンは黒海から地中海への出口の確保に異常な戦略的執念を燃やし、ボスポラス、ダーダネルス海峡をトルコとの共同管理下に置くことを密かに望んでいた。

その前提として、ソ連の一角であるアゼルバイジャン共和国と同じ民族が住む北イランとトルコの一部の奪取を画策していた。これは、米英とトルコの強硬な抵抗にあって潰《つい》えたが、過大な自信をつけたスターリンの領土拡張の野望には止まるところがなかった。（フェリクス・チューエフ著『モロトフ』）

洋の東西で日独を破り、帝政ロシア時代の版図を奪回、新領土を抜かりなく奪取したスターリンは、ソ連を一躍、超大国の地位に押し上げて「赤いツァーリ（皇帝）」となり、「世界社会主義帝国」の実現へと飽くなき野望を押し広げていく。

冷戦時代は静かに火蓋《ひぶた》を切って落とされようとしていた。

第二部　覇権への道

——冷戦とソ連帝国

崇拝の絶頂――毛沢東が「偉大な師」と称えた

一九四九（昭和二十四）年十月一日。中国共産党の毛沢東は北京の天安門から中華人民共和国の樹立を宣言した。新中国の中央人民政府主席となった毛沢東は、二カ月半後の十二月十六日正午、特別列車で酷寒のモスクワ・ヤロスラブリ駅に着いた。五日後のヨシフ・スターリンの七十歳の誕生日の式典に招待されたのである。ソ連外相ビャチェスラフ・モロトフらに出迎えられた毛沢東はシベリア鉄道の長旅でひいた風邪を押してクレムリンに直行した。

執務室に入るや、書類を積み上げた机の向こうからゆったりと立ち上がったスターリンに脱兎《だっと》のごとく駆け寄り、長く、長く、約二分間も握手し続けた。

毛沢東「ご招待を感謝致します。偉大な世界革命の教師にお目にかかれて大変うれしゅうございます」

スターリンの誕生日祝賀式典で壇上に立つ毛沢東＝右から二人目＝とスターリン＝左から二人目（ノーボスチ出版提供）

スターリン「中国革命の勝利は世界全体のバランスを変えることでしょう。よろしい。さぁ、腰を下ろして話し合いましょう」

毛沢東は、心中に溜まっていたものを一気に吐き出すように、「機関銃の様な早口」で話し始めた。

翌日の夜遅く、モスクワ郊外の通称「近い別荘」で催された夕食会でスターリンは自分独特のグルジア流儀と称してグラスに赤と白のワインを半分ずつつぎ、毛沢東に勧めた。毛沢東にとって外国旅行が初めてなら、ワインの味も初めてだった。

《以上はソ連外務省極東部長として通訳したニコライ・フェドレンコ＝後に駐日大使の証言》

十二月二十一日夜。白雪に浮かぶモスクワ・ボリショイ劇場は、スターリンの誕生日祝賀式典に沸騰していた。毛沢東は並み居る来賓の中で最前列のスターリンの右隣という最高の席と、最初の演説者という二つの栄誉を与えられた。

毛沢東は壇上から祝辞を述べた。

「親愛なる同志、友人諸君！　スターリン同志は全世界の人民の教師であり友人でもあります。マルクス・レーニン主義の革命理論の発展も、国際共産主義運動への最高度に傑出した巨大な貢献もスターリン同志のものであります。中国人民が抑圧者との闘争で常に深甚かつ痛切に感じてきたのは、スターリン同志の友情の重要さでありす。中国人民と中国共産党の名において、スターリン同志の七十歳の誕生日を祝福し、健康と長寿を願うものであります」（嵐のような拍手）

毛沢東の後、各国代表からの祝辞がいつ果てるともなく続いた。

「朝鮮人民の救世主、偉大なスターリン同志万歳」（北朝鮮代表キム・ドゥ・ボン）「今後もあなたの教えに忠実であることを誓います」（イタリア共産党書記長パリミロ・トリアッチ）「ハンガリーの労働者と農民はスターリン同志を〝血を分けた父〟と呼んでいます」（ハンガリー勤労者党書記長マチヤシ・ラコシ）……。

毛沢東がスターリンに贈った中国の伝統的な屏風と木製飾り棚。現在もある「近い別荘」に保存されている（斎藤勉撮影）

五〇年代初めから非スターリン化を示唆する作品を書き始める詩人、アレクサンドル・トワルドフスキーさえ、この時はスターリンを「世界で最も大切な命」と持ち上げる詩を朗読し、万雷の拍手を浴びた。

ソ連中の街頭に、工場に、コルホーズ（集団農場）に、新聞に、雑誌に……スターリンの写真、肖像画があふれた。記念碑、記念像の数はますます増え、「全時代と民族の最大の天才」「大指導者にして教師」「天才的思想家」「我が惑星の太陽」などの賛辞が国中を埋め尽くした。

《式典の模様は、アンドレイ・レドフスキー著『中国の運命におけるソ連とスターリン』、ドミトリー・ボルコゴーノフ著『スターリン』などによる》

七十歳の祝典はスターリンの個人崇拝の絶頂を成す行事であった。しかし、前日に決まった「レーニン勲章」の授与に、スターリンは「年寄りの機嫌をとろうというのか。これで元気になれるというものでもないのに」とすねた態度を見せ、最高会議幹部会が「古希のプレゼント」として創設を決定した「スターリン勲章」にも、「こうした勲章は当人の死後にのみ制定されるものだ」と断っている。

地上の権力と名誉の全てを極めたスターリンにとって、新たな敵は「老い」だった。

祝典前夜、スターリンは「近い別荘」に引き揚げるため執務室の机から立ち上がってコートを取りに行こうとした瞬間、立ちくらみで体がよろめき、数分間、意識を失うような状態になった。(『スターリン』)

今も残るこの別荘には、国内外からの古希祝いの贈り物の数々がそのまま保存されている。毛沢東は宿舎として提供されたこの別荘の二階から、暗号電報を使い、北京に残した劉少奇(当時、中央人民政府副主席)との間で、ソ連側から支援を得る問題などに関してやり取りを行っていた。

祝典が開かれた十二月二十一日、毛沢東は北京からの暗号電報をスターリンに手渡した。それは国民党の情報部長が党最高指導者の蔣介石に伝えた極秘情報の内容である。それによると、十二月七日に中国大陸を追われて南京から台湾に移った蔣介石に対し、米トルーマン政権は台湾統治体制をめぐって次のような要求を突き付けていた。

「共産党の台湾奪取を防ぐために米国は国民党の新政府と軍の長の人選を要求する。また、全ての国家行政機関と軍司令部は米国の統制下に入らねばならず、この条件下でのみ米国は台湾に経済援助を約束するが、拒否すれば米国は適当な時期に蔣介石に台湾を離れるよう勧告し、米国自身が台湾を占領する」

毛沢東の共産党政権樹立で中国大陸を失った米国の「台湾死守」にかける決意と焦

躁感が、手に取るように伝わってきた。（『中国の運命におけるソ連とスターリン』）
十二月二十六日は毛沢東の五十六歳の誕生日だった。スターリンは毛沢東がモスクワにいるにもかかわらず、自分の署名入りで北京に公式の祝電を打ち、敬意を表している。スターリンは建国したばかりのアジアの共産主義国の指導者を最高の盟友のように遇した。
第二次大戦が終結して早くも四年四カ月。中ソ両首脳が初めて手を組み、モスクワがスターリンの古希の式典に沸いている裏で冷戦が熾烈《しれつ》を極め出していたのだった。

毛沢東の恋文――「あなたの下に馳せ参じたい」

中国・河北省の西柏坡にある中国共産党本部。中華人民共和国が建国される八カ月前の一九四九（昭和二十四）年一月三十日、厳寒のこの〝秘境〟に、一台の米国車ダッジがあえぐようにして乗り付けた。人民解放軍が中国駐留米軍からもぎ取った戦利品のダッジから姿を見せたのは、「アンドレーエフ」の偽名を使ったソ連副首相アナスタス・ミコヤンだった。ヨシフ・スターリンの密命でミコヤンは中国国民党政権から租借していた遼東半島の旅順経由で航空機とダッジを乗り継ぎ、五日がかりでたどり着いたのだ。

遠来のミコヤンを毛沢東が出迎えた。中ソ両共産党の指導者が初めて接触した歴史的瞬間だった。

【1948年4月26日／毛沢東からスターリン同志へ】「もし可能なら、六月初めか中旬にあなたの下へ馳せ参じたく存じます。お会いして、政治、軍事、その他の重要問題を相談し、指示を仰ぎたいと考えております。東欧諸国も回り人民戦線などの勉強も致したい。秘書と暗号係も同行させますが、一人で、と仰せられるなら、一人で参ります」

弟子がまだ見ぬ「心の師匠」を慕い、一刻も早く会いたいという強烈な願望をしためた電報はこれだけではなく、毛沢東は、内戦で国民党の国府軍（中華民国国民政府軍）と全面衝突する直前の四七年六月から四八年七月にかけて計四回も打っている。

スターリンは毛沢東の傍らに「オルロフ」と「メリニコフ」（ともに暗号コード名）という二人の軍医を派遣していた。毛沢東の健康管理が表向きの理由だが、中ソ両党首脳間の連絡役と中国共産党内部の偵察任務も負わせていた。毛沢東はこの軍医の暗号電報を利用し、独裁者に〝恋文〟を連発していたのだ。

最後の四八年七月十四日の電報で毛沢東は「十月末か十一月初め」とクレムリン詣

での時期を設定し、返事を待ち切れずに、旅支度を始めている。長年の革命運動で普段は布製のズック靴しか履いたことのない毛沢東が初めて革靴を買い、気張ってラシャの外套まで作らせ、荷造りもすっかり済ませていた。

スターリンはしかし、毛沢東の秋波をことごとく袖にし、「（国民党との内戦の）次期軍事作戦が毛沢東落ちではまずかろう」「ソ連では夏から穀物調達が始まり、指導部は全国に散ってしまった」などと先延ばしにしていた。

スターリンは米英と同盟関係にあった戦時中、蔣介石政権を支持し、日本がポツダム宣言を受諾した四五年八月十四日に中ソ友好同盟条約を締結、内戦不介入を約束していた。戦後、国共内戦が激化するとソ連軍は侵攻した満州で日本軍から奪った武器を勝機が見え始めた共産党軍にごっそりと提供、陰で蔣介石を裏切った。だが、スターリンは共産党が米軍の後押しを受けた国民党を打破し、最終的に中国革命を達成できるかどうか懐疑的で、毛沢東にはあくまで国共妥協による内戦解決を促し続けてきた。毛沢東の直接会見の再三の申し出を蹴ってきた裏にはこうした事情があった。

しかし、四九年初頭までに状況は一変する。共産党軍が揚子江を渡って国府軍を殲《せん》滅《めつ》する可能性が高くなったのだ。スターリンは「中国を米国の支配下に引き入れない唯一の方策は共産党の軍事的勝利へのソ連のテコ入れだ」との戦略的判断から、共産党軍への武器供与をにわかに増大させ、共産党軍は四九年一月末までには全満州と北京、天津などを占拠、政権奪取と中国全土支配を射程内に収めるに至った。

四九年一月十四日、スターリンは政治局会議で毛沢東の訪ソを拒絶し続けてきた理由をこう説明した。

「毛沢東は（四七、四八年当時は）パルチザン（ゲリラ隊）の指導者だった。お忍びでモスクワに来ても必ず外部に漏れ、西側ではソ連共産党が指示したと解釈されただろう。毛沢東自身がソ連のスパイ呼ばわりされるかもしれない。それは中国共産党の権威を失わせ、帝国主義者と蔣介石一味の物笑いの種になったろう。まもなく、中国には毛沢東を指導者とする革命政権ができる。その時こそ、彼は正式な中国政府のリーダーとして来ることができる」

毛沢東訪ソの代償としてのミコヤンの隠密訪中は、この政治局会議で決定された。「中国はソ連にはるかに遅れ、我々は弱いマルキシスト（マルクス主義者）で誤りも多い。ロシアの標準で測られたら、我々には何もない」。ミコヤンにこう訴える毛沢東の最大の関心事は「中国共産党幹部がソ連の経験を学習できる学校と訓練センターの建設」だった。ミコヤンは十日間の滞在中、連夜、スターリンの暗号コード名

「フィリッポフ」宛に電報を打ち続けた。

《スターリン宛の毛沢東の電報や、ミコヤンの秘密訪問についてはロシアの歴史家アンドレイ・レドフスキーの論文「ミコヤンの中国での秘密使命」などによる》

四九年七月、中国共産党実力ナンバー2の劉少奇がモスクワを秘密訪問した。スターリンは「私は中国革命の潜在性を過小評価してきた」と率直に謝り、「革命の中心は中国と東アジアに移ってきた。同時にあなた方の肩にかかる責任も重くなった」と述べた。そして、劉少奇一行がスターリンから見せられたのは、当時まだソ連では実施されていなかった原爆実験を想定した模写フィルムだった（実際のソ連初の原爆実験は翌月二十九日に決行される）。劉少奇は驚愕《きょうがく》した。

劉少奇が帰国するや、毛沢東は待ち切れんばかりに、スターリンの言動の一部始終や統治スタイルなどを聞き出そうと躍起になった。（歴史家オッド・ウエスタード氏の論文「スターリンと毛、マルキシズム」とロシアの「ロージナ（母国）」誌九八年八月号）

十月一日、中華人民共和国が樹立されると、スターリンは翌日、世界で最初に新中国を承認した。まもなく、毛沢東にスターリンの七十歳の誕生日の記念式典への招待状が舞い込む。毛沢東が二年半も恋い焦がれ続けたスターリンとの初対面はこうして実現したのだった。

中ソ同盟――「チベット攻撃、結構なことだ」

ヨシフ・スターリンは典型的な夜行性人間だった。毎晩遅く、クレムリンから「近い別荘」に戻って食事をとった後、二時、三時の深更まで仕事を続け、昼前に起きる生活の連続だった。毛沢東は結局、二カ月間もの長逗留《とうりゅう》となったモスクワで、スターリンと合計十回前後も真夜中の別荘会談をこなしている。話題は国際政治、経済から文学、趣味談議にまで幅広く及び、古希を迎えた独裁者と、十四歳年下の新中国の指導者は次第に親密度を増していった。

毛沢東の滞在が延びた最大の原因の一つは、スターリンが一九四五（昭和二十）年八月十四日に中国国民党の蔣介石政権と結んだ「中ソ友好同盟条約」に代わる新条約の締結交渉が足踏みしていたからだった。この間約一カ月、スターリンは公式には毛沢東と会うことはなかった。

しかし、五〇年一月二十二日、クレムリンでの二度目の公式会談で、スターリンが突然の「変心」を見せたことで、一気に決着への突破口が開けた。

毛沢東がモスクワに到着した四九年十二月十六日の最初の公式会談で「条約の一点の変更も、クリール諸島（千島列島）、南サハリン（南樺太）などに関する（四五年二月の米英ソ首脳によるヤルタ密約の）変更問題を米英側に提起させる法的な手掛かりを与える」として旧条約変更に強い難色を示していたスターリンが、二回目の会談ではこう明言したのである。

「現行条約は変更されねばならない。対日戦争が終わり、日本が殲滅《せんめつ》された以上、情勢は変わった。今や現条約は時代錯誤となった。ふさわしい条約草案を用意しましょう」

毛沢東は「条約の助けを借りて、現在の我々の友好関係を強化するべきです。それは中国でも国際舞台でも反響を呼ぶでしょう」と即座に呼応した。毛沢東は「しかし、条約変更はヤルタ会談の決定に違反するのでは」とソ連の立場を気遣ったが、スターリンは「その通りだ。こん畜生！　しかし、ひとたび条約変更の立場を取ったら、貫徹せにゃならぬ。確かに不都合はあろうが、米国と戦わねばなるまい」と自分に言い聞かせるようにまくし立てた。

毛沢東は、新条約に「中ソ両国の将来の繁栄を保証するため、日本の再侵略を阻止する必要性」を盛り込むことを強く主張、スターリンも「日本にはまだ（戦時中の）

軍部が残っており、米国が今の（対ソ敵対）政策を続けるなら、彼らを再び引き上げるだろう」と答えている。

《スターリン―毛沢東会談の内容は「ロシア大統領古文書」資料による。二度目の会談には、その二日前に着いた中国首相の周恩来も加わった。毛沢東は一、二回目の会談の間、レニングラードに遊んだ。スターリンの突然の方針変更の理由は謎だが、二回目の会談時期はスターリンが北朝鮮の金日成に韓国侵攻の内諾を与えた頃と符合しており、新中ソ同盟の緊急性を認識したことが大きく影響したとみられる》

毛沢東は一回目の会談で、台湾に逃れた国民党攻撃への支援を要請した。これに対し、スターリンは「米国に介入のきっかけを与えない形での援助」を約束、「参謀本部要員と指導教官はいつでも派遣できる。強襲上陸部隊を台湾に投入して蜂起を組織することもできる」と述べている。

二回目会談の最後では、「チベット問題」まで論議が及んだ。

毛沢東「現在、チベット攻撃を準備している部隊に食料を送るため、あなたが提供してくれた航空連隊が役に立っています。もう少しの間、残留していただくことをご容赦願いたいのです」
スターリン「チベット攻撃を準備しているとは結構なことだ。チベット人は服従させねばならない」

期限三十年の「中ソ友好同盟相互援助条約」は五〇年二月十四日、クレムリンで調印された。旧条約でソ連が租借してきた旅順と大連の返還が決まった。しかし、毛沢東が二回目の会談で「旅順は中ソ軍事協力の基地として貢献でき、大連は経済協力の基地に役立つ」と提案したのを受けて、旅順についてはソ連が日本と「平和条約」を締結するまで現状を維持し、ソ連軍部隊を残すことで秘密合意が成った。

帰国を翌日に控えた二月十六日の「お別れ昼食会」の乾杯で、スターリンは、毛沢東をこう称賛した。

「歴史は我々に毛沢東主席のような傑出したマルキシスト（マルクス主義者）を送ってくれた。歴史に感謝せにゃいかんですな」（通訳に当たったニコライ・フェドレンコ＝当時、外務省極東部長、後に駐日大使＝の証言）

スターリン、毛沢東という巨頭同士の初めての出会いは、世界の歴史学者の間で長く言い伝えられた「冷たさ」とはほとんど無縁だった。ただ、一年前の中国・西柏坡でのソ連副首相アナスタス・ミコヤンとの会見で、「私はスターリンの弟子」と語った毛沢東は、スターリンとの会見では「偉大なマルキシストの称号を授けてほしい」と心中深く、「スターリンと対等な立場」の認知を願っていた。だが、「その目的は果たせず」、スターリンは「お別れ昼食会」での自分の祝辞もその場にいた記者団には報道させなかった。（米国の歴史家、アルネ・オッド・ウエスタード氏の論文「スターリンと毛、マルキシズム」など）

1950年2月、クレムリンでの中ソ条約調印式で、レーニンの肖像画の前に立つ毛沢東(右)とスターリン(「ロージナ」誌所有の古文書から)

中ソ蜜月《みつげつ》時代はしかし、長くは続かなかった。スターリン死後の五六年二月、ソ連共産党第一書記ニキタ・フルシチョフによる第二十回党大会の秘密報告での「スターリン批判」の後、五八年夏、モスクワでのソ連指導部との会談で毛沢東は「スターリン同志は功績が七〇%、誤りは三〇%だ」との見解を表明。フルシチョフには「共産主義家族の中で兄弟の分裂はあってはならない。スターリン批判の決定を取り消してください」と迫った。しかし、対立の溝は遂に埋められず、新条約は中国側の通告で、期限満了の八〇年四月十日に自動失効した。中ソが和解するのは遠く、ゴルバチョフ時代を迎えてからであった。

執念の原爆開発――情報も頭脳も掠《かす》め取った

ヨシフ・スターリンが古希を祝った一九四九（昭和二十四）年は、その絶対権力が最高潮に達し、既に固めていた東欧支配に加え、東アジアでは中華人民共和国という同盟国を得て、東西二正面で冷戦を戦う土台を築いた年である。同時に国内では、米国より四年遅れで原爆実験に成功、冷戦の中核である核・軍拡競争の嚆矢《こうし》となった年として特筆される。その原爆獲得は、「失敗すれば銃殺」という恐怖の監視下に置かれた科学者たちの奮闘と、国家ぐるみの凄まじいスパイ作戦の賜物《たまもの》だった。

《以下、ソ連の原爆開発に関してはV・ポズニャコフ氏の論文「ヨシフ・スターリンの秘密戦争」パーベル・スドプラートフ著『特別作戦』、デービッド・ホロウェイ著『スターリンと爆弾』などによる》

「広島への米国の原爆投下は全世界を揺さぶり、ソ連との戦略バランスを崩した。『母親は子供が泣かないと欲しいものが分からない』と言うではないか。わしに何でも欲しいものは頼んでくるがよい」

スターリンは、四五年八月六日の広島原爆投下の直後、ソ連屈指の物理学者イーゴリ・クルチャトフと弾薬人民委員部長（弾薬相）のボリス・バンニコフをクレムリンに呼び、こう言い渡した。そして、「米国に追いつくため、五年以内に原爆を完成させよ」と厳命した。

八月二十日、ソ連の全連邦共産党政治局は米国に追いつくため核開発を国家の最優先課題に指定、核プロジェクトの最高機密組織「特別委員会NO1」を設置し、そのトップには人民粛清の指揮官である内務人民委員（内相）のラブレンティ・ベリヤを据えた。戦後、国民経済が疲弊し切っていた中で、「特別委NO1」には資金も人材も設備も無限に費やせる非常特権を与えた。スターリンはベリヤにこう言い渡した。

「我が祖国の頭上には（第二次大戦に次いで原爆という）また深刻な危険が垂れ下がっている。偉大な（ロシア革命の指導者）レーニンの仕事の上に、ソ連国民一人一人の上に、な。そして、第一にその危険はベリヤ同志！　あなたの頭上に垂れ下がっているのですぞ。あなたは我が国民の前に、原爆製造の責任を取るのでしょうな！」

スターリンは既にこれより一年半も前の四四年二月、ベリヤ直属の部下で内務省の情報・破壊工作の責任者、パーベル・スドプラートフを長とする「Cグループ」（C

は英語のSに相当するロシア文字で、スドプラートフの頭文字）なる極秘組織を設置した。クルチャトフをはじめ、イサーク・キコイン、アブラム・アリハノフ、アブラム・ヨッフェの四人の著名な核物理学者を引き込んで、スパイから集まる核関連情報の分析などに当たらせていた。

スターリンはベリヤを脅し、ベリヤはこの四人の科学者と一族全てに盗聴器を仕掛けて機密漏洩《ろうえい》を監視する態勢を敷いた。

「短期決戦」というスターリンの命令で、独自の研究・開発より、米国の「マンハッタン計画」に基づく原爆のコピー製造を主眼とする方針が内部決定された。米国を中心に英国、カナダなど当時の同盟諸国に張り巡らせた情報網の任務も、核関連の情報収集が最優先となった。

「特別委NO1」の初指令は東京のソ連大使館に下され、参事官のイワノフは八月二十三日、駐日武官らを伴い広島の被災地を偵察、原爆の規模や破壊力、損害状況などの詳細な報告書を独裁者に提出した。

「どんな方法でも良いからドイツを使え。ドイツには核開発に有用な人材も設備も工場もある」

ベリヤ
（ロシア原子力省提供）

クルチャトフ
（ロシア原子力省提供）

スターリンの直接指令で、ドイツが降伏した四五年五月、廃墟のベルリンを中心としたドイツ全土ではソ連の占領軍を隠《かく》れ蓑《みの》に、内務省軍の制服で偽装した三十人前後の科学者グループの暗躍が始まった。

敗戦後のドイツに居残った核物理学者ら「頭脳」の引き抜きがその主任務で、「Cグループ」が監督・指揮する特別作戦だった。ハリー・トルーマン米政権も「アルソス」なる秘密のリクルート組織をドイツに潜入させていた。戦火が止んだドイツは、今度は科学者争奪戦という新たな米ソ角逐《かくちく》の熾烈《しれつ》な舞台と化していたのである。

《アドルフ・ヒトラー独裁下のドイツは核研究・開発が世界最先端を走り、降伏一カ月前の四五年四月四日には米国に先駆けて初の原爆実験が予定されていた。米情報を最重視していたスターリンだが、二股《ふたまた》をかけてヒトラーの科学的遺産にも期待を寄せていた》

情報戦でスターリンの深謀遠慮を見透かしていた米国は、ドイツの敗北が確実になった三月十五日、空軍に命じ、ベルリン北方のソ連占領地域に入るはずのオラニエンブルクにあるウラン加工工場を爆撃、破壊させた。さらに四月、ヒトラーが密かに貯蔵していた千二百トンという膨大な量のウラン鉱石も運び去った。ドイツの核開発を中断させ、返す刀でソ連の利用をも阻止する大掛かりな予防作戦だった。

それでも、ソ連はしぶとかった。ドイツ人引き抜き戦では、核関連の物理学者三十三人、技師七十七人を含む計約二百人の専門家を説得、あるいは拉致《らち》してソ連に連れていった。家族も核の実験装置なども総ぐるみの引き抜きだった。この中には「原子に対する電子衝突に関する法則の発見」で二五年のノーベル物理学賞を受け、シーメンス研究所長だったグスタフ・ヘルツも入っていた。

ヘルツは後に「米国の学者の研究は私より進歩している。米国から小遣いは貰いたくない」と、自分から進んでソ連行きに同意した経緯を語っている。米国がごっそり持ち去ったはずのウランも百トン発見、ソ連に運んだ。

《大量の科学者がドイツからソ連に去った背景として、世界の科学者の間では、デンマーク人で一九二二年のノーベル物理学賞受賞者、ニールス・ボーア博士を筆頭に、米国の核独占に反対する空気も強く、戦争に勝利したソ連の共産主義イデオロギーに共鳴する機運もあった、との指摘もある》

ソ連で最初の原爆製造用の原子炉が完成、稼働を開始するのは、「特別委NO1」

が発足してわずか一年四カ月後の四六年十二月であった。

「ちまちました小さな仕事はするな。ロシアのやり方で豪快にやれ。安価な方法など探す必要はない」

原爆実験の成功——銃殺の代わりに勲章を与えた

ヨシフ・スターリンが著名な核物理学者、イーゴリ・クルチャトフにこう命じた数カ月後の一九四六(昭和二十一)年春、モスクワ東方四百キロにある人口約二千のサロフ村で壮大な建設工事が始まった。プルトニウム原爆などの研究・開発機関と製造工場の一大コンプレックスである。幹線道路から遠く離れ、深い森に恵まれた環境が秘密工場の立地条件に合致した。政治犯を含む膨大な数の囚人が工事に大動員された。

面積二百五十平方キロのコンプレックスは一つの広大な閉鎖都市となり、近くの帝政ロシア古来の工業都市アルザマスにちなんで「アルザマス16」と命名された。所長には核物理学者のユーリ・ハリトンが任命された。五〇年から十九年間、ここで水爆の研究・開発に携わり、後に反体制活動家としてノーベル平和賞を受賞(七五年)した故アンドレイ・サハロフ博士は、内部の異常な緊張ぶりを回想録でこう記している。

「ここは全てが秘密で、秘密を知らなければ知らないほど安全だ。科学者はいつも悪夢にうなされ、ある科学者は秘密資料を失ったと思い込んで自殺したほどだった」

敷地内には住宅、学校、病院、別荘、保養所などの施設が完備し、高給、高級車など庶民とは無縁な数々の特権が与えられた。その代わり、余程のことがない限り、科学者一家は鉄条網で囲まれた敷地から出られず、厳重極まる監視下で盗聴とボディーガードにつきまとわれ、銃殺刑に直結する機密漏洩と仕事の失敗に常に脅かされていた。学術用語にも全てコードが使われ、「中性子」は「O・」と表記されていた。世間ではここは「白い収容所」と呼ばれた。建設工事に当たった囚人たちは刑期終了後も、機密保持のため東シベリアの極北の刑務所所在地として悪名高いコルイマで余生を送らざるを得なかった。

こうした閉鎖都市はいくつも建設され、ドイツから連行された核科学者たちは、モスクワ郊外の「マロヤロスラベッツ10」や、黒海に面したグルジアのスフミなどに分散されて研究・開発に従事させられた。

既に四五年六月には原爆の構造説明書、九月から十月にかけては米国・オークリッジにある秘密原爆工場の内部写真と七月十六日の米国初の原爆実験に直接関与した科学者の詳細な研究・開発日誌までスターリンの手元に届いていた。英国の情報機関MI6や米原子力委員会などにも潜り込んでいたキム・フィルビー、ドナルド・マクレーンら英国人五人のソ連スパイからなる「ケンブリッジ5」からは、四四年にはもう米英両国などの核開発に関する機密情報が流れ込んできていた。

四九年八月二十九日午前六時――。カザフスタンの秘密実験場「セミパラチンスク21」でのソ連初の核実験は成功した。長崎とほぼ同じ二十キロトン規模のプルトニウム原爆だった。周囲に配した生体実験用のラクダなどの各種動物と戦車、列車などが木《こ》っ端《ぱ》微《み》塵《じん》に吹っ飛んだ。どす黒いキノコ雲が噴き上がった瞬間、現場にいた内務人民委員（内相）のラブレンティ・ベリヤは狂喜してクルチャトフ、ハリトンと抱き合い、二人の額に熱いキスを見舞った。

ソ連初の原爆とハリトン（ロシア原子力省提供）

1949年8月の原爆実験（ロシア原子力省提供）

実験成功の報に、スターリンは党政治局員のニキタ・フルシチョフに「我々の原爆製造があと一年半、遅れていたら、間違いなく、原爆を自分たちの肌で体験せにゃならなかったろう」と漏らし、安堵《あんど》の胸をなでおろした。自分が「五年以内」と厳命していた原爆が丸四年間で完成したのである。

「科学者どもはいつでも銃殺にできる」と折に触れてうそぶいていたスターリンが、褒賞を大盤振る舞いした。「失敗したら銃殺」と目していたクルチャトフやハリトンらトップ級の科学者には最高勲章の社会主義労働英雄勲章を、「失敗したら十五年間の強制収容所送り」とみなしていた科学者にはレーニン勲章をそれぞれ授けた。さらにスターリン賞として六十万ルーブルの賞金、「ジス110」「パベーダ（勝利）」の高級車、別荘などを勲功に従って与え、子弟には好きな大学への無試験入学を認めた。

スターリンはしかし、「原爆実験成功」を世界に公表しなかった。

《ソ連の原爆開発に関する部分は、ロシア科学アカデミー発行の論文集「スターリンの冷戦十年」、デービッド・ホロウェイ著『スターリンと爆弾』などによる》

核実験成功から三週間以上経った四九年九月二十三日、米大統領ハリー・トルーマンは「ソ連でここ何週かの内に核爆発が起きた証拠がある」との声明を発表した。これに対しソ連国営タス通信は二日後、「ソ連では水力発電所、炭鉱、運河、道路の建設が様々な場所で行われている。これらが最新技術手段を使った大きな爆発の作業を伴うのは必然である。原子力エネルギー生産については、既に四七年十一月六日、当時のビャチェスラフ・モロトフ外相が原爆の秘密はソ連では長い間、存在していないと言明した。ソ連政府が核兵器の使用を断固として禁止する立場に変化はない」との声明を返して、とぼけてみせた。

核実験成功を公表する代わりにスターリンが仕掛けたのは西側向けの「反核キャンペーン」、つまり、二枚舌の巧みな使い分けだった。

九月十七日、英サンデー・タイムズ紙との会見でスターリンは「原爆は神経の弱い人々を威嚇するだけで、戦争の命運を決めることはできない。戦争の解決は原爆だけでは不可能だ」と米国のさらなる原爆保有を牽制した。この五カ月前にはパリの共産主義者をたきつけて「西側の核」に反対する「平和の戦士」と銘打った大会を開かせていた。

スターリンが原爆を獲得、東アジアで中華人民共和国との同盟の礎を築いた事実は、まもなく勃発する朝鮮戦争での戦略に深い影響を及ぼさずにはおかなかった。

金日成登場——主人は自ら会い、品定めした

日本が降伏して約一年後の一九四六（昭和二十一）年七月。ソ連軍が進駐していた北朝鮮の臨時人民委員会（臨時政府に相当）委員長で朝鮮共産党の幹部、金日成はヨシフ・スターリンに呼ばれて極秘裏にモスクワに飛んだ。当時三十四歳であった。数日間の滞在後、帰国した金日成に平壌駐留のソ連軍二五軍特殊宣伝部長、グリゴリー・メクレルはクレムリン詣《もう》での成果を尋ねた。

金日成は短く、こう答えている。

「スターリン同志にお会いしてきました。最も印象的だったのは、何でもかんでも、車までもそろった場所に案内され、『どれでも好きなものを土産に選んでいってよろしい』と言われて、私は息子（金正日、当時四歳）のためにオモチャをもらってきました」

金日成は「謙虚な態度ながらも満足そうな表情」を浮かべた。金日成のモスクワ行きには実はもう一人、南朝鮮労働党党首の朴憲永も同行した。メクレルらは「スターリンが金日成、朴憲永のいずれを北朝鮮の指導者とするか品定めするため召喚した」と睨《にら》んでいた。結果的には金日成に軍配が上がったのだった。

スターリンから「ソ連・北朝鮮の兄弟関係」を強調されたのか、ロシア語を操る金

日成はモスクワから戻った後、「スタールシー・ブラット（英語のビッグ・ブラザー＝兄貴＝ソ連を指す）」という言葉を盛んに使うようになった。（メクレルの産経新聞に対する証言）

　このスターリンと金日成、朴憲永会談について、メクレルの上官のソ連軍・軍事評議会（最高政治指導部）メンバー、ニコライ・レベジェフは次のように語っている。

「スターリンはクレムリン宮殿で二人に会い、金日成を北朝鮮政権の最高指導者に指名、北朝鮮を早期にソビエト化するための闘争を指示したのです」（九一年十一月三十日付の韓国紙「中央日報」）

　スターリンのお墨付きを得た金日成は一カ月後の四六年八月二十八日、朝鮮共産党と新民党が合併して発足した北朝鮮労働党の副委員長となり、四八年九月九日、朝鮮民主主義人民共和国の建国に伴い、首相に就任する。現在の朝鮮労働党は南北朝鮮労働党が合同して四九年六月に発足、金日成は委員長に選出された。

グリゴリー・メクレル

　スターリン政権の傀儡《かいらい》と言える金日成政権を誕生させた平壌現地のソ連の最高責任者はソ連軍二五軍司令

官チスチャコフ、ソ連の共産党政治局代表のスティコフ、国家保安省少佐アノーヒン、それにレベジェフらだった。そのレベジェフとメクレル、それにメクレルの補佐官だったレオニード・ワーシンの三人が産経新聞に証言した内容を総合すると、その内幕はこうである。

「最初に金日成を見いだした」のはメクレルの部隊だった。金日成は四一年から四五年までソ連・極東のハバロフスク郊外のビャツコエ村を中心に、ソ連極東方面軍歩兵第八十八旅団（朝鮮人と中国人の混成）で大尉として「日本との戦闘準備」に備え、偵察活動に従事していた。

日本の降伏を睨んで戦後、ソ連に都合の良い政権を北朝鮮に樹立する場合の指導者を物色していたメクレルらは四四年、金日成を面接した結果、「人間的に目立ち、事情通で勇敢な人物」との印象を深め、クレムリンに報告した。これを受け、スターリンは金日成を近い将来の指導者の候補の一人とみなすようになった。金日成にはまもなく「赤旗勲章」が授けられた。

日本の降伏直後の四五年八月、金日成はソ連極東のウラジオストクからプガチョフ号で海路、祖国の元山に上陸、平壌に帰還し、チスチャコフらの指令で、まずソ連軍特殊宣伝部に姿を現した。

ソ連軍幹部と握手を交わす若き金日成（左）。戦後の平壌で撮影されたものだが、詳しい日時などは不明（「ロージナ」誌所有の古文書から）

「暑い日だった。金日成はソ連の野戦服に歩兵帽を被り、胸に赤旗勲章をつけていた。洗顔するよう勧め、宣伝部の若い将校らは彼を質問責めにした」（ワーシン）

《三人の証言は細部に食い違いがあり、レベジェフは金日成の帰還を九月だったとしている。また、ワーシンによれば、金日成は陸路帰還した》

四五年十月十四日、平壌のモランボン山麓《さんろく》の運動場で催された「朝鮮解放祝賀集会で、金日成は会場を埋めた人々の前でレベジェフから突然、「朝鮮人民の英雄」と紹介される。ところが、会場からは「（私たちが知っている）金日成がこんなに若いはずがない」といった疑念の声が噴き出した。

《「金日成」は元々、「白頭山の虎」の異名を取った抗日戦争の伝説的英雄の名前。スターリン指導部は北朝鮮国民の信頼と支持を得るため、この英雄とは全く別人の本名「キム・ソンジュ」という若い男を「金日成」に仕立て、国民の前に登場させたのだ。「キム・ソンジュ」は既に八八旅団の頃から「金日成」を名乗り、「それなりの権威があった」(レベジェフ)。のちの指導者、金正日の出生地は公式には白頭山とされているが、実際はハバロフスク州生まれで、子供の頃、家が隣近所だったレベジェフらの間では「ユールカ(ユーリの愛称)」とロシア名前で呼ばれていた》

人々の懐疑的な反応に慌てたレベジェフらは「平壌郊外の『金日成』の故郷、万景台(マンギョンデ)への訪問旅行を組織して人々に『金日成の親類縁者』を対面させ、国民の疑いをなんとか払拭《ふっしょく》した」。

モスクワで金日成がスターリンの人物査定に合格した直後の四六年八月二十八日。日本統治下で分裂状態にあった朝鮮共産党の再建大会が開かれ、金日成は存在を誇示するため、ワーシンらに起草してもらった原稿で演説した。

スターリンの最終的認知を受けた「金日成政権」の誕生で、北朝鮮の人々の間で広く「新指導者」と目されていた曺晩植(一九一九年三月一日の抗日独立蜂起《ほうき》の指導者)は「日本のスパイ」の濡《ぬ》れ衣《ぎぬ》を着せられたうえ、「五〇年十月、北朝鮮内務省保衛局員によって射殺された」。(李基奉著『金日成は中国人だった』)

南進を承諾──「戦争は迅速に敢行せよ」

中華人民共和国の中央人民政府主席、毛沢東が初訪ソでモスクワに滞在中の一九五〇（昭和二十五）年一月三十日、ヨシフ・スターリンは朝鮮民主主義人民共和国駐在のソ連大使チェレンティ・シティコフを通じて、金日成首相宛に一通の暗号電報を送ってこう述べた。

「この件であなたを手助けする用意がある。モスクワに来られたし。この件は完全に秘密で北朝鮮指導部と中国の同志たちの誰にも知らせないこと。敵に漏れないことが最重要である」。「この件」とは北朝鮮の韓国侵攻計画だった。

金日成は二カ月後の三月三十日、モスクワを極秘訪問し、四月二十五日までの滞在中、スターリンと三回会談している。後にソ連共産党国際部が作成した会談記録の摘要は二人のやり取りをこう記している。

スターリン「国際環境は変化し、朝鮮統一でソ連はより積極的な立場を取れるようになった。中国共産党は国民党に勝利し朝鮮支援にエネルギーを注げる。必要なら軍も自由になる。中国の勝利は心理的にも重要だ。アジアの革命勢力の強さと反動勢力の弱さを証明した。中国を去った米国は敢えて新中国政権に軍事的な挑戦はしまい。

中国はソ連との同盟条約に調印し、米国内には軍事的不介入の機運が広がっている。その機運はソ連が今や原爆を保有したことで強まっている」

金日成「米国は介入しないでしょう。中ソが北朝鮮の背後にいて支援してくれる以上、米国は大戦争の危険は冒さないと思います。毛沢東同志は常に朝鮮全土解放という我々の願望を支持し、武器提供も申し出てくれています」

スターリン「徹底的な戦争準備が必要だ。精鋭部隊を組織し、武器と機械化部隊を増強する必要がある。この点では、あなたの要望を十分に満足させられますぞ」

スターリンは五〇年六月二十五日に勃発《ぼっぱつ》する朝鮮戦争への肩入れを半年も前に決断し、この一連のスターリン―金日成会談で韓国侵攻は事実上、決定していたのである。

金日成はスターリンの後押しで北朝鮮が建国（四八年九月九日）されて半年経った四九年三月、指導者として初めてモスクワの駅頭に降り立った。三十六歳の若さだった。だぶだぶのオーバーに山高帽姿の金日成は、この年十二月に古希を迎えようとしていたスターリンの絶対的権威の前では、その顔にまだ初々しささえ残る子供も同然だった。金日成はスターリンとの会談で、早くも韓国への軍事侵攻による朝鮮統一の意図を明言した。戦争開始の一年三カ月も前のことである。

金日成は「南の反動勢力は自分たちに北攻撃の実力がつくまで国家の平和再統一には同意せず、分断を永久化するでしょう。今こそ、我々が先手を取る最良の機会です。我が軍はより強く、おまけに、親米体制を軽蔑する南では我々を支援して強力なゲリラ運動が蜂起《ほうき》するでしょう」とスターリンに南進（韓国侵攻）の同意を求めた。

スターリンはしかし、その時点では朝鮮人民軍は韓国軍に対して圧倒的優勢にはなく、南に残留する米軍（四九年六月に完全撤退）が干渉する可能性を指摘して韓国侵攻は時期尚早だと反対し、侵攻は南からの先制攻撃に対する「報復攻撃」に限る、とはやる金日成を諫《いさ》めた。

1949年3月、指導者として初めての訪ソを終え、平壌へ向かうためモスクワの駅頭で見送りを受ける金日成（前列右）の一行（モスクワ国際関係大学長、アナトリー・トルクノフ氏提供）

スターリンの指令は金日成にとって絶対だった。後に金日成自身、「スターリンの言葉は『法律』だった」と回想している。

四五年八月の対日参戦で朝鮮半島に突入したスターリンにとって、戦後、ソ連が占領した北朝鮮は日本再軍備によるソ連極東部への侵攻を阻止する橋頭保であり、冷戦を戦う米・西側との緩衝地帯でもあった。この観点から、四九年までは米軍との衝突も戦略的要衝としての北朝鮮喪失も阻止すべきだとの立場を堅持した。軍事的挑発を避け、「敵（米国）を心理的に武装解除する」ため、金日成に対し、ソ連が北朝鮮の清津に建設した海軍基地と、平壌、江界の空軍連絡事務所を解体せよ、との指令を出したほどだった。

そのスターリンが一年後、「国際情勢の変化」を理由に一転して南進にゴー・サインを出したのである。

北朝鮮の南進に内諾を与えた五〇年四月の金日成との会談で、スターリンは韓国侵攻の具体的戦術を指示した次のような「三段階攻撃論」を提起した。

「第一に、北緯三八度線に近い指定地域に軍を集結させ、第二に、北朝鮮最高指導部は平和統一の提案を行う。第三に、この提案が南側に拒否されてから、反撃が開始されなければならない」

スターリンはこう説明した後、「戦争は迅速に敢行し、韓国と米国が強力な抵抗と（軍の）国際的動員をかける時間もないうちに行うべきだが、ソ連の直接参戦はあてにしてはならない。ソ連は西（欧州）でも重大な挑戦に直面している」と釘を刺した。金日成は「戦争は三日間で勝利します」と豪語してみせた。

金日成はスターリンの指示で五月十五日、北京で毛沢東と会談した。毛沢東はスターリンの三段階攻撃論に同意し、「大都市を素早く包囲すべきだ。朝鮮半島のようなちっぽけな領土の戦争には米国は巻き込まれまい。彼らは朝鮮の人民自身が独自に片をつけるべき内戦とみなすだろう」との見通しを述べながらも、日本の軍事介入の懸念を口にした。これに金日成は「米国が二万―三万人の日本兵を送る決定をするかもしれないが、情勢には重大な影響は与えない」と答えている。

「攻撃作戦計画は整いました。六月二十五日早朝、侵攻します」

平壌のソ連大使シティコフがスターリンに暗号電報を打電したのは六月十六日のことだった。

《北朝鮮の南進に関する首脳同士のやり取りは、アナトリー・トルクノフ著『なぞの戦争』、ソ連共産党古文書、ロシア大統領古文書などによる》

救援求める金日成――中国への亡命が準備された

「ソ連党中央委は金日成同志とその友人たちが輝かしい成功を収めつつある偉大な朝鮮人民解放闘争に喝采《かっさい》を送る。朝鮮人民の最大の成功はアジアの帝国主義のくびきからの解放運動の旗印となったことだ。奴隷化された人民の全ての軍は、今や、朝鮮人民から米国と他の帝国主義者に決定的打撃を与える方法の教訓を学ぶことであろう」

ヨシフ・スターリンは朝鮮戦争開始から約二カ月経った一九五〇（昭和二十五）年八月二十八日、北朝鮮首相、金日成を鼓舞する〝祝電〟を送った。

同じ日、平壌駐在のソ連大使チェレンティ・シティコフからソ連外相アンドレイ・ビシンスキー宛には、逆に金日成の国内での苦境ぶりを伝える電報が舞い込んだ。

「金日成は米軍の空爆下で反撃を阻止するのは難しいと語った。金策総参謀長は兵士と武器を要求するだけで命令はきちんと実行しない。金日成は涙を浮かべながら『私は仕事をするのは困難だ。相談相手もなく朴憲永副首相は手助けしない。誰も責任を負わない』と私に訴えた。金日成は仕事に心を砕いているが、経験不足と未熟さが感じられる」

六月二十五日、日曜日の午前四時四十分。北朝鮮人民軍は北緯三八度線を越えて雪崩のような南進を開始した。砲撃に続いて歩兵が侵攻、ある部隊は三十分で三―五キロも進軍した。一方的な奇襲攻撃だったが、スターリンが金日成に指示した「三段階攻撃論」に従い、人民軍内部では「南朝鮮（韓国）軍が三八度線を破って攻撃を挑発したため、反撃行動に移行せよ」と報復攻撃を装う命令が下された。

《以上は、ロシア大統領古文書などから引いた》

ソ連が策定した電撃作戦は大成功を収め、北朝鮮軍は侵攻四日目の六月二十八日までに一気にソウルを占領した。しかし、金日成が期待した「南の革命勢力の蜂起《ほうき》」は起きず、ハリー・トルーマン米政権の呼びかけで国連安全保障理事会は二十七日、ソ連代表ヤコフ・マリク（元・駐日大使）欠席のまま北の侵攻非難決議を採択。米国を筆頭とする国連軍派兵を決め、司令官には日本駐留の連合国軍総司令官、ダグラス・マッカーサーが任命された。

朝鮮戦争当時の北朝鮮軍の兵士たち（アナトリー・トルクノフ氏提供）

同じ二十七日、トルーマンは米海空軍に韓国支援を指令、台湾海峡への第七艦隊の展開を命じた。三十日には米地上軍を韓国に派兵した。

「トルーマン政権は、スターリンがこうした作戦を自国の他の国境で行った時の西側の堅牢さを試す目的で、北を南進に踏み切らせたとみなし、ソ連の次の標的についてイランかトルコ、さらに西ドイツさえあり得ると懸念した。同時に、中国が侵攻する恐れがある台湾の防衛と、インドシナ半島で共産主義勢力と戦っているフランス支援を決め、ソ連による太平洋地域支配を排除するため、日本との単独の平和条約締結へと走らせた。これが韓国への素早い軍事支援決定の理由だった」（ロシアの「ロージナ（母国）」誌九八年八月号の分析）

「米軍介入せず」の読みがはずれたスターリンは大いにうろたえた。ソ連の直接関与の事実を隠蔽《いんぺい》し、平壌との秘密交信を傍受されないよう、大使のシティコフに「北朝鮮司令部のいかなる軍事計画も報告するな」と伝える一方で、北への武器弾薬を増強した。（ロシア大統領古文書）

戦況は九月十五日、国連軍の仁川への上陸作戦で一変した。北朝鮮軍は韓国軍を半島南端の釜山市周辺まで追い詰めていたが、仁川上陸で九月二十六日にはソウルが奪回され、国連軍は十月七日に初めて三八度線を越えて北朝鮮側に突入、間もなく平壌を奪取した。

金日成はスターリンに「ソ連軍の直接介入か、それが不可能なら中国に国際義勇軍を創設してでも支援していただきたい」と泣きついた。スターリンは十月一日、中国指導部に「義勇軍に擬装して五、六個師団を送るよう」至急電で促したが、毛沢東は意外にも「米中間の露《あらわ》な紛争を挑発します」と尻込みするような電報を打ち返してきた。

しかし、スターリンは「米軍は大戦争の用意はなく、軍国主義的勢力が復活していない日本は米国を支援できない。中国の背後にソ連がいる以上、米国は中国に譲歩せざるを得ない。同じ理由で米国は台湾を手放さねばならないだろう。真剣な闘争や戦力の誇示なしには中国は台湾さえ奪回できまい。戦争は恐れるべきだろうか」と懸命に説得した。

これを受けて中国共産党は十月二日に緊急政治局会議を招集して遂に北朝鮮派兵を秘密決定、毛沢東はスターリンに「米国が朝鮮半島全体を占領すれば一段と思い上がって侵略的になり、そうなれば全アジアの破滅でしょう」と一転して、強気の戦闘意思を伝えた。

スターリンは急遽訪ソした中国首相の周恩来を十月九日、黒海沿岸の別荘に招き、中国への軍事支援を確約した。一方で、「万が一、米軍が北朝鮮を敗北させる事態になれば、中国東北部で金日成に亡命政権を樹立させるよう毛沢東同志に伝えてほしい」と「金日成亡命構想」を告げたのである。

ソ連軍の武器弾薬で武装した中国義勇軍は十月十九日、中朝国境の鴨緑江を渡河して北朝鮮への浸透を開始し、十二月四日には平壌を奪回して年末までには、国連軍を三八度線まで押し戻した。スターリンは毛沢東の要請で中国東北部にソ連空軍の作戦軍団を創設することを約束、年末までにミグ15戦闘機などを装備した二個航空師団を送り込んだ。しかし、ソ連軍介入をあくまで秘匿するため、次のような「擬装指令」を下していた。

「ソ連空軍のパイロットは中国義勇軍の制服を着用し、捕虜になったら『自分は中国に住むロシア人だ』と言い張る。捕虜にならないよう飛行空域は中国東北部から平壌までとし、敵の空域には入らない。ソ連製機や戦車には朝鮮人民軍のマークをつけてカムフラージュする」

《以上は、デービッド・ホロウェイ著『スターリンと爆弾』、ロシア大統領古文書などによる》

休戦引き延ばし――「人命以外、失っていない」

朝鮮戦争は一九五〇（昭和二十五）年十二月から五一年一月にかけて最も深刻な時期を迎えた。北朝鮮に入った中国義勇軍は五〇年の大みそか、三八度線を南下して新たな攻勢を開始し、間もなくソウルを再奪取した。これに対し、国連軍司令官のダグラス・マッカーサーは中国軍の進撃を食い止めるため中国領内への爆撃を米大統領ハリー・トルーマンに強く主張していた。

一方、朝鮮戦争より早く四六年末に火を噴いたインドシナ戦争で、ベトナムの共産主義勢力、ベトナム独立同盟（ベトミン）は五〇年後半、フランスに対する新たな攻勢を開始した。これがヨシフ・スターリンの直接指令だったかどうかは不明だが、米中央情報局（ＣＩＡ）はこの頃、スターリンの世界戦略についてこんな分析を行っている。

「スターリンは全アジアを戦争に巻き込むという自国に最も好都合なやり方で地球規模の戦争を始める決断をしたのかもしれない」

英政府内部に浸透していたソ連のスパイ、ドナルド・マクレーンは五〇年十一月一日、英外務省米国部長に就任、米国が朝鮮戦争に原爆を使用する可能性を示唆する機密文書を目にした。「新たな世界戦争の可能性」を察知したスターリンは「米国のアジアでの戦争拡大を阻止するため、米国の目を「欧州に対するソ連の脅威」に向けようとした」（デービッド・ホロウェイ著『スターリンと爆弾』）

五〇年十二月十五日、スターリンは西ドイツの再軍備を非難する覚書を発表し、五一年一月にはモスクワに東欧諸国首脳を集めて「社会主義諸国の軍事力強化」を確認、さらに二月には東ベルリンで「全世界平和評議会」の第一回会議を開き西側を平和攻勢で揺さぶった。そして二月十六日、党機関紙プラウダが掲載したインタビューで、スターリンは「朝鮮戦争は介入者（米国を指す）の敗北によってしか終結しない」と米国に挑戦的な言葉を浴びせながらも初めて戦争終結に言及した。

五一年四月、トルーマンは突然、強硬派のマッカーサーを解任した。戦争は六月に三八度線近くで膠着状態となり、米外交官ジョージ・ケナンと国連ソ連代表ヤコフ・マリクとの非公式会談を契機ににわかに和平機運が広がり始め、七月十日、休戦交渉が始まった。それから約一年経った五二年八月二十日、スターリンはクレムリンに中国首相の周恩来を迎え、冷酷な言葉を吐いた。

周恩来「北朝鮮人民は戦争継続を不利益だと考えています。毎日の戦死者が捕虜の数より多いからです」

スターリン「北朝鮮人民はこの戦争がもたらした犠牲者以外には何も失ってはいない。大きな抑制と忍耐が必要だ。確かに北朝鮮での犠牲者は多いが、戦争にはもっと大きな意味があるのだ」

《スターリンの通訳だったニコライ・フェドレンコは「スターリンと毛沢東には人の命など何の意味も持たなかった。イディア（理想）のためには手段を選ばず、恐

怖で人の心を支配し『生き神』として君臨して国家を営するという政治手法が共通していた」と証言している》

　スターリンは続けて、「朝鮮での戦争は米国の弱さを暴露した。朝鮮戦争の後は大戦争を行う能力など全くない。彼らにできるのは空爆と原爆くらいのものだ。ドイツは二十日間でフランスを占領したのに、米国は既に二年の間、ちっぽけな朝鮮さえやっつけられない。米国の負けなくして台湾は決して手に入らないことを中国の同志たちは理解すべきだ。（イディアのない）米国人は商人で、米兵の一人一人は売買に携わる投機師だ」と息巻いた。

モスクワでの北朝鮮支援デモ（アナトリー・トルクノフ氏提供）

　周恩来との会談は九月十九日にも行われた。スターリンは朝鮮戦争後の世界の平和秩序について「現在の国連は米国の組織であり、この国連と並んで、アジア、欧州、米国にそれぞれ別個の国連を創設すべきだ。毛沢東同志にこのイニシアチブをとるよう伝えてほしい」と独自の国連創設構想を打ち明けている。（ロシア大統領古文書）

スターリンはしかし、毛沢東と金日成に「米軍の全面撤退」など強硬な挑発的提案を米側に提示させるなどして休戦交渉を延ばしに延ばし、戦争を継続させた。この裏にスターリンは戦後を睨んだ老獪《ろうかい》な世界戦略を秘めていた。

「戦争継続で米軍の戦力と経済力を消耗させ、米軍をアジアに張り付けることで欧州での米軍の抑止力を弱体化させると同時に、撃墜した航空機や捕虜にした米兵などから米軍の機密情報を収集する。この間、中国には人民解放軍に近代戦の経験を積ませて軍事的強化を図り、ソ連は第三次世界大戦までの時間稼ぎをして戦力を整える。一方で、米中を戦わせ続けることによって米中間の離反を決定的にし、中国をソ連に依存させ続ける」（ロシアの「ロージナ」誌九八年八月号の分析）

休戦交渉を有利に導き、米国を国際的に孤立させる思惑からか、中国と北朝鮮、ソ連側は五二年に入ると、コレラやペストなどの細菌に感染したハエやノミ、ダニなどを米軍が北朝鮮上空から多量に投下したと非難、この細菌戦は中国東北部にまで拡大したとの宣伝を始めた。

これは、戦後も長く世界的な論議を呼んだが、「中国と北朝鮮の捏造《ねつぞう》だった」と判明、「（細菌兵器使用を捏造するため）地下壕に閉じ込められていた北朝鮮の死刑囚二

人に実際に細菌が使われ、うち一人は死んだ」と暴露された。（ソ連共産党秘密文書）

朝鮮戦争は五三年三月のスターリンの死を境に、にわかに終息に向かい、三年一カ月間の戦闘の末に七月二十七日、休戦協定が調印された。スターリンは戦争中、毛沢東と頻繁に暗号電報を交わし、同盟関係は戦後も一層強化されたが、逆に、西側の団結も固めさせ、冷戦構造は一段と鮮明になった。

「引き延ばされた休戦交渉で、米政府は共産主義者との交渉が無益で有害でさえあるとの結論に達し、この認識が米国のソ連封じ込め政策の軍事化に貢献したのだ」（米歴史学者、カスリン・ウェザーズバイの論文「スターリンと毛、そして朝鮮戦争の終結」）

自由への淡い夢――早くも粛清が再開された

「ヨシフ・スターリンがコルホーズ（集団農場）の廃止を指示したという話だ」「コルホーズばかりでなく、ソ連共産党まで解体されるというではないか」

大祖国戦争（第二次大戦）の終結直後、ソ連各地、特に農村地帯で噂が飛び交った。モスクワの知識人の間では「戦前の検閲が緩和されて自由化が図られ、西側世界との接触が促進されるのでは……」との期待も広がっていた。

アドルフ・ヒトラーのドイツを解放し、中・東欧を席捲《せっけん》したソ連の兵士たちは占領地から「自由の風」を持ち帰り、丸四年間、辛苦に耐えた国民は、焼土の中でも戦後に「より良い生活」と「より良い未来」の夢を描くようになっていた。噂は噂を呼んだ。だがそれは淡い期待、淡い夢に過ぎなかった。

戦争でソ連を超大国に押し上げ、絶対・無謬《むびゅう》の「赤いツァーリ」となったスターリンにとって、戦後の緩んだ社会の自由化機運は独裁体制の敵であり障害であった。再引き締めの突破口を虎視《こし》眈々《たんたん》と狙っていたスターリンに格好の契機を与えたのが、元・英首相ウィンストン・チャーチルが一九四六(昭和二十一)年三月五日、米大統領ハリー・トルーマンの故郷、ミズーリ州フルトンで行った歴史的な「鉄のカーテン」演説である。

チャーチルはトルーマンも含めた四万人の聴衆の前でこう述べた。

「バルト海のシュテッチンからアドリア海のトリエステにかけて、大陸に鉄のカーテンが降りた。そのカーテンの背後には中・東欧の古代国家の全ての首都が位置しており、ソ連圏と私が呼ばねばならない地域に入っている。私はソ連が戦争を望んでいるとは思わないが、彼らが望んでいるのは戦争の果実であり、その力とドクトリン(教条）の無限の拡張である。ソ連が力ほど称賛するものは他になく、弱さ、特に軍事的弱さほど尊敬しないものはないと私は確信する。しかし、もし西側民主主義国家が国連憲章の原則に厳しく固執してともに立ち上がれば、その影響は途方もなく大きく、何人も妨害できまい」

スターリンはすぐに飛びついた。演説の六日後の三月十一日、これを自らに都合よく歪曲《わいきょく》した論評を党機関紙「プラウダ」に掲載させた。この中で大戦中の同盟者、チャーチルを「戦争の火付け役」とこきおろし、「ソ連への攻撃を呼びかけ、ヒトラーの人種理論を繰り返し、人類分裂を先導している。これは英語を話さない民族に最後通告を突き付け、『我々の支配圏を認めよ。さもなければ戦争は不可避だ』と警告しているのだ」と口を極めて非難したのである。

《歪曲を排したフルトン演説の全文がロシアで公表されるのは、ソ連崩壊翌年の九二年になってからである》

プラウダ論文はラジオでも放送され、あっという間に全国でパニックが広がった。商店には長い行列ができて物価が跳ね上がり、「今日、明日にも戦争が始まる。敵に奪われて悪用されないようラジオ受信機を売ってしまうべきだ」（ロストフ州シャフトィ市）、「戦争は既に始まった。ソ連最高会議がまもなく発表するということだ」

（スズダリ市）などの流言が駆けめぐった。

全てはスターリンの思う壺《つぼ》であった。しかし、反響のあまりの大きさに、スターリンは三月十四日、今度はインタビューという形でプラウダ紙に登場し、「ソ連への攻撃は大祖国戦争と同じように叩きつぶす」と自信を示すや、パニックは潮が引くように収まってしまった。（ロシアの歴史学者、エレーナ・ズブコワの論文「噂は風より早かった」）

冷戦の嚆矢《こうし》となったとされるチャーチルのフルト演説は、実は一カ月前の四六年二月九日、スターリンがモスクワのボリショイ劇場で行った最高会議代議員選挙用の演説に対する反論だった。スターリンは演説でこう述べている。

「第二次大戦の原因は、世界経済における資本主義システムの全体的危機にあった。この状態が今後も続けば軍事的大惨事は回避できない。ソビエトの社会体制は非ソビエトのいかなる体制よりも優れた組織形態である。赤軍（ソ連軍）は欧州諸国を恐れさせたドイツ軍を破った軍だということを忘れてはならない」

国民に新たな戦争の危険性を警告しつつ、体制の優越性を強調した刺激的な内容で、「米英を慌てさせた」のだった。（ビタリー・レリチューク著『二極世界の源で』）

そのスターリンは国内引き締めの前哨戦として、捕虜になったソ連兵士や、ドイツの労働力としてソ連から強制連行された人々の粛清に戦後すぐ着手していた。これらドイツに抑留されていた人々は四五年二月の米英ソ首脳によるヤルタ会談の秘密合意でソ連への帰還が約束されていた。だが、スターリンはこれらの人々に帰国してもらいたくはなかったのだ。

第二次大戦後、廃止の噂が流れたソ連の集団農場(「ロージナ」誌の古文書から)

『戦争と平和』で知られる文豪レフ・トルストイの遠い親戚に当たる歴史家ニコライ・トルストイ＝ミロスラフスキーは、そのタイトルもズバリ『ヤルタの犠牲者たち』という著書で幾多の惨劇をこう記している。

「ドイツのブレーメン近くの収容所に米英兵が運転するトラックで乗り付けたソ連の内務人民委員部の兵士は、収容所から飛び出してきたソ連人捕虜、抑留者にいきなり機銃掃射を浴びせ、女性、子供を含む十数人を銃殺した」「ソ連への引き渡し場所に入った瞬間、労働力に使える大人は収容所へ連行し、子供と老人は直ちに銃殺、あるいは森で絞首刑にした」「ロシア革命後、フィンランドに亡命していた帝政ロシア側の白軍のセベリン・ドブロボリスキー将軍が内務人民委員部に探し出され、帰国後、「銃殺された」「クロンシュタットの水兵反乱（一九二一年に起きた最初の共産主義体制への反乱）を率いたステパン・ペトリチェンコはフィンランドから連行されて二年後に獄死させられた」……。

スターリンにとって、この国内粛清には共産主義体制に刃向かった古い敵たちに対する報復という一石二鳥の意味も込められていたのだ。国内での締め付けは、やがて東欧締め付けへと拡大していく。

東欧支配――「革命的手段が足らん。この野郎」

英元首相、ウィンストン・チャーチルの米国フルトンでの「鉄のカーテン」演説から三カ月半経った一九四六（昭和二十一）年六月二十日、ソ連の秘密警察機関「国家保安省」＝五四年から国家保安委員会（ＫＧＢ）＝で文書捏造《ねつぞう》を専門とする「Д（デー）部」の部長Ａ・パルキンが密かにワルシャワに向かった。ヨシフ・スターリンの指令だった。六月三十日に実施される国民投票で、ポーランド共産党を勝利に導く謀略工作がその任務である。

国民投票の設問は「（共産党が望む）土地や主要産業の国有化を欲するか」など三

つあった。しかし、ポーランド全土で企業や一般家庭から略奪の限りを尽くすソ連軍によって反ソ感情は高まっており、共産党の敗色は濃厚だった。
パルキンは、ポーランド共産党のトップであり、スターリンの密使と言うべき同党幹部のボレスラフ・ビエルトと直接、謀略工作を協議し、数日後には実際に工作に当たる「Ⅱ部」のスタッフ十五人がワルシャワに潜入した。主要な工作は投票記録の捏造五千九百九十四件と、全土で投票の集計に当たる国民投票委員会のスタッフ四万人もの署名の偽造だった。これを投票直後に本物とすり替えたのである。
《ポーランドではドイツ降伏直後の四五年六月、共産党が操る民族解放委員会と、戦時中ロンドンで亡命政権を樹立していた勢力の「統一政府」が組織され、米英両政府も承認していた。ソ連軍占領下で四五年十一月に行われたハンガリーの総選挙では自由主義を標榜《ひょうぼう》する小地主党が勝利し、スターリンは強い衝撃を受けた。そこへ降って湧いたチャーチルの「鉄のカーテン」演説で、スターリンは西側への対決姿勢と東欧諸国のソビエト化への圧力を一段と強めたのだった》
ポーランドにおけるソ連の工作は大成功に終わった。「共産党賛成」票はポーランド各地で五〇─八〇％にも跳ね上がって共産党は勝利した。スターリンはパルキンら工作員全員に勲功に従って赤旗勲章、祖国戦争勲章、赤星勲章を授与した。

この国民投票は四七年一月十九日実施のポーランド初の総選挙の前哨戦だった。総選挙の投票前夜、「Ｘ部」グループは同じ工作に暗躍したが、主体となったのはソ連保安省から謀略のノウハウを目の前で学習したポーランドの秘密警察機関「社会保安省」だった。「Ｘ部」はロンドン亡命勢力など反対派の逮捕、暗殺、カトリック僧を含む有力者の買収などなりふり構わぬ強圧的手段で側面援助した。暗殺した者は六百人、逮捕者は六千人にものぼった。

総選挙では共産、社会両党を中核とする人民戦線が圧勝、ビエルトが初代大統領に就任した。ポーランドの共産党政権は秘密警察の手で樹立されたのである。

《以上は、Ｎ・ペトロフの論文「ポーランドのソビエト化におけるソ連保安省の役割」より》

スターリンは第二次大戦終結前の四五年二月の米英ソ首脳によるヤルタ会談で「ポーランドは歴史を通じて敵がロシアを侵略する時の回廊となってきた。強いポーランドが必要だ。ソ連が自由で強力で独立したポーランドに関心を持つのはこのためだ」と、ポーランドへの並々ならぬ思い入れを吐露していた。

しかし、スターリンのポーランド支配の野望は、ヤルタ会談直前にソ連軍が首都ワルシャワを解放する三カ月も前から水面下で牙《きば》を剥《む》き出しにしていたのである。

四四年十月一日夜。モスクワ郊外の別荘にポーランド共産党書記長ウラジスラフ・ゴムルカや、ビエルトらを迎え、しこたま酔ったスターリンはソ連外相ビャチェスラフ・モロトフと二人でビエルトの両腕を抱えて別室に連れ込み、攻撃した。

「おまえ、この野郎、ポーランドで何をやってるんだ。おまえはどんな共産主義者なんだ。農業改革（農業集団化）のペースも遅いし、敵への態度も柔らか過ぎる。国内政策で革命的手段が足らん。この野郎」

ビエルトは冗談かと思って笑っていると、今度はモロトフが「この馬鹿、なぜ笑っているんだ。これは冗談ではない」とたたみかけた。

ビエルトは恐怖におののいて自己弁護を始めた。「もし、私の仕事がご不満で信頼が置けないというなら辞任の用意があります。政治局員もすぐ辞めます」。これに一段といらだったスターリンは、またもビエルトに、罵《ば》声《せい》を浴びせた。

《この模様は『ゴムルカ回想録』などに詳しい。

四九年からスターリンは第二次大戦中に白ロシ

ポーランド共産党書記長
ウラジスラフ・ゴムルカ

ア方面軍司令官などとして活躍したポーランド人のコンスタンチン・ロコソフスキーをポーランド政府の国防相兼副首相に送り込み、五二年制定のポーランド憲法には自ら五十カ所も手直しするなど露骨な干渉を続けた》

「鉄のカーテン」演説より三カ月前の四五年暮れ、スターリンは米大統領ハリー・トルーマンに「国際通貨基金（IMF）と世界銀行にソ連が参加する合意に関する草案には、署名の用意がない」と通告、国内では、金保有を増やし、あらゆる技術・経済的問題の決定は（西側から）完全に独り立ちして行うよう経済政策当局に指示していた。その半年前まで、形の上だけとはいえ、米英両国と同盟関係にあったスターリンが、西側との決別を意識した顕著な兆候と西側では受け取られた。

四六年になると、中東のイランでもまた危機が高まった。スターリンは戦時中に友好関係を築いたイランのクルド民族居住地域にソ連軍を駐留させていたが、ここに民族自治政府が樹立されるに至った。米英両国はこれを「ソ連がイランを分断し、中東有数の産油地帯に直接の影響力を広げようとしている」とみなし、「ソ連がイランの領土保全を尊重しないなら、（大戦後）初めて、米国が原爆を使用するという脅威が「生まれていた」のだった。（ビタリー・レリチュークの論文「二極世界の源で」）

こうして東西対決の構図が一層鮮明となり、ポーランドを含む全ての中・東欧諸国の完全支配をスターリンに決断させることになったのは、四七年六月五日、米国務長官ジョージ・マーシャルが打ち出した欧州の経済復興支援計画「マーシャル・プラン」によってであった。

マーシャル・プラン──「これはソ連孤立化の一環だ」

一九四七（昭和二十二）年七月九日午後、クレムリン。ヨシフ・スターリンはプラハからこの日、急遽《きゅうきょ》呼び付けたチェコスロバキア首相で共産党委員長クレメント・ゴットワルトと相対したまま五時間近くも自分の執務室に閉じこもった。約一カ月前、米国務長官のジョージ・マーシャルが発表した戦後の欧州復興計画「マーシャル・プラン」への参加の調印が行われる七月十二日のパリ会議への出席を断念させるのが目的である。

「米国のこのプランはソ連孤立化の一環だ。西側はドイツ経済復興に期待している。パリ会議に出席すれば、あなたは（米国と手を組んでいると）間違ったイメージで見られるだろう。我が共産主義前線の決壊は西側大国の成功を意味するのだ」

憤った独裁者から長時間、繰り返して圧力をかけられたゴットワルトは、部屋から出てくると、待ち構えていた自国の代表団に漏らした。

「スターリン同志があれほど激高したのを見たことがない。我が政府の結論は一つ。早急にパリ会議への参加決定を見直さざるを得ない」

第一次大戦直後、チェコの初代大統領に就任し国民の尊敬を集めたトマシュ・マサリクの息子で、首脳会談の後のソ連側との全体会議に出席した外相のヤン・マサリクは「自由な閣僚としてモスクワに行った私は、スターリンの召し使いとなって帰ってきた」とスターリンの強要の凄まじさを表現した。（ゲンナジー・コスティルチェンコ氏の論文「対立激化」など）

クレムリンの圧力に屈したチェコ指導部は翌十日、緊急閣議を招集、九時間に及ぶ討議の結果、満場一致で出席拒否を決議した。ソ連外相ビャチェスラフ・モロトフは後にソ連の記者にこう打ち明けている。

「ソ連外務省は当初、全ての社会主義国にパリ会議への参加を提案しようと思っていたが、直ちに間違いだと分かった。彼ら（米国）は自分の陣営に我々を服従者として引っ張り込もうとしていた。東欧諸国が米国の覇権の下に隷属させられてしまうという恐怖がマーシャル・プラン拒否の理由だった」

マーシャル・プラン発表前の三月十二日、米大統領ハリー・トルーマンは「共産主義者の破壊活動の脅威に直面している諸国の領土保全を擁護する」と、遠回しに「ソ連封じ込め」を示唆する「トルーマン・ドクトリン」を発表した。しかし、スターリンはギリシャやトルコへの軍事援助などを強調したこのドクトリンはソ連にとって当面、直接の安全保障上の脅威とはならないと判断して、対抗措置はとらなかった。

六月五日にマーシャル・プランが公表されるや、スターリンにはこれを受諾すべきか否か、直ちに判断する基準はなかったが、まもなく、米国の情報網から米政権の真意への疑念を提起する暗号電報が次々とスターリンに飛び込んできた。

【六月二十四日＝駐米大使ニコライ・ノビコフから】「トルーマン・ドクトリンを本質とする米国の外交政策の主要目的は、ソ連に敵対する勢力を鼓舞し、欧州とアジアで米資本の立場を強化する条件をつくることにある。マーシャル・プランは結局、米国の政策の道具としての西欧陣営を創造することに帰する」

《ノビコフは八月、モロトフに「マーシャル・プランはトルーマン・ドクトリンの具現化の手段であり、この実現は、ソ連の周りに戦略的な（封じ込めの）連環をつくることに

パイプを吹かすスターリン（「ロージナ」誌所有の古文書から）

なる。その連環は、西では西ドイツと西欧諸国に通じ、北では大西洋の北の島々の基地網やカナダ、アラスカに通じ、東では日本と中国、南では近東、地中海に通じている」と説明している》

【六月三十日＝ワシントンのソ連スパイ「スチュアート」こと英国大使館一等書記官ドナルド・マクリーンから】「マーシャル・プランの目的は米国の欧州経済支配と、ドイツのソ連・東欧諸国に対する戦後賠償の停止にある。欧州の産業復興の新たな国際経済組織は米国資本の管理下に置かれる。これが英外相アーネスト・ベビンの考えである」

《ソ連側の暗号電報の内容はパーベル・スドプラートフ著『特別作戦』などによる》

「スチュアート」情報は即日、パリで英仏外相と同プランの内容を検討する予備会談を行っていたモロトフに伝えられた。立腹したモロトフは二日後、会談を中断、モスクワに引き揚げた。

七月七日深夜から八日未明にかけて、ユーゴスラビアとアルバニアを含む東欧七カ国（この時はまだ東ドイツは建国されていない）と、ソ連の戦後の安全保障に直接、利害関係を持つ隣国フィンランドに駐在するソ連大使宛にスターリンの緊急暗号指令が一斉に打電された。「当該各国指導部に対し、パリ会議への参加を中止するよう至急、伝達されたし。参加拒否の理由は各国の裁量に任せる」との内容だった。

スターリンには指令を受け入れるかどうか不安な国が三つあった。共産党との連立政権のポーランドとチェコ、それに戦時中、枢軸側で対ソ参戦した非共産国のフィンランドである。しかし、ポーランドは目立った抵抗もなくクレムリンに従った。スターリンはフィンランドのパーシキビ政権には「会議に参加すれば、平和条約は批准しない」との露骨な威嚇で参加を断念させた。(「対立激化」)

貿易の八割を西側に頼っていたチェコだけが「既に英仏に確約した参加決定を覆す訳にはいかない」との立場を固持したことがスターリンを激怒させ、ゴットワルトらを呼び付ける結果となったのだった。

《パリ会議の後、西欧十六カ国はマーシャル・プラン受け入れのための欧州経済協力機構(OEEC)を設立、トルーマン米政権は四八年四月、五十三億ドルにのぼる欧州復興援助支出を認めた。同プランは戦後の欧州経済の再建に大いに貢献し、その重点は東西対決の激化とともに軍事援助へと傾いていく》

スターリンはソ連・東欧共産主義圏の結束を図るため、トルーマン・ドクトリンとマーシャル・プランへの対抗手段をとる必要に迫られていた。

コミンフォルム創設――独自の路線は許さなかった

ドイツが降伏する一カ月前の一九四五（昭和二十）年四月、ヨシフ・スターリンはユーゴスラビアの共産党書記長（首相兼国防相）、ヨシプ・チトー（本名・ブロズ）をクレムリンに迎え、「友好・相互援助・戦後協力条約」を締結した。スターリンが東欧・共産圏諸国と結んだ軍事同盟条約の第一号である。

《チトーは一九一七年、二月革命で成立したロシアのケレンスキー臨時政府に対する闘争で逮捕され、シベリア流刑途中に逃亡して赤衛軍に参加した経験を持つ生粋の共産主義者。独自の民族解放闘争で四四年秋までにユーゴ全土をほぼ自力で解放、共産主義政権を樹立していた》

チトーはスターリンとの会談で提案した。「国際共産主義運動の協議組織を復活し、意見と経験の交換の場にしたらいかがでしょう」。スターリンは「新組織は情報交換の性格に集中させるべきですな」と即座に同意している。

これが戦後の新たな国際共産主義運動組織「コミンフォルム（共産党・労働者党情報局）」創設のそもそもの契機となった。皮肉なことにチトーは、自らが言い出した新組織から四八年六月、真っ先に追放の運命をたどることになる。（グラント・アジベコフ氏の論文「コミンフォルムと戦後の欧州」）

《スターリンは戦時中の四三年五月、それまで二十四年間続いた国際共産主義運動組織「コミンテルン（第三インターナショナル）」を解散させた。当時、米英との同盟関係が強化される中でスターリンは「モスクワはボリシェビキ化（共産化）を目的に他国の生活に干渉している――とのアドルフ・ヒトラー一味の嘘を暴くためだ」と英ロイター通信記者に解散理由を説明している》

スターリンがハリー・トルーマン米政権による欧州復興計画「マーシャル・プラン」を拒否して二カ月半後の四七年九月二十二日、ポーランドのシクラルスカポレンバでコミンフォルムの創設大会が秘密会で開幕した。「米国はマーシャル・プランで東欧をも覇権下に置こうとしている」とするスターリンの対抗措置である。参集したのはソ連、ポーランド、チェコスロバキア、ハンガリー、ルーマニア、ブルガリア、ユーゴスラビアの共産党と、西欧で最も強力な共産勢力を持つフランス、イタリアの計九カ国代表だった。

大会ではソ連代表の党政治局員アンドレイ・ジダーノフがスターリンの名代として

基調演説を行った。戦後のソ連外交の方向を決定づけた極めて戦闘的な重要演説だった。

「世界は帝国主義的・反民主主義陣営（西側）と、新戦争の脅威や帝国主義的膨張と闘う反帝国主義的・民主主義陣営（共産主義諸国）とに完全に二分されている。諸国民は戦争を欲してはいない。労働者階級にとって主要な危険は、自らの力を過小評価し、敵の力を過大評価することである……」

《レニングラード（現・サンクトペテルブルク）の党指導者だったジダーノフは、戦後のスターリン体制を担ったキーマンとして特筆され、反西側宣伝に加え、国内では文化・芸術の抑圧で名を馳せたが、四八年八月に怪死を遂げる》

実は、各国代表はこの大会がコミンフォルム創設大会だとは知らされておらず、招待状には「情報と経験の交換」とだけ記されていた。しかし、ジダーノフ演説後、共産主義陣営がソ連の指令の下に団結して西側陣営と闘う新組織の創設が真の目的であることを初めて知らされ、各国代表団の内部では反発も出た。

「私はコミンフォルム創設に反対だった。あの時、書記長を辞めようとさえ思った」とホスト役のポーランド統一労働者党（共産党）書記長、ウラジスラフ・ゴムルカは後に回想している。ジダーノフとソ連党政治局員のゲオルギー・マレンコフは異議を唱える各国代表の各個撃破に血道を上げ、最終日の九月二十七日、スターリンに「全代表がコミンフォルム創設（本部はユーゴの首都ベオグラード）を支持しました」と報告した。（「コミンフォルムと戦後の欧州」）

「大会直後の四七年十、十一月、マーシャル・プラン反対のデモの波がフランスとイタリアを襲った。スターリンはこの混乱が内戦に発展するのを懸念し、両国共産党にスト抑制の指令を出した。しかし、スターリンはコミンフォルムをつくることで、社会主義への独自の道を目指す各国共産党の独立を制限し、東欧諸国に連立政権に替えて共産党独裁政権を樹立する道へと踏み出したのだった」（デービッド・ホロウェイ著『スターリンと爆弾』）

ジダーノフ（右）とスターリン（「ロージナ」誌所有の古文書から）

スターリンは四八年が明けると、まだ連立政権を続けていたチェコスロバキアに牙《きば》を剥《む》いた。一月、戦前のチェコでのソ連秘密工作の責任者で、大統領のエドワルド・ベネシュと親密な関係にあった「ズーボフ」なる人物をプラハに送り込んだ。自由主義者のベネシュに辞任圧力をかけるためである。ソ連国家保安省情報・破壊工作局長、パーベル・スドプラートフが監視役で同行し、プラハ市内にはベネシュ政権に代わって独裁政権の主になるはずの共産党書記長クレメント・ゴットワルトの護衛のため、私服工作員四百人も潜入させた。

ズーボフはベネシュとプラハ中心部の大統領公邸で直接会い、「あなたがロンドンに亡命政権をつくった三八年にクレムリンが用立てた一万ドルの件をはじめ、当時のチェコ要人暗殺計画への関与など様々な秘密を暴露する」と静かに脅し、政権をゴットワルトに譲るよう迫った。わずか十五分で終わった交渉の後、「ベネシュは打ちのめされて病人のようだった」とズーボフはスドプラートフに語っている。（スドプラートフ著『特別作戦』）

スターリンが仕掛けたチェコの無血クーデターは成功し、内戦を恐れたベネシュは一カ月後、あっさりと辞任を表明した。非共産党政治家の粛清も開始され、国民に人気のあった外相ヤン・マサリクはまもなく、自分のアパートわきの石畳で怪死しているのが発見された。

スターリンは同じ四八年二月から三月にかけて、ルーマニア、ハンガリー、ブルガリアと次々に友好協力相互援助条約を締結、ソ連圏を固めていくのである。

蜜月と反逆――チトーは粛清の危険を感じた

一九四六（昭和二十一）年五月二十八日未明、モスクワ郊外の通称「近い別荘」にある木製大型蓄音機からロシア民謡が次々と流れていた。曲に合わせてほろ酔いのヨシフ・スターリンが踊り、歌っている。ソ連とユーゴスラビアが軍事同盟条約を締結し、ナチス・ドイツ軍を撃滅させてから一年あまり経っていた。蓄音機は四二年夏、モスクワを訪れた英首相ウィンストン・チャーチルからの贈り物である。真夜中の宴は二十七日、経済・軍事援助を求めて公式訪問した共産党書記長ヨシプ・チトー率いるユーゴ代表団を招いての歓迎夕食会だった。

チトーはスターリンの長女、スベトラーナ（当時二十歳）のほか、外相のビャチェスラフ・モロトフをはじめ、アナスタス・ミコヤン、アンドレイ・ジダーノフ、ラブレンティ・ベリヤ、アンドレイ・ピシンスキーらソ連要人の妻のために金とプラチナの時計やブレスレット、宝石の指輪を土産に持参した。

夕食の時、スターリンは「我々は（ユーゴの多数派民族）セルビア人。わしとモロトフは二人ともセルビア人ですぞ」とおどけて、ソ連、ユーゴ両共産党の一体性を強調した。ダンスに浮かれるスターリンにモロトフらが「主人はまだ強いぞ」と声をか

ベオグラードの公邸でのチトー（「ロージナ」所有の古文書から）

けると、当時六十六歳のスターリンは「わしはもう、長いことはない。肉体的な法則というものがある。チトー同志（当時五十四歳）は何も起きない（病気にならない）よう気をつけるべきですな。あなたは欧州のために残らにゃならん。ここ（ソ連）にはモロトフが残る」と述べた。チトーを自分亡き後の欧州共産主義運動の盟主に指名したかのような言葉だった。

スターリンは「ブルデルシャフト（男二人が腕を組み、同時にグラスを飲み干して兄弟の契りを交わすこと）でいこう」と大声を上げてチトーと抱き合った。十二歳もの年齢差はあっても、互いの呼び方は「ブィ（あなた）」から「トィ（おまえ）」に変わった。さらに「わしにもまだ力があるぞ」と、チトーのわきの下に手を入れ、その体を三度も宙に持ち上げてみせた。

スターリンとチトーの蜜月《みつげつ》のピークを成す光景であった。これが両雄の最後の首脳会談になろうとは、夢にも思われなかった。（ロシアの「歴史的古文書」誌九三年第二号）

米国の欧州復興計画「マーシャル・プラン」に対抗してスターリンは四七年九月、チトーらと新国際共産主義運動組織「コミンフォルム（共産党・労働者党情報局）」を立ち上げ、本部をユーゴの首都ベオグラードに置いた。「各国独自の社会主義の道」を禁じ、クレムリンへの服従が絶対規範となる。だが、その決定を、あろうことか一番の盟友のチトーが突き崩そうとしていたのだ。

コミンフォルム創設と同じ頃、ソ連共産党対外政策部ではチトーの「独断外交」を警戒する内部文書が作成されていた。「ユーゴ共産党は自らの社会主義建設の達成を過大評価し、バルカン半島の支配党の地位を目指している。（ユーゴの南隣の）アルバニアはソ連と直接の関係を持とうとしているのに、アルバニアはユーゴを通じてのみソ連と関係を持たねばならぬ、とユーゴはみなしている。同党の行動には時々、民族的狭量さが目につく」

チャーチルがスターリンに
贈った蓄音機（斎藤勉撮影）

チトーは翌四八年一月、アルバニアの共産党書記長、エンベル・ホッジャに「アルバニア南部（のギリシャ国境）にユーゴ軍が駐留できる基地を提供せよ」と強請する秘密電報を送った。既にアルバニア国内に配置していた空軍部隊に加え、陸軍部隊の駐留にも圧力をかけたのだ。一カ月前、米英が支援するギリシャに共産党の臨時政府が別個に樹立され、勢いを得たチトーはギリシャ政府軍からの「アルバニア防衛」を名目に軍を進め、究極的にはアルバニア併合を目論んでいた。

《この経緯はグラント・アジベコフ著『コミンフォルムと戦後の欧州』などに詳しい》

これより前の四七年八月一日、チトーはブルガリアとの間で将来の「バルカン連邦」結成を目指した友好協力相互援助条約を締結、年末までにルーマニア、ハンガリーとも同様の条約を結んだ。スターリンは、これら一連のチトー外交がソ連・東欧圏の盟主である自分の承諾を一切得ないまま推進されていることに憤慨し切っていた。

ソ連とユーゴの蜜月関係はにわかに暗転した。スターリンは四八年二月十日、両国の指導者を呼び付ける。ブルガリアの共産党書記長ゲオルギー・ディミトロフは素直に呼び出しに応じたが、チトーはモスクワで粛清される危険を感じてナンバー2のエドワルド・カルデリを代理で送り込んだ。

スターリンは両国の対外行動を「特殊な外交路線」と非難したが、カルデリとディミトロフは口を揃えて「ソ連とは外交上の意見の相違は全くありません」と抗弁した。スターリンとモロトフはカルデリの言葉を遮ってほとんど発言させず、「何を言うか。実質的な相違がある。実に大きな相違だ」と怒鳴りつけ、両国の条約締結などは「新聞で初めて知った」などと皮肉たっぷりになじった。ユーゴのアルバニアへの軍進駐については「我々には事前に一言も知らされなかった。軍を送る代わりにアルバニア軍を訓練、強化するべきだ」と切り捨てた。

「全能の神」となっていたスターリンにとって、チトーの反逆はソ連国内はもちろん、共産主義陣営内部から噴き出した自分への初めての許すべからざる挑戦であり陣営が初めて味わう亀裂でもあった。

スターリンは結局、ユーゴ、ブルガリア両国にあらゆる国際問題で「ソ連と相互調整を行う」ことを取りあえずは同意させたかにみえた。数日後、カルデリとディミトロフは帰途につくが、スターリンは両国一行を夜明け前にモスクワ郊外のブヌコボ空港まで移動させ、要人の見送りもなしで機内に押し込んだのである。（米国立公文書館資料や『コミンフォルムと戦後の欧州』など）

チトーは既にクレムリンとの決別へと動いていた。

チトー暗殺計画――「指一本で消えて失せるわい」

「（テロの）専門家として、これに対する君の意見を聞きたい」。ヨシフ・スターリンはこう言って一枚の文書を国家保安省（ＭＧＢ）情報・破壊工作局長パーベル・スドプラートフに手渡した。手書きの文字で埋まったその文書はなんと、ユーゴスラビア共産党書記長ヨシプ・チトーの暗殺計画書だった。

一九五三（昭和二十八）年二月下旬の深夜、スターリンが死を迎える二週間ほど前のことだ。場所は七年前、スターリンがそのチトーと歌にダンスに浮かれたモスクワ郊外の別荘の一室である。ＭＧＢ幹部作成という文書の内容はこうだった。

「ＭＧＢはソ連市民で破壊工作員の暗号名マックス（本名＝ヨシフ・グリグレビッチ）によるチトーへのテロ行為準備に（スターリン同志の）承認を願いたい。彼は中米コスタリカのパスポートを持ってイタリアにおり、五二年後半に二回、ユーゴに入って受けも良く、コネを使ってチトー側近に接近できます」

「マックス」は四〇年八月、スターリンの最大の政敵、レフ・トロツキーのメキシコでの暗殺に直接、関与した人物で、チトー暗殺計画遂行のため、既に妻宛に「別れの手紙」までしたためたというのだ。

文書には具体的に四通りの殺害方法が示されていた。

「①チトーの前で洋服の下に隠した消音装置から肺ペストを起こす細菌の毒薬をひそかに噴射する。②チトーのロンドン訪問の際、ユーゴ大使館でのレセプションで催涙ガスを撒《ま》いてパニックを起こし、消音銃で射殺する。③ベオグラードでの公式レセプションで②の方法を使う。④蓋《ふた》を開けた瞬間、毒薬が噴射される宝石箱をコスタリカの代表の一人を通じてチトーに届けさせる」（スドプラートフ著『特別作戦』）

スターリンが「チトー暗殺計画書」をMGBのスドプラートフに示す五年前の四八年二月、スターリンはユーゴとブルガリアの指導者を呼び付けて「独自外交厳禁」を申し渡している。その一カ月後、ベオグラード駐在のソ連大使アナトリー・ラブレンチエフから不穏な暗号電報が打電された。「ユーゴはソ連貿易代表に経済に関するデータの提供を拒否した。ユーゴ最高指導部のソ連への態度が変化したことを示している」

チトーに独自路線を放棄する意思がないことを悟ったスターリンの堪忍袋の緒は切れた。ソ連外相ビャチェスラフ・モロトフは三月十八日のチトー宛電報で「軍事顧問と専門家を即座にベオグラードから引き揚げさせる」と通告。続いてスターリンはモロトフと連名で書簡を送り付け、「ユーゴはマルクス・レーニン主義原則を修正し、日和見主義的過ちを犯し、反ソ路線をとっている」と糾弾したばかりか、これを全ての東欧諸国とフランス、イタリアの共産党にも送付し、ユーゴ包囲網構築に打って出たのだ。

スターリンはユーゴ問題を討議するコミンフォルムの第二回会議を六月後半にブカレストで開く、との招待状を関係各国に送った。しかし、チトーは五月二十日付でソ連党のイデオロギー担当のミハイル・スースロフ宛に「ユーゴ党中央委総会は全会一致で不参加を決議した」という返事を突き返したのだった。

六月十九日に開幕したコミンフォルム会議は冒頭の二十分だけで中断し、「ユーゴにもう一度、最後の参加呼びかけを行う」として二日間の猶予を置いたが、チトーは翻意しなかった。二十三日に閉幕した会議は「ユーゴ党は隊列の外に置かれた」とのユーゴ除名決議を採択し、スターリンの代理の政治局員アンドレイ・ジダーノフは演説で「共産党では（ユーゴ党のような）恥知らずなテロリズム体制は容認できない。ユーゴ党が存在し発展するためには、こうした体制に止めを刺さねばならぬ」と恫喝《どうかつ》した。

「チトーなど、わしが指一本動かすだけで消えて失せるわい」。スターリンは会議後、政治局員ニキタ・フルシチョフに豪語している。（グラント・アジベコフ著『コミンフォルムと戦後の欧州』）

コミンフォルムはさらに翌四九年十一月、ブダペストでの第三回会議で「殺人者とスパイに支配されたユーゴ党」との汚名を着せた。

チトーはスターリンと同じく血みどろの内戦を経て独自に共産党独裁を樹立し、スターリンに最も忠実な弟子とまで言われた。しかし、一度火を噴いた近親憎悪的な怨《おん》念《ねん》は年とともに増幅され、スターリンにとってチトーは、二九年二月に国外追放して以来十一年間の追跡の末、暗殺したトロツキーと同様に、肉体的に抹殺されるべき対象へと変わっていったのだった。

チトー暗殺計画に関係したMGB情報・破壊工作局長パーベル・スドプラートフ

チトーを〝破門〟したスターリンは、他にもソ連陣営の結束を内部から突き崩す危険性がある指導者の告発に着手した。四八年八月から五二年までにポーランドの党書記長ゴムルカ、ハンガリーの外相ライク、チェコスロバキアの党書記長スランスキーらを「極度の民族主義」「帝国主義のスパイ・手先」などの濡《ぬ》れ衣《ぎぬ》を着せて断罪していった。

チトー暗殺計画書を一読したスドプラートフ

は「幼稚で素人的な危険なやり方です。チトーの取り巻きの間の不和を利用した方が、より理にかなっています」とスターリンに進言した。自己流の暗殺方法を編み出すため、スドプラートフは翌日、MGBで「エジプトハゲワシ」、「ネロ（暴君で悪名高い紀元一世紀のローマ皇帝）」と悪意に満ちたコード名がついたチトーの二冊の個人ファイルを取り出し、チトーにつけ入る弱点を調べ始めた。

スターリンからは「ユーゴ指導部の内部対立に留意し、もう一度、暗殺計画を熟考せよ。この課題は東欧での我が国の立場強化と、バルカンでのソ連の影響力にとって重要なのだ」との訓令を得ていた。だが――。暗殺計画は五三年三月五日、スターリンの突然の死とともに葬り去られた。（『特別作戦』）

チトーはこの年、新憲法下で初代大統領に就任、ソ連圏と一線を画した独自の生産管理と中立外交に一段と拍車をかけていくが、スターリンの死がなければ、バルカン、さらに欧州全体の戦後史の命運は明らかに変わっていただろう。

ベルリン封鎖――「西側を追い出せるかもしれぬ」

ヨシフ・スターリンとユーゴスラビア共産党書記長ヨシプ・チトーの対立が先鋭化していた一九四八（昭和二十三）年春、スターリンは「ドイツ問題」をめぐって西側との深刻な神経戦を戦っていた。アドルフ・ヒトラーを打倒したスターリンはドイツの東部を、米英仏連合軍はドイツ西、南部をそれぞれ占領、ソ連占領地域の真っただ中に浮かぶベルリンはこの四大国が分割して共同管理委員会の下に置いたが、冷戦が進行するにつれ、ドイツとベルリンの統治問題を今後どう決着させるかで、ソ連と西側各国の対立が激化してきたのである。

三月二十六日、スターリンはソ連占領地域で四六年四月に結成された東ドイツ社会主義統一党（共産党）の党首、ウィルヘルム・ピークをクレムリンに呼んで会談した。

ピーク「東ドイツ人はベルリンから（米英仏）同盟諸国が追い出されればうれしいのですが……」

スターリン「やってみよう。力を合わせて頑張れば、追い出せるかもしれない」

スターリンのこの一言で「ベルリン封鎖」は決まった。米英仏三国管理下の西ベルリン（東ドイツ領内）への西ドイツ（米英仏占領地域）からの交通と食料・諸物資の流れを遮断、西ベルリンをいわば兵糧攻めにし、ベルリン全市（大ベルリン）をソ連占領地域として取り込み、既成事実化してしまおうというスターリンの謀略だった。

《以上は、ゲンナジー・コストィルチェンコらによる共同論文「対立激化」、デービッド・ホロウェイ著『スターリンと爆弾』などに詳しい》

四七年九月、国際共産主義運動組織「コミンフォルム」（共産党・労働者党情報局）を設立し、西側との対決姿勢を鮮明にしたスターリンは十一―十二月のロンドンでの米英仏ソ外相会議で、ソ連外相ビャチェスラフ・モロトフを通じ、「（西ドイツ側にある産業・炭鉱の中心）ルール地方の共同管理」を要求、さらに「四大国の占領地域全てを統合した全ドイツ政府を樹立して平和条約を締結すべきだ」と主張した。

《スターリンの野望は、ソ連占領地域を米英仏占領地域と統一してドイツ全体に親ソ的な中央政権を樹立して欧州への影響力を増大するか、米英仏ソ四カ国共同管理のベルリン全市をソ連が奪取してドイツ東部をそっくり支配下に置くか、いずれかを達成することにあった》

無理難題をふっかけるスターリンに対し、ハリー・トルーマン米政権は四七年十二月、「西側占領地域からソ連への賠償物資の提供を中止する」と一方的に宣言。さらにソ連抜きで四八年三月六日にロンドンで開いた米英仏とベネルクス三国（オランダ、ベルギー、ルクセンブルク）の外相会議は、「西ドイツ国家樹立に関する予備協定」を締結、スターリンに冷水を浴びせた。

しかし、情報機関からの機密情報で西ドイツ国家樹立構想を察知していたスターリンの野望は、四八年の年明けまでには「ドイツ統一」から「大ベルリン獲得」へと焦点を移していった気配がある。

四八年一月と二月の二回、「社会主義独自の道」を封じ込める目的でクレムリンに呼んだユーゴスラビアとブルガリア両国代表にスターリンはこう打ち明けている。

「西側が西ドイツを自分の領地にしようというなら、我々も東ドイツをソ連と同じような（共産主義）国家にしてみせる」

スターリンは東ドイツの共産党指導者ピークとの会談の約二週間前の四八年三月九日、ソ連占領軍司令官で連合国ベルリン管理委員会代表のワシーリー・ソコロフスキーをモスクワに急遽《きゅうきょ》呼んで、ベルリン封鎖の青写真を授け、同月二十四日には「ベルリン管理委員会の消滅」を一方的に宣言する。

ソコロフスキーは四月中旬、ベルリンからモロトフと国防相のニコライ・ブルガーニン宛に「命令に基づいて交通制限は既に四月一日から実施し始めました」との報告書を送り、「当面は陸上封鎖ですが、空路の封鎖も後になって実施する予定です」と述べている。

「主人は西側から西ベルリンへの接近路を閉鎖して西側に圧力をかけ東西ベルリンを

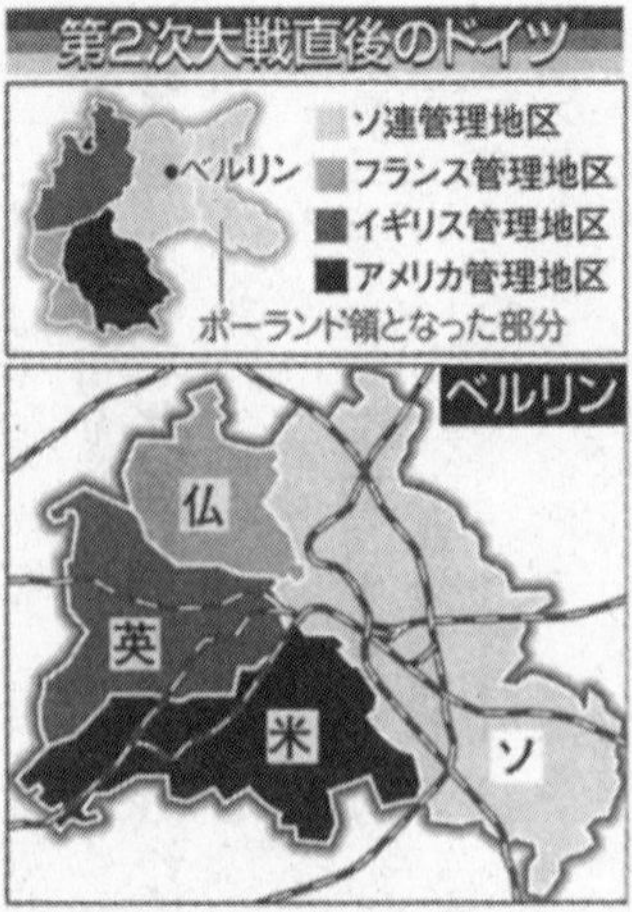

統一して東ドイツに併合した上、東ドイツを一つの国家にしようと考えていた」（ニキタ・フルシチョフ『フルシチョフ回想録』）

四月一日から大ベルリンと西側間の交通規制を強化し始め、ベルリン封鎖に着手したスターリンに、軍事衝突を恐れてか、西側が断固とした措置をとる気配はなかった。スターリンを一段と過激にしたのは、ソ連と西側の〝通貨戦争〟、つまり経済支配ゾーンの奪い合いである。

五月十八日、スターリンはソ連政府決議として「ソ連占領地域（東ドイツ）の通貨改革を行い、大ベルリン全体にもソ連指定の通貨（ドイツマルク）を流通させる」と宣言した。これに対し、西側は六月二十三日、「西側占領地域（西ドイツ）と西ベルリンに新通貨（マルクB）を流通させる」と発表、双方は全面対決の様相となった。

ここに至ってスターリンは、対外的には「技術的な理由」だと嘘をつき、六月二十四日、西側から大ベルリンへの陸上交通路の全面的遮断に踏み切ったのである。二百万人の西ベルリン住民を救援するため、陸路を失った米英仏が対抗措置としてとったのは航空機による物資の輸送だった。

米英仏三国は公式には六月二十六日からベルリン空輸を開始、西ベルリン最北部のフランス占領地域のテゲル空軍基地と、南部の米国占領地域のテムペルホフ空軍基地の二カ所を中心とする拠点に物資を降ろした。しかし、ソコロフスキーは七月三日、「交通制限は西側が西ドイツ政府樹立計画を中止するまで続行する」と強調、このベルリン危機は、戦後四十年続く冷戦時代でも「核危機」に最も近い有数の対立に発展していく。

東西分裂——「共産ドイツ」の野望ならず

一九四八（昭和二十三）年春にヨシフ・スターリンの鶴の一声で「ベルリン封鎖」が始まって約三カ月半が経過した七月中旬、ハリー・トルーマン米政権は英国内にB29爆撃機六十機を配備した。米国のメディアは米政府筋の情報として「このB29は核爆弾を搭載できる」と書き立てた。

「実際には核攻撃の能力は疑わしかったが、トルーマンはスターリンが西側のベルリン空輸を妨害するような軍事行動をとらせないための抑止力としてB29を派遣した。

米国がスターリンに警告し、圧力をかける神経戦であった」（アビ・シュレイム著『米国とベルリン封鎖』）

トルーマンはB29の英国派遣と前後して、欧州駐留米軍だけでなくアラスカ、ハワイ、カリブ海など世界各地から軍輸送機を大動員して一日に数十回、多い日は数百回もの連続飛行で食料や物資をベルリンに空輸し続けていた。七月上旬には米軍機のドイツでの初の墜落事故が発生するなど緊張も高まり、十月からは米英共同空輸作戦が開始された。

八月二日、スターリンはモスクワ駐在の米英仏三国の大使とクレムリンで会見している。スターリンは慇懃《いんぎん》な口調でこう切り出した。

「今回の交通制限（ベルリン封鎖）は、西ベルリンでの通貨改革（西側指定の通貨を流通させたこと）の後、ソ連占領地域の経済を守るためにとった措置です。あなた方西側諸国がドイツを二つに分割した（西ドイツ国家の建国を決めた）ので（東ドイツ内にある）ベルリンはもはやドイツの首都ではなくなった。つまり、あなた方が理解すべきは、西側諸国はベルリンに駐在する権利を失ったということですな」

唖然《あぜん》として聞いていた三大使にスターリンは「といっても、ソ連が西側諸国の軍をベルリンから追い出そうとしている訳ではない。我が方が交通制限を解除できる条件が二つあります」とたたみかけた。二つの条件とは、西ベルリンにソ連指定の東ベルリンの通貨システムを導入すること、さらに西ドイツ国家建国を、米英仏ソ四大国会議まで実行に移さないことだった。

スターリンは最後に、こう凄《すご》みをきかせた。「我が方が圧力をかけていることは否定しません。が、この圧力は（西ドイツ国家樹立に関する協定を結んだ米英仏とベネルクス三国＝オランダ、ベルギー、ルクセンブルク＝の四八年六月の）ロンドン会議での圧力が招いたのですぞ」

三大使はしかし、スターリンの提案をことごとく拒否した。（デービッド・ホロウェイ著『スターリンと爆弾』）

当時のスターリンの意図について東ベルリンのソ連大使館二等書記官のM・セーニンは「最も重要だったのは、大ベルリンにソ連型の（共産主義）経済システムを導入し、東西ベルリンの街全体に統一管理制度を実現することだった」とその回想録に記している。

ソ連によるベルリン封鎖は西側諸国を結束させた。八月二十五日には英仏両国とベネルクス三国によるブリュッセル条約が発効して軍事的団結を強化（後に西ドイツとイタリアも加わって発足する西欧同盟の前身)、さらに米英仏によって九月一日、西ドイツの憲法(基本法)の起草準備委員会が招集された。封鎖の実効が疑わしいことは次第に明白になってきていた。

スターリンは四八年末、ベルリン封鎖の不首尾などを頭から振り払うかのように十週間近くの長い休暇を黒海などで過ごし、年が明けた四九年一月三十日、米通信社との会見に応じた。ここでは「交通制限を解除するためには新たに関係国外相会議の招集が必要だ」とだけ述べて、西側との〝ベルリン通貨戦争〟には全く言及せず、封鎖継続への意欲を失ったかのように見えた。(『スターリンと爆弾』など)

二月中旬から国連を舞台に始まったベルリン問題を協議する米ソ会談でソ連側は五月四日、「ベルリンにおける交通、通信、貿易の制限を五月十二日から解除する」ことで合意、ベルリン封鎖は終了する。

《米英仏三国の約一年間の空輸は結局、約二十七万八千三百回に及び、食料、石炭などの物資合わせて二百三十二万六千五百トンを輸送し、約二十四万人の人々を運んだ》

スターリンは西側に対抗するため、一月二十五日、ソ連・東欧五カ国で「経済相互援助会議」(コメコン)を創設するが、対外的に封鎖されていたのはむしろ、先にユーゴスラビアの共産党指導者ヨシプ・チトーを排除してしまっていたスターリンであり、ソ連であった。

《結局、スターリンのドイツ統一の野望はくじかれ、ベルリンは東西に分割されたまま、四九年五月二十三日にドイツ連邦共和国（西ドイツ）、十月七日にはドイツ民主共和国（東ドイツ）が成立する》

ソ連によるベルリン封鎖後、支援物資を積んだ米軍機の到着を待ち受けるベルリンの人々

スターリンには当初から、ベルリン封鎖で米英との本格的な軍事衝突に突入する意図はなく、西側を挑発するような軍事行動は全くとらなかった。当初の計画にあった「空路封鎖」は最後まで実施せず、空路は開けたままだった。米国も核攻撃には踏み切らなかった。

「スターリンは『米指導部を率いているのは軽率な人間ではない。核戦争は絶対にない』と確信してベルリン封鎖を開始した」（アンドレイ・グロムイコの回想録）が、ベルリン危機が冷戦開始後初めてその兆しが訪れた「核危機」でもあったことには変わりがなかった。

封鎖末期の四九年三月、それまで十年間務めた外相を突然、解任されたビャチェスラフ・モロトフは、ソ連にとっての封鎖の一つの意味を後にこう周囲に漏らしている。

「ベルリン封鎖は（米英の目を欧州に釘付けにしたという意味で）アジアで毛沢東の中国共産党が国民党政権に勝利するのに、かなりの手助けとなった」（パーベル・スドプラートフ著『特別作戦』）

社会主義リアリズム――「背教者はソ連文学から去れ」

「大祖国戦争（第二次世界大戦）でナチス・ドイツ軍の包囲下（合計で約九百日）にあったレニングラード市への空爆で動物園から一匹の猿が脱走した。廃墟と化した街を徘徊《はいかい》した猿の目に映ったのは、ボロをまとい、乏しい食料を求めて長い行列に並ぶ市民の悲惨な生活ぶりだった。猿は思った。これなら動物園の檻《おり》の中の暮らしの方がましだわい……」

著名な小説家、ミハイル・ゾーシチェンコ（一八九五―一九五八年）の短編『猿の冒険』が一九四六（昭和二十一）年初夏、レニングラードの文芸誌「ズベズダー（星）」に連載されるや、それはすぐにヨシフ・スターリンの目に触れた。激怒したスターリンは八月九日、モスクワでの共産党組織局会議にズベズダー編集長、ビッサリオン・サヤノフと、同じレニングラードのもう一つの文芸誌で外国文学の翻訳を数多く掲載していた「レニングラード」の編集長ボリス・リハノフの二人を召喚した。吊るし上げ集会である。スターリンは文化・芸術政策担当の政治局員、アンドレイ・ジダーノフや、ブレジネフ時代まで「イデオロギーの守護神」と言われたミハイル・スースロフらが見守る中で、こうののしった。

「『猿の冒険』は中身が空っぽの冗談だ。人の心にも頭にも何も訴えない。バラックか芝居小屋で演じられる笑劇に等しい。ゾーシチェンコは無思想の布教者だ。なぜこんな作品を載せるのかさっぱり分からん」

スターリンはさらに女流詩人アンナ・アフマートワ（一八八九―一九六六年）にも怒りの矛先を向けた。「彼女は昔からの名声以外に最近は何があるというのか。二、三の詩しか書いていないだろうが」

「ズベズダー」は『猿の冒険』に先立ち、四六年第一号にアフマートワの『独白に似て』と題する詩を掲載していた。帝政ロシア時代への郷愁と戦後の現実への失望感をにじませた作品だった。それがスターリンの逆鱗《げきりん》に触れた。

「私のオモチャの（ようにかわいい）街は丸焼けになり／私には過去への出口もない／そこ（過去）には噴水もベンチも皇帝公園もあった／マースレニツァ（バター祭り

＝長い冬を送り、春を迎える古代ロシア人の祭り）にはブリヌイ（クレープに似た食べ物）……があり／四月には土のにおいと初めてのキスがあった……」

戦後一年が経過し、東西対決の輪郭がほの見えてくると、スターリンは国内での文化・芸術の引き締め、外国芸術の排撃に着手した。その先駆けとなったのが、ゾーシチェンコとアフマートワへの抑圧だった。

《ロシアでプーシキンやレールモントフらの詩人を輩出した十九世紀前半を黄金時代とすれば、アフマートワやその夫でアクメイズム（ロシア革命前夜の現実主義的明晰性を特徴とするモダニズム的傾向）の旗手ニコライ・グミリョフ、マリーナ・ツベターエワらの詩人が活躍した二十世紀初頭は「銀の時代」と呼ばれる。アフマートワも元はアクメイズムから発したが、宗教的色彩を帯びた恋愛詩で時代の寵《ちょう》児《じ》となった》

スターリンはリハノフには、こう攻撃した。「あなたの雑誌は外国の作家におべっかを使って外国への追従意識を鼓舞し、外国人は上等な先生、我々ソ連人は下等な生徒という意識を国民に植え付けている。それは罪だ。間違いだ」

二人の編集長は恐怖に震え、ほとんど反論できない状態だった。この会議の結果は八月十四日の党機関紙「プラウダ」に掲載され、ゾーシチェンコとアフマートワは「反愛国主義的文学者」などと糾弾された。

ジダーノフは二日後、レニングラードに飛び、演説でこの二人を一段と苛烈《かれつ》な言葉でこうこきおろした。

「ゾーシチェンコは『猿の冒険』で人々を怠け者、ならず者と描き、猿にモラルを説かせている。ゾーシチェンコのようなモラルも良心もない低級で生まれ損ないの背教者がレニングラードの文学傾向を支配している。彼がその考えをソ連人に合わせられないなら、ソ連文学から出ていけ。アフマートワの詩は寝室（愛）と祈禱室（宗教）の間を往復していて、書く内容は女性の唇と乳房……ばかりだ。それはブルジョアと貴族の文化の日没の発露である……」

ジダーノフがスターリンの先兵となって大ナタを振るった戦後の文化・芸術の抑圧は「ジダーノフ批判」と呼ばれ、五三年のスターリン死後も党の文化政策の公式

ミハイル・ゾーシチェンコ

アンナ・アフマートワ

路線として定着していく。ジダーノフは戦前の三四年、ソ連作家同盟の第一回大会で「社会主義リアリズム」（ソ連芸術は社会主義思想で勤労者を教育、改造する課題と直結するべきだとの考え）を提唱したが、ジダーノフ批判はこれを強化、発展した路線だ。

スターリンは既に四五年、アフマートワがレニングラードのアパートに駐ソ英国大使館の外交官を「権力機関の許可なしに」何回も招き、うち一回はその外交官が元英首相ウィンストン・チャーチルの息子を同伴していたことを知り、皮肉を言っている。「ほう。外国のスパイが修道女のところに来ているのか」

《アフマートワの夫、グミリョフはロシア革命直後の二一年、「反革命陰謀に加担した」として銃殺されており、スターリンは独り身のアフマートワを「修道女」と揶揄《やゆ》したのだ》

スターリンはほどなくゾーシチェンコとアフマートワを作家同盟から追放する。だが、故郷のグルジアにいた十代後半、地元の文芸誌「イベリア」に自作の詩七編が掲載されるなど詩作を愛したスターリンが好んだ詩人はアフマートワその人で、国際的影響も考慮してか、ゾーシチェンコとともに粛清には踏み切らなかった。

《デニス・バビチェンコ監修『文学戦線』、エフゲニー・グロモフ著『スターリン

／権力と芸術』、ゲンナジー・コストィルチェンコ氏の論文「四〇年代後半のイデオロギー粛清」などによった》

独裁者と芸術――お気に召す作品がはびこった

一九四八（昭和二十三）年一月五日夜、ヨシフ・スターリンはボリショイ劇場に足を運んだ。前年のロシア革命三十周年を記念して故郷グルジアの作曲家、バノ・ムラデリに依頼していたソ連諸民族の相互友好を謳《うた》ったオペラ「偉大な友好」が完成、その試演鑑賞のためである。ところが、独裁者は第一幕を見ただけで激怒し、引き揚げてしまった。「レズギンカ」というグルジア伝統舞踊の背後に流れた『偉大な友好』の曲があまりに「前衛的」で理解に苦しんだのと、グルジア、オセチアのカフカス二民族が革命に反対したかのように描かれたオペラの内容に憤慨したためだった。

スターリンはその一カ月後の二月十日、周到に練り上げた党中央委決議を発表、ムラデリの音楽を「反芸術的」と断罪、『偉大な友好』の上演を禁じたばかりか、ソ連を代表する世界的な作曲家、ドミトリー・ショスタコービッチ、セルゲイ・プロコフィエフ、アラム・ハチャトリアンらを引き合いに出し、その音楽を「フォルマリズム（形式主義）的でソ連国民の趣向に合致していない」と厳しく批判したのである。

ソ連文学界への攻撃で狼煙《のろし》を上げた戦後の文化・芸術抑圧路線「ジダーノフ批判」が音楽界にも波及した瞬間だった。

《「フォルマリズム」は元々は革命前から二〇年代末にかけて文学・言語学界で展開された「芸術は事象を非日常化するのが目的だ」などとする主義を指し、三〇年代以降、音楽や映画、演劇界などをも巻き込んで「反社会主義体制的、反マルクス「主義的」な退廃的芸術手法の象徴を意味する言葉となった》

中央委決議はさらにこう続けていた。「モスクワ音楽院で教えているショスタコービッチやプロコフィエフらの生徒は彼らの真似をするばかりで、ソ連の音楽芸術に多大な損害を与え、形式主義は現実にソ連音楽を破壊している。この状況を正常化し音楽を（社会主義）リアリズムの方向に発展させるべきである」

著名なピアニスト、スピャトスラフ・リヒテルはこの決議発表から一週間後、モスクワで予定されていたコンサートで「プロコフィエフのソナタを弾きたい。駄目なら尊敬する彼の家に行ってでも弾いてくる」と抵抗してみたが、プロコフィエフやショスタコービッチらは実質的に自らの音楽活動を封じ込められ、自宅や別荘での長い蟄《ちっ》居《きょ》を余儀なくされた。

《以上は、エフゲニー・グロモフ著『スターリン／権力と芸術』、アレクサンド

ル・ヤコブレフ監修『権力と芸術インテリ』などに詳しい》
四六年夏に火蓋《ひぶた》を切った「ジダーノフ批判」は国民の生活にも裾野を広げていた。四七年二月には「ソ連市民と外国人の結婚を禁止」する最高会議幹部会令が発布され、スターリンは同年春には「ジダノフ批判」の由来となった文化・芸術政策担当の党政治局員アンドレイ・ジダーノフを通じてソ連全土の地方の党指導部に「ソ連国内で最近、外国とくに米英両国のスパイ活動と反ソ宣伝が拡大している」として外国人の監視強化を厳命した。

「形式主義」と批判された3人の著名な作曲家。左からプロコフィエフ、ショスタコービッチ、ハチャトリアン(「ロージナ」誌所有の古文書から)

外国排撃キャンペーンで滑稽《こっけい》なのはスターリンが世界で定説になっていた文明の利器や学問の発明者、発見者の大半を全てロシア人にすり替える歴史の歪曲《わいきょく》を堂々と国民に押し付けたことだ。例えばこうだ。「蒸気機関車の発明者は英国人のスティーブンソンではなくロシアの技術者、チェレパーノフ兄弟。遺伝学の基礎を築いたのはオーストリア人のメンデルではなくロシアの植物育種家、ミチューリン。『質量保存の法則』の発見者はフランス人のラボアジエではなくロシアの科学者、ロモノーソフ……」

さすがにあきれたモスクワっ子たちの間では「レントゲン（X線＝発見者のドイツの物理学者の名前）の発見者は、全て国民の胸中がお見通しだったイワン雷帝（十六世紀のモスクワ大公でスターリンが愛した絶対君主）じゃないか」といったアネクドート（小話）がはやった。（『スターリン／権力と芸術』）

プロコフィエフにはまもなく、深刻な事態が訪れた。活動舞台を欧州に移していた二〇年代前半に結婚した最初の妻で二人の息子とモスクワに住んでいたスペイン人のリーナ・ルベラが「スパイ容疑」で逮捕され強制収容所へ送られたのだ。プロコフィエフは悔悟《かいご》の手紙をスターリン宛に書き、それはモスクワの作曲家と音楽家の全体集会で読み上げられ、喝采《かっさい》を浴びた。

この間、ジダーノフは四八年八月三十一日、心臓発作で急死する。

《この死をめぐっては今なおスターリンの陰謀説もあるが、証拠は挙がっていない。スターリンの長女、スベトラーナは四九年春、ジダーノフの息子、ユーリと二度目の結婚（約三年後に離婚）をしている》

しかし、ジダーノフなき「ジダーノフ批判」の勢いは衰えず、映画、演劇、ジャーナリズム、学界などソ連社会の幅広い分野に及んでいく。

ショスタコービッチは粛清を逃れるため、五〇年に公開されたチアウレリの監督による映画『ベルリン陥落』の作曲を買って出ざるを得なかった。ベルリンに隣接するポツダムでの四五年七月の米英ソ首脳会議以外、ベルリンには行ったこともないスターリンが、アドルフ・ヒトラーを撃滅した後のベルリンに純白の元帥服に身を固めて航空機から颯爽《さっそう》と降り立つラスト・シーンが売り物の独裁者へのゴマすり宣伝映画だ。スターリンはこのクライマックスを八回も撮り直させ、「スターリン」を演じる男優を十人もの候補者から厳選させた。生来、映画好きだったスターリンは自ら事細かな検閲に口をはさんだ。（ビクトル・レバショフ著『ロシアの秘密／ミホエルス暗殺』）「ジダーノフ批判」の最初の犠牲者、詩人のアンナ・アフマートワも一人息子が逮捕された直後の四九年十二月、息子を救出するため独裁者の七十歳の誕生日を祝う詩を書く羽目になった。スターリンの神格化は一段と熱を帯び始めていた。

そして、「ジダーノフ批判」はユダヤ人弾圧と軌を一にしていることが明らかになっていく。

ユダヤ人弾圧――敵を作り出す必要があった

白ロシア（ベラルーシ）の首都ミンスクにあるホテル「ツェントラーリナヤ（中央）」。ここにほど近い凍てついた路上で、二人の初老の男の遺体が発見されたのは一九四八（昭和二十三）年一月十三日の払暁である。死者は同ホテルに宿泊中でソ連のユダヤ人を代表する著名人、ソロモン・ミホエルス（当時五十八歳）と、同じユダヤ人で演劇評論家・詩人のウラジーミル・ゴルホフだった。

ミホエルスはモスクワの国立ユダヤ劇場の創始者でソ連邦人民芸術家の称号を持つ人気俳優、加えて、ドイツとの開戦後まもなく創設された「ユダヤ反ファシスト委員会」の会長でもあった。ゴルホフは秘密警察、ソ連国家保安省（ＭＧＢ）の秘密協力者だった。二人は頭などを粉々に砕かれ、ひき逃げ事故の被害者に偽装されていた。

真相は、ヨシフ・スターリンの直接指示による暗殺だった。

「ミホエルスは米国のスパイと確認されたので、彼を自動車事故に見せかけて暗殺する／一九四七年十二月十九日」

ＭＧＢの後継機関、ソ連国家保安委員会（ＫＧＢ）の古文書館にはＭＧＢの幹部が署名した一枚の手書きの暗殺指令書が保存され、紙片の左上にはスターリン自身が「承認」したことを示すＶ字のチェック・マークが鉛筆で生々しく刻まれている。白分の名前を記録に残さずに承認する独裁者のいつものやり方だ。

暗殺は次のように実行された。

ミホエルスとゴルホフは一月十二日、一緒にモスクワからミンスクに着いた。スターリン賞候補作の演劇鑑賞が目的だった。ゴルホフはMGBから本当の理由は知らされないまま同行を命じられていた。同夜、市内での夕食からホテルに戻ったゴルホフに知人から「友人の結婚式に招きたいのでミホエルスを連れてきてほしい」と電話が入り、二人は迎えに来た車に乗り込んだ。

この車は実は白ロシア国家保安相ラブレンティ・ツァナバの差し回しで、ミンスク郊外のツァナバの別荘の門の前まで来た時急停止した。ミホエルスらは同乗していた迎えの男二人にいきなり首を絞められ意識を失った。さらに門の中で待ち受けていた国家保安省次官、セルゲイ・オガリツェフの指示で車から引き出された二人は棍棒《こんぼう》で頭をめった打ちにされて殺害された。遺体はホテル付近の人通りがほとんどない路地までMGBのトラックで何回もひかれたのだった。

二人の遺体はレーニンの遺体の維持・管理に当たっていたズバルスキー研究所で修復され、ミホエルスは事故死として一月十六日、国立ユダヤ劇場で盛大な葬儀が営まれた。

約九カ月後、スターリンはツァナバら暗殺に直接関与した六人に「政府の特別課題達成」の〝功績〟で「赤旗勲章」などを密かに授与した。（ビクトル・レバショフ著『ロシアの秘密／ミホエルス暗殺』、「コメルサント・ブラスチ」誌九八年一月二十七日号など）

ミホエルスらの暗殺事件はスターリンのユダヤ人社会に対する戦後の弾圧開始を告げる号砲だった。暗殺の二週間後、スターリンは「ユダヤ反ファシスト委員会」の粛清に着手、委員会は四八年十一月に解散したが、翌年までの一年間に約二十人の幹部を逮捕し、五二年八月、生理学研究所長のリーナ・シュテルンを除く全員を銃殺した。スターリンは逮捕の理由として「西側のスパイ」のほか「クリミア半島にユダヤ人の共和国樹立を画策している」との口実を加えるよう国家保安相ビクトル・アバクーモフに指令していた。

《「ユダヤ反ファシスト委員会」は、ユダヤ人口が多い米国からの戦費引き出しと、対独第二戦線構築への米・西側世論の支持取り付けを主目的にスターリン自身が戦争中の四二年二月に創立。ミホエルスらは四三年に三カ月間、米国に派遣され、米ユダヤ社会から三千二百万ドルもの対ソ援助資金や諸物資を獲得して帰国した。この訪米にスターリンは一つの遠大な罠を仕掛けた。ミホエルスらは米国の気を引くため『世界各地に散って自分たちの国家を持っていないユダヤ人を統合し、（タタール民族を追放した後の）クリミア半島にカリフォルニアのような豊かなユダヤ社会主義共和国を建国する』構想を吹聴して回ったのである。その「ユダヤ・クリミア共和国」構想が、今度は一変してユダヤ人弾圧の強力な武器と化したのだった》

後のソ連大統領、ゴルバチョフの首席補佐官などとしてペレストロイカ（再編）の推進者となったアレクサンドル・ヤコブレフは著書『十字架の氾濫《はんらん》』の中で、ユダヤ人抑圧について「戦後の国民生活の辛苦、不満を他にそらし、経済困難の責任を転嫁するためにスターリンには『敵』が必要だった。その標的にユダヤ人を選んだ。スターリンは表向きは『反ユダヤ主義はカニバリズム（人食い）だ』と批判しながら、実際には『ボリシェビキ党（共産党）の歴史はユダヤ人との戦いだった』

ミホエルス暗殺を描いたレバショフ著『ロシアの秘密／ミホエルス暗殺』の表紙。顔写真がミホイルス

と長女のスベトラーナに話している」と指摘している。

戦前、戦中はアドルフ・ヒトラー打倒のためユダヤ人を利用、鼓舞して戦費集めの先兵に仕立てたスターリンは、戦後は一転、東西冷戦の本格化に伴う国内引き締め、西側排撃の生け贄としてユダヤ人をやり玉に挙げた。スターリンはユダヤ人を「祖国なきコスモポリタン（世界主義者）」と呼び、「コスモポリタニズム」は「反ユダヤ主義」と同義語となってソ連社会に広まった。

政府機関紙イズベスチヤの著名な女性記者アンナ・ベギチェワは四八年十二月八日、「演劇評論家たちはコスモポリタンで、反ソ芸術を仕掛けようとしている」と書き、ソ連の演劇評論家のほぼ九〇％以上を占めると言われたユダヤ人評論家の排斥が強まり、やがて国立ユダヤ劇場は閉鎖された。外務省、内務省、軍産複合体企業、学界、ジャーナリズム界などから次第にユダヤ人が追放され始め、四八年からモスクワ大学へのユダヤ人入学は禁止された。閉鎖の嵐はシナゴーグ（ユダヤ教会）、ユダヤ図書館、ユダヤ研究センターなどへと広がっていく。

モロトフ解任──ユダヤ人妻が不興を買った

ヨシフ・スターリンの一人娘、一九二六（大正十五）年生まれのスベトラーナ・アリルーエワが十代後半、最初につくったボーイフレンドはユダヤ人の著名なジャーナリスト、レオニード・カプレルだったが、スターリンは「お前はロシア人を見つけられなかったのか」となじっている。彼女が四四年春、十八歳で初めて結婚した学生のグレゴリー・モロゾフもユダヤ人で、スターリンは娘に「一つだけ言っておく。あいつ（モロゾフ）にはわしの前には絶対に顔を出させるな」と言い渡している。（スベトラーナ著『友人への二十通の手紙』）

戦前の三九年八月、独ソ不可侵条約締結交渉で訪ソしたドイツ外相ヨアヒム・リッベントロップにスターリンは「アドルフ・ヒトラー総統に約束したいのは、ユダヤ人、特にユダヤ人のインテリの横暴な態度をやめさせるべきだということです」とヒトラーに同調するユダヤ人観を語っている。（アレクサンドル・ヤコブレフ著『十字架の氾濫《はんらん》』）

スターリンには、このように「ユダヤ人嫌い」をうかがわせる幾つかの記録がある。だが、実際のスターリンはユダヤ人のラザリ・カガノービチを党政治局員として長く重用し、同じユダヤ人のマクシム・リトビノフは三九年五月まで約九年間、外務人民委員（外相）に据えた。後任のビャチェスラフ・モロトフと交代させたのは、ヒトラーとの野合を図る世界戦略上の必要性からだった。ユダヤ人嫌いでも、その才能は便宜的に惜しみなく重要ポストに登用して利用する現実主義者だった。

戦後、ユダヤ人弾圧と東西対決の戦略的必要性を結び付けた形でスターリンが排除の標的にしたのは、三〇年代以降、政敵の大粛清や独ソ戦を二人三脚で断行し、スターリン体制確立に大貢献した随一の側近、モロトフとその妻でユダヤ人のポリーナ・ジェムチュージナだった。

スターリンは国内でのユダヤ人弾圧の一方で、四八年五月十八日、ユダヤ人が地上に初めて樹立した統一国家イスラエルを建国四日目に早々と承認した。ソ連から移住したユダヤ人が多く、戦後の中東で米英に対抗する地政学的重要拠点としてのイスラエルにソ連の影響力を浸透させるのが狙いだった。

四八年九月三日、イスラエル初の駐ソ大使として女性のゴールダ・メイルがモスクワに着任、その足で訪れたモスクワのシナゴーグ（ユダヤ教会）でのユダヤの新年を祝う集会には五万人のユダヤ人が集まり、メイルは「あなた方がユダヤ人であることを忘れずにいてくれてありがとう」と演説した。その四カ月前、ユダヤ人指導者の名優、ソロモン・ミホエルスが暗殺された国立ユダヤ人劇場にはイスラエル国旗が掲げられた。スターリンはこれをじっと黙認していた。

十一月八日、ソ連外務省でのイスラエル大使歓迎レセプションで、モロトフの妻ポリーナは、以前から交際があったメイルに近づくと、ユダヤ人のイディッシュ語で「実は、私はユダヤ民族の娘なのです」と話しかけ、メイルを驚かせた。スターリンはこれを見逃さなかった。

モロトフとポリーナ夫人。真ん中は娘のスベトラーナ（エクスモ出版提供）

ポリーナはユダヤ名を「パール（真珠）」といい、ロシア語で「真珠」を表す「ジェムチューグ」を姓にしてはいたが、ミホエルスが会長を務めていた「ユダヤ反ファシスト委員会」の後援者だった。しかも、当時はスターリンによる「ベルリン封鎖」で戦後の東西対決は最初のピークを迎え、一貫して西側との交渉に当たってきた外相としてのモロトフの存在価値も薄れてきていた。

奇しくもレーニンの死後二十五周年記念日にあたる四九年一月二十一日、ポリーナは突然逮捕され、党から除名された。前年暮れの政治局会議で、スターリンはポリーナについて、ミホエルス、メイルらとの良好な関係などを批判し、モロトフとポリーナはまもなく強制的に離婚させられた。ポリーナは中央アジア・北カザフスタンにあるクスタナイ州の収容所に送られた。

四九年三月五日、モロトフは対外貿易相でアルメニア人のアナスタス・ミコヤンとともに、十年間務めた閣僚を解任された。モロトフの後任には大粛清時代に検事総長として「人民の敵」弾圧に大ナタを振るったアンドレイ・ビシンスキーが任命された。米西側との対決姿勢を露骨に示す新外相人事だった。

モロトフ解任を決めた党政治局会議でスターリンは「モロトフは外相として何回も外国を訪れた間に、ソ連の利益ではなく米国の要求を受け入れていた」と厳しく糾弾した。モロトフは「私は顔面蒼白《そうはく》になった」と後にソ連の記者に話している。モロトフは政治局員にはとどまったが、カガノービチともどもモスクワ郊外の別荘での酒宴には呼ばれなくなった。

この間、モロトフの下で外務次官を務めたことがあるユダヤ人のロゾフスキーが逮捕され（五二年銃殺）、スベトラーナの最初の夫、モロゾフの父親は息子が離婚した後の四八年暮れ、逮捕された。四九年二月にはユダヤ作家同盟が解散、年末までに国立ユダヤ劇場が閉鎖され、シナゴーグも閉鎖されていった。

ソ連はにわかに関係が悪化していたイスラエルと五三年二月、国交を一時、断絶する。同時に、モスクワや他の大都市の全てのユダヤ人をシベリアや中央アジアに強制移住させる準備が開始され、そのための「特別収容所」や輸送列車まで用意されたとの噂も流れた。

しかし、三月五日、スターリンが死去し、文字通り土俵際でユダヤ人抹殺の狂気はひとまず去った。主人の死後、後継争いに野心をたぎらせていた政治局員ラブレンティ・ベリヤは三月九日、長年の盟友としての義理からか、後継指名の支持取り付けからか、クレムリンの自分の執務室にこの日六十三歳の誕生日を迎えたモロトフを招き、流刑から解放した妻のポリーナを四年ぶりに引き渡した。モロトフはまもなく外相に復帰した。ソ連とイスラエルは七月、国交を再開した。モロトフは八六年に九十六歳の天寿を全うしたが、七〇年に死去したポリーナともども表向き、スターリンへの恨みつらみを口にしたことはなかった。

《以上は、ビクトル・レバショフ著『ミホエルス暗殺』、ラリーサ・ワシーリエワ著『クレムリンの夫人たち』によった》

軍備増強の嵐――弱さが露見するのを恐れた

米大統領、ハリー・トルーマンが「ソ連封じ込め」を狙った「トルーマン・ドクトリン」を発表して約一年後の一九四七（昭和二十二）年四月十四日、ヨシフ・スターリンはクレムリンに緊急招集したセルゲイ・コロリョフらミサイル専門家ばかりを前にこう檄《げき》を飛ばしていた。

「一刻も早く、米国本土まで届くような戦略ミサイルを開発せねばならない。この種の兵器の戦略的重要さが君たちに想像できるかね。それは目障りなトルーマンを縛る覿面《てきめん》の拘束服になるのだ。皆さん！　我々はその研究を続けるべきである」

スターリンはこの会議で自分が意図していた大陸間弾道ミサイル（ＩＣＢＭ）を「大西洋横断ミサイル」と呼び、特にその命中率、飛行速度と距離、高度など細かい専門領域にまで並々ならぬ関心を披瀝《ひれき》した。（デービッド・ホロウェイ著『スターリンと爆弾』）

広島、長崎への原爆投下の直後の四五年八月、スターリンは米国に早急に追いつく必要から、米国とそっくり同じ原爆を開発する最高機密組織「特別委員会ＮＯ１」を自分の直轄下に発足させたが、同様にミサイル開発の「特別委ＮＯ２」を四六年春に、電波探知（レーダー）開発の「特別委ＮＯ３」を四七年夏にそれぞれ始動させ、米・

西側との軍事対決の基盤を整備した。

特に「特別委NO3」の責任者には計画経済政策の総元締め「国家計画委員会（ゴスプラン）」議長のサブーロフが指名され、軍事開発と国家経済を緊密に直結させた。戦後の経済困難でモスクワを含むソ連各地では四六―四七年、深刻な飢餓によってウラル山脈以西の欧露部だけで人口が五百万も減ったとも推定されている。しかし、スターリンは国民生活を犠牲に、四七年にはミサイル開発に学校一千校分の建設費に相当する巨費を投入した。冷戦継戦における軍事最優先がやがて国家の存亡に致命的影響を及ぼしていく。（歴史家ゲーリー・リャボフらの共同論文「ソ連の軍産複合体」）

スターリンはやがて完成する原爆の運搬手段として当初はミサイルより爆撃機を重視していた。その証拠に既に四七年夏には、東京を空爆した米軍のB29爆撃機と姿形も内部構造も瓜二つの爆撃機Tu（ツポレフ）4を完成させていた。ツポレフとは、この爆撃機を設計した「ソ連航空の父」と呼ばれるアンドレイ・ツポレフの名前である。

四四年夏、当時はソ連と同盟国だった米国のB29がソ連・極東部を飛行中、二度、事故を起こした。スターリンはその残骸をモスクワ東方郊外にあるジュコフスキー航

空基地に送るよう命じ、〝そっくりさん〟を完成させたのである。（ロシアの週刊誌「ベルシヤ」二〇〇〇年九月五日号）

スターリンが爆撃機からミサイルへと重要度の比重を移した契機は、ドイツが降伏した四五年五月、米軍が「ドイツのミサイルの父」とされたウェルナー・フォン・ブラウンらをいち早く、米国へ連れ去ったことによる。ブラウンは全長十四メートル、飛行距離四百キロという当時では世界最大のミサイル「ファウ2（英語ではV2）」を開発していた。

スターリンは対抗策として、頭脳流出を防ぐ目的で科学者を収容したシャラーシカと呼ばれる施設から釈放して間もないコロリョフをドイツに派遣、V2の技術をミサイル科学者らと一緒に持ち帰らせた。これと並行してソ連軍はナチス親衛隊（SS）やドイツ国防軍対外情報局からレーダーや通信設備などを奪取していた。

四六年五月から軍需相のドミトリー・ウスチノフ（ブレジネフ時代の七六年から八年間、国防相）がミサイル製造の責任者となってコロリョフを支え、モスクワ南郊のカリーニングラード市はミサイル開発専門の閉鎖都市となった。モスクワの西二百五十キロにあるセルゲル湖に浮かぶゴロドムニャ島にはドイツから連行した科学者らを定住させた。

ソ連は四九年八月、初の原爆実験に成功、これを受けてコロリョフは「スターリンの檄《げき》」に応え、既に開発を終えていたV2のコピー「R（ロケット）1」に続き、四九年秋にはこれを近代化して六百キロの飛行距離を持つR2を開発、カスピ海沿いの実験場、カプスチン・ヤードで発射実験に成功した。（「ソ連の軍産複合体」）

米軍のB29そっくりのTu4 爆撃機（ロシア原子力省提供）

西側は四九年四月四日、米英仏など十二カ国から成る集団防衛体制・北大西洋条約機構（NATO）を発足させ、ソ連・東欧圏への対抗姿勢を強めていた。スターリンは五〇年までには欧露部とシベリアに一大軍産複合体の基盤を築き、東ドイツ駐留ソ連軍と東欧諸国の軍備増強に血道をあげた。さらに五一年中に二回の原爆実験を敢行、その死（五三年三月）の直後の五三年八月十二日にはサハロフ博士らが完成させた水爆の初実験も行われた。だが、初の原爆実験の頃には米国は既に二百個もの原爆を保有しており、ソ連との戦略的不均衡は否定しようもなかった。

この頃のスターリンの戦略観を党政治局員のニキタ・フ

ルシチョフはその回想録にこう記している。

「スターリンは資本主義諸国、特に米国のソ連侵攻を恐れていた。当時、米国は強力な航空戦力を保持し、何よりも原爆の保有数では我が方とは比較にならなかった。原爆の運搬手段にしても、米国に届く長距離の爆撃機もミサイルも満足なものはなく、戦争に巻き込まれないよう慎重であるべきことを理解していた」

『スターリンと爆弾』の著者、ホロウェイの分析はこうである。

「スターリンは（軍備増強に走ってはいても）西側との戦争を望んではいなかった。戦争の用意が整っているとはみていなかったのだ。スターリンはもし自分が西側に妥協的、融和的な姿勢を見せれば、自らの脆《もろ》さを悟られてしまい、この弱さが西側からの圧力と侵略性を挑発してしまうので、西側との〝神経戦〟こそが不可欠とみていたのだ。スターリンには二つの恐怖があった。一つは戦争勃発の恐怖。もう一つは、ソ連の弱さが暴露されてしまう恐怖だった」

日共への指令――暴力革命路線を鼓吹した

中国で〝潜伏生活〟を送っていた日本共産党の徳田球一、野坂参三、西沢隆二、袴田里見の四幹部がモスクワ郊外、クンツェボの森にあるヨシフ・スターリンの通称

「近い別荘」に入ったのは、朝鮮戦争の休戦交渉が始まって一カ月ほど経った一九五一（昭和二十六）年八月上旬の夜のことである。

一階の広い会議室には、既にスターリンはじめ党政治局員ゲオルギー・マレンコフ、ビャチェスラフ・モロトフ、内相ラブレンティ・ベリヤの四人の最高首脳が顔を揃えていた。日ソ双方は握手を交わした後、長テーブルの両側に対面して座り、日本側の左端には中国共産党国際部長、王稼祥が席を占めた。

日本共産党の新しい党綱領（後に「五一年綱領」と呼ばれる）を日ソ双方で最終承認する会議だった。既に三カ月前の五月からスターリン指導部と徳田、野坂、西沢の三人の日共「主流派」だけで三回のクンツェボ協議（王は三回目から出席）を重ね、草案は完成していた。「非主流派」の袴田は最後の会議にだけ参加し、出来上がった草案を強引にのまされる格好になったのである。

草案の骨子はこうだった。

「新たな民族解放民主政府が妨害なく、平和的方法で自然に生まれると考えたり、反動的な吉田（茂）政府が新しい民主政府に自分の地位を譲るため、自ら抵抗なしに政権を投げ出すと考えるのは重大な誤りだ。逆に吉田政府は権力を死守し、日本国民を永遠に奴隷状態にとどめおくために全力で闘うだろう。そのために吉田政府は警察と軍隊を持ち、占領当局の支援と、地主、巨大資本家、さらには天皇とその周辺の援助を受けているのだ」

スターリンが日本の平和革命を拒否し、暴力革命達成に向けて日本共産党はその先兵となれ――と指令したに等しい過激な内容だった。袴田は本心は暴力革命に反対で、「ソ連党の大国主義に腹立たしい思いもした」が、「当時のスターリンの偉大さは、我々共産主義者には絶対であり、抗しようがなかった」

スターリンは立ち上がり、パイプをくゆらせながら、マレンコフやベリヤの後ろを行ったり来たりして、袴田にゆっくり、話しかけた。

「袴田同志、あなたたちは今、党中央に対して反対派をつくっている。これはよくない。あなたは金属労働者ではないか。労働者は団結しなければ勝利はできない。このテーゼ（綱領）は我々も協力して仕上げたものだ。この方針に基づいて、日本の党は前進してほしい」

中華人民共和国が建国して間もない四九年十一月十六日、中央人民政府副主席の劉少奇は北京での労働組合国際会議で、「農村を根拠地とした武装闘争を次第に都市へと浸透させ、蜂起《ほうき》を図る」とした中国の人民解放軍方式による「人民戦争」をアジア・太平洋全域の「植民地・半植民地の人民解放」に拡大する檄《げき》を飛ばし、この対象国の中にインドシナ（現在のベトナムなど）、インドネシア、マレーシアなどと並んで日本も含める見解を示した。

全連邦共産党（五二年からソ連共産党）機関紙「プラウダ」は翌五〇年一月四日、この劉少奇演説を掲載、二日後には国際共産主義運動組織コミンフォルム（共産党・労働者党情報局）の機関紙「恒久平和と人民民主主義のために」が日共政治局員、野坂に代表される「米軍占領下でも日本の平和革命は可能」とする理論を「反社会主義的」などと糾弾した。翌日、プラウダは同じ非難を繰り返した。

いずれも中国の指導者、毛沢東がモスクワ滞在中の出来事で、スターリンとの密接な連係プレーであることがにじみ出ていた。

これを契機に日共内部には大論争が起こり、同年六月、米占領軍による弾圧で日共は事実上、解体した。主流派の徳田や野坂、西沢らは中国に密入国して亡命指導部というべき「徳田機関」を結成して東京の地下組織を操り、非主流派の袴田も別に中国に潜入していた。モスクワ入りした徳田らと袴田は、滞在中、私的には一度も顔を合わせない不仲ぶりだった。

スターリンが袴田に「日共の団結」を促した背景には、当時、膠着《こうちゃく》状態に陥っていた朝鮮戦争で、軍事介入していたソ連と中国の後方支援勢力としての日本の共産主義陣営が結束して、日本を北朝鮮への出撃基地としている米軍を攪乱させる遠謀があった。事実、クンツェボでの二回目の会議でスターリンは日本側にこう強調している。

「米占領軍が日本の至る所で耐え難いような状況をつくることが必要だが、このためには愛国勢力の統一戦線構築を考えねばならぬ」

スターリンは共産主義陣営からユーゴスラビアのヨシプ・チトーのような「反逆者」を出して以来、「各国共産党の独自の道」を拒否する立場に凝り固まり、コミンフォルム非加盟の日共の党綱領にまで露骨に介入してきたのだ。

クンツェボでの二、三回目の会議の間、スターリンは日共側起草の綱領草案をズタズタにして自ら手を入れた。王稼祥も三回目の会議で日共草案にあった「改革」を「革命」に直すよう口を出し、スターリンは「王同志は正しい」と即座に同意した。

スターリンはこの日共との会議に先立つ五一年四月には、同じくコミンフォルム非加盟のインド共産党に中国式の武装闘争を強制する党綱領を押し付けている。

最後のクンツェボ会議でスターリンは袴田に、「日本国内での分派闘争」に対する自己批判を迫り、袴田は宿舎に帰ってから自己批判書を書く羽目になった。クンツェボ会議では自分以外にはたばこも吸わせない独裁者ぶりだった。

スターリンは戦後の日本への影響力浸透の布石として画策した北海道の北半分の占領を米国に拒否された上、日本占領政策からも締め出され、日共を中核とする反米勢力の蜂起、さらにはアジア・太平洋地域での共産主義イデオロギーの拡大に期待をかけていたのだった。

《袴田里見著『私の戦後史』、クンツェボ会議の通訳に当たったニコライ・アドゥィルハエフが「極東の諸問題」誌九〇年第二号に執筆した論文「スターリンと日本共産党との会談」などによった》

シベリア抑留――終戦直後に連行を指示していた

【ソ連国家防衛委員会決議】「ソ連内務人民部の内務人民委員（内相）ベリヤとクリベンコ（捕虜・抑留者問題局長）に五十万人までの日本人捕虜を受け入れ、ラーゲリ（収容所）に送る義務を課す。ソ連軍の第一極東、第二極東、ザバイカルの三戦線で、極東とシベリアでの労働に肉体的に適する五十万人までの日本人捕虜を選抜し、ソ連に送る前に千人ずつの建設部隊を編制せよ」

日本軍の無条件降伏を求めたポツダム宣言を日本政府が受諾して十日目の一九四五

年八月二十三日、ヨシフ・スターリンは自ら署名した秘密命令を布告した。ソ連が日ソ中立条約を一方的に破棄して満州などに怒濤《どとう》の進撃を開始して二週間が経ち、各地で日本兵や軍属らが次々とソ連軍に捕らえられつつあった。スターリンの命令には、早くもこの段階で「日本人捕虜と抑留者」の運行先とその人員、収容所での労働内容が具体的に指示されていた。

「バイカル・アムール（略称バム）鉄道の建設＝十五万人▽沿海地方＝七万五千人（採炭、鉄道建設、木材伐採、ナホトカ港とウラジオストク港の建設）▽ハバロフスク地方＝六万五千人（サハリン石油と製油工場建設、アムール道路建設、ニコラエフ港建設）」。以下、チタ州、イルクーツク州、ブリャート・モンゴル自治共和国、クラスノヤルスク、アルタイ両地方——と極東・シベリア地域が続き、中央アジアのカザフ、ウズベク両共和国にも合計「七万人」を送るよう指示されていた。

このスターリン命令には、日本人の逃亡防止のため、「警備兵を三万五千人増加し、八百トンの有刺鉄線を送る」とまで記されている。

スターリンはいつの時点で「日本人シベリア連行」を決断したのか。ロシア国内の歴史学者の間でもなお、見解は割れている。

東洋学研究所の研究家、エレーナ・カタソーノワの見方はこうだ。

「スターリンは四五年八月十六日、米大統領ハリー・トルーマンへの電報で南クリール（北方領土）と並んで『北海道の釧路と留萌を結ぶ線の北側をソ連への降伏地域に加えるよう』要求した。同日、ベリヤは極東軍総司令官アレクサンドル・ワシレフスキーに宛てた暗号電報で『（満州の）関東軍の捕虜はソ連領内には連行しない』と指示している。ところが翌十七日の返電でトルーマンが北海道占領を拒否、スターリンは二十二日に北海道侵攻計画を断念し、翌日一転して『日本人シベリア連行』の命令を下した。つまりスターリンは北海道を獲得できなかった見返りに、日本人のシベリア連行を強行したのだ」（二〇〇〇年八月十日付「独立新聞」寄稿論文）

これに歴史学博士、ビクトル・アンフィロフはこう反論する。

「日本軍の降伏後数カ月間、日本軍部隊の多くはなお中国共産党の人民解放軍と戦っていた。国民党の蔣介石は日本兵を傭兵《ようへい》として利用していた。ソ連指導部はこれに懸念を抱いたのと、マッカーサー（連合軍最高司令官）が日本兵を捕虜にせずに日本に帰還させていることも不満だった。ソ連最高総司令部は四五年九月二十二日、『マッカーサーは一八年に（ベルサイユ条約＝第一次大戦の講和条約の結果）ドイツに関して起きたのと同じ間違いを繰り返そうとしている（注＝ドイツ捕虜を帰還させた結果、ドイツはまた戦闘力をつけ第二次大戦を引き起こしたことを指す）」とワシレフスキーに知らせた」（二〇〇〇年九月二日付同紙寄稿論文）

ポツダム宣言第九条には、日本軍が武装解除後は祖国に帰還させることが明記されており、スターリンによるシベリア抑留は、日ソ中立条約破棄による対日参戦と同様、明らかに国際法違反であった。しかし、日本人抑留者たちは二〇年代に出現して膨張し続けたソ連全土を覆う「収容所群島」のただ中に投げ込まれ、「ただ働きの囚人」として過酷な自然環境と強制労働でソ連の戦後復興への多大な貢献に血と汗、そして命を犠牲にせざるを得なかった。特にスターリンが最優先したバム鉄道は、その始発点のタイシェトとブラーツク間三百十キロが計画より二カ月も早い四七年十一月に開通した。これは、「枕木一本ごとに一人の日本人抑留者の亡骸《なきがら》が眠っている」と言われるほど苛烈《かれつ》な突貫労働の賜物だった。しかし、ロシア（旧ソ連）当局の補償は未だに行われてはいない。

シベリア抑留者とその犠牲者の数さえ、なお不透明なのだ。公式には「約六十万人が抑留され、約六万人が命を落とした」とされるが、シベリア抑留専門家の元ジャーナリスト、ワレンチン・アルハンゲリスキーが指摘する数字は「百万人」である。その根拠として、四六年に外務次官マリクが外相モロトフに宛てた報告で「日本人の本国帰還該当者」を「百五万二千四百六十七人」と記している点を挙げている。

日本人抑留者の中には強制労働に加えてスパイ容疑まででっち上げられ、軍事裁判で「戦犯」の判決を受けた人が二千四百五十八人もいた。大半は五六年末までに釈放されて帰国、これまでに約千人がロシア軍検察局によって名誉回復された。しかし最近になって、戦犯とされた「未帰還者」の内十五人が即決軍事裁判で銃殺されていた新事実が判明した。この十五人は終戦直後の四五年夏、中国・大連で逮捕された元関東州警察局外事課長、中島茂（当時四十歳）らで、いずれも四六年二月から四七年四月にかけてハバロフスク、ウラジオストク、ユジノサハリンスク、モスクワなどソ連各地や大連で処刑された。（旧ソ連国家保安委員会＝ＫＧＢ＝の後継機関、ロシア連邦保安局＝ＦＳＢ＝オムスク支所保管の機密文書）

日本人のシベリア抑留収容所ではスターリン崇拝と社会主義洗脳教育も行われた（グリゴリー・メクレル氏 提供）

処刑こそ免れたが、有罪判決後、獄死した次のようなケースも明らかになりつつある。「サカタ・アツシ＝熊本出身、警察官。五〇年四月、三十五歳で死亡▽ムラタ・トヨオ＝茨城出身、役人。五〇年十一月、四十一歳で死亡▽イケバタ・イチロウ＝小樽市出身、通訳。五一年十二月、三十歳で死亡▽カミムラ・サンタロウ＝南樺太出身、警察官。四六年十一月に四十四歳で死亡……」（ロシア軍検察局の資料）

スターリンの蛮行と言うほかない日本人抑留問題は、北方領土問題と並び、二十一世紀にその解決を持ち越す事態になってしまった。

第三部　暴虐の荒野

——粛清と死

ツァリーツィンの夜——農民銃殺の後に愛を交わした

ロシア革命から七カ月経った一九一八（大正七）年六月初め、ヨシフ・スターリンはモスクワからロシア平原を一路南に向かう特別列車の中にいた。帝政ロシア末期のジプシー叙情歌謡の歌姫、ビャリツェワから革命政権が掠《かす》め取った車両だった。そのサロン車の内壁には真っ青な網が張りめぐらされ、スター歌手の華やいだ雰囲気をとどめている。スターリンはその時、三十八歳の民族問題人民委員（民族相）。青い絹の車室には、故郷グルジアの革命運動仲間の娘で、まだ十六歳のナジェージダ・アリルーエワと、その三つ年上の兄、フョードル・アリルーエフが同乗していた。ともにスターリンの秘書で、ナジェージダは速記タイピストである。

スターリンは革命の父で人民委員会議議長（首相）のウラジーミル・レーニンの特命で南ロシア随一の戦略的要衝、ボルガ川西岸沿いに広がるツァリーツィン（皇后の街、二五年にスターリングラード、六一年にボルゴグラードと改称）に食糧徴発のため派遣されたのだ。

革命政権の首都となったモスクワや旧都ペトログラード（二四年からレニングラード、現・サンクトペテルブルク）などの大都市は当時、国内を真っ二つに割って親子兄弟が殺し合う凄惨《せいさん》な内戦、諸外国による対ソ干渉戦争、第一次大戦の混乱――で荒廃し切っていた上、食糧徴発を嫌う農民の穀物隠しなどで極端な食糧不足に陥っていた。レーニンはスターリンの任務に逆らう「敵」には裁判なしの銃殺も許容する非常大権を与え、列車には狙撃の名手ぞろいのラトビア兵を含む約四百人ものいわば銃殺隊を乗り込ませていた。

スターリン一行が旧帝政軍側のコサック部隊（騎馬集団）やアナキスト（無政府主義者）の黒旗部隊などの襲撃をかわしつつ、数日後にたどり着いたツァリーツィンは、コサック部隊にほぼ包囲され、ドイツ軍も間近に迫ろうとしていた。

スターリンがまず断行したのは、地元の北カフカス軍管区における〝クーデター〟だった。同軍管区の司令官は旧帝政軍から革命側に寝返ったアンドレイ・スネサレフである。スターリンはスネサレフの執務室に入るなり彼の椅子にどっかと座り、十五歳年上のスネサレフに命じた。「作戦地図を持ってきたまえ」

　スネサレフは革命政権の一閣僚のために渋々、地図を取りに行き、それを机上に広げると、こう反撃してみせた。「今後は二度と子供の使い走りのような真似はさせないように願いたいですな。私はこれでも中央政府の信任を得た司令官ですぞ」

　スネサレフは軍事人民委員（軍事相）、レフ・トロツキーの任命だった。トロツキーは持ち前の雄弁と革命での傑出した活躍で当時、レーニン政権の実力ナンバー2の座にあった。裏方に回り、革命前からレーニンに影のように寄り添ってきたスターリンの心中では、同年齢のトロツキーはこの段階で早くも「最大の政敵」だった。しかも、トロツキーが旧帝政軍将官らの起用で積極論者だったのに対し、スターリンはその拒否を唱え、対立していた。

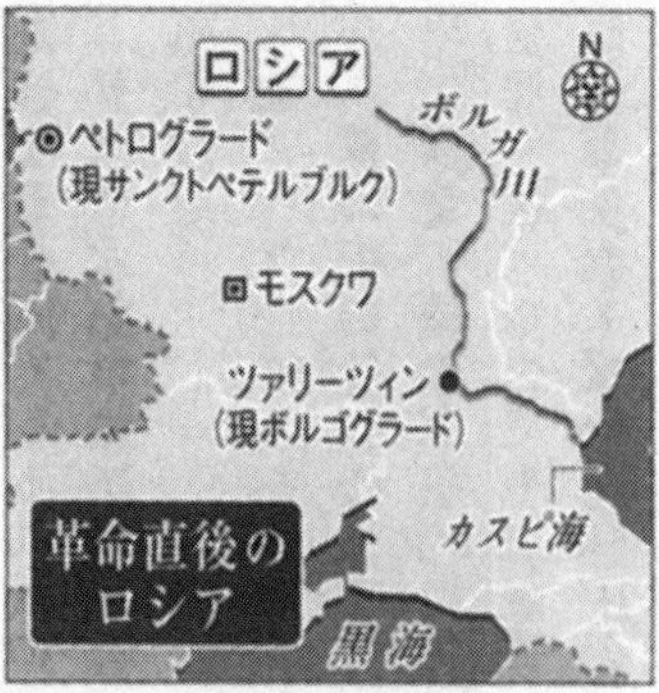

革命直後のロシア

　スターリンには間もなく、ウクライナ・ドンバス方面からツァリーツィンに転戦してきた第五ウクライナ軍司令官、クリメント・ウォロシーロフが援軍に加わった。スネサレフは「彼は私の命令を実行せ

ツァリーツィン時代のスターリン（ロシア軍中央博物館提供）

ず、要求にも応えない」などと、ウォロシーロフへの不満を訴える電報をトロツキー宛に何回も打電した。しかし、トロツキーからの返電をスターリンはことごとく破り捨てた。

七月半ば、スターリンは北カフカス軍管区を実質的に解体、代わって自らをトップとする「北カフカス軍事会議」を強引に創設し、レーニンにも認めさせた。八月に入るとスネサレフの逮捕に踏み切るとともに、ある深夜、トロツキーとスネサレフに起用された軍管区参謀本部の旧帝政軍出身の軍事専門家ら多数をボルガ川に浮かぶ艀《はしけ》に押し込み、レーニンお墨付きの非常大権を盾に全員を銃殺した。

「スターリンは鉄の手でツァリーツィンから白衛軍（旧帝政軍）の陰謀共犯者を一掃し、トロツキーに送り込まれた反革命的軍事専門家の抵抗を容赦なく粉砕しつつ、迅速かつ断固とした手段で分裂した軍を再編制したのだ」（国立政治文献出版四七年発行『スターリン小伝』）

この間、スターリンは食糧徴発の反対者や投機家にも情け容赦なく銃殺で臨み、銃声と悲鳴を消すため、連夜、トラックのエンジンがふかされ、死体は袋詰めにされて月明かりで穴に埋められた。「帝政ロシアのために尽くした」との理由でツァリーツィンの著名な技師、アレクセーエフと十六歳、十四歳の二人の息子まで銃殺した。苛烈《かれつ》極まる弾圧でレーニンの期待に応え、数百万プード（ロシアの古い重量単位。一プードは十六キロ強）の穀物と二百万プードの魚類などをモスクワに送り、街も何とか死守した。

真夏の夜の銃殺の後、興奮冷めやらぬスターリンは宿舎代わりに使っていた蒸し風呂の様な「絹の車室」に舞い戻り、ナジェージダと狂おしく愛を交わした。モスクワに帰任後、この二十二歳違いの秘書を二番目の妻にめとることになる。

北カフカス軍管区弾圧の報に南部戦線司令部はその幹部の一人、オクロフを長とする特別監視団をツァリーツィンに派遣、スネサレフを解放した。しかし、独裁者となったスターリンは十九年後、スネサレフとオクロフを銃殺刑に処している。

スターリン時代の暗黒の大テロルは、その残虐な手口とともに、実はレーニンがスターリンに残した懲罰方針に源を発し、その標的を仕立てる口実に一貫して使われた「トロツキスト（トロツキー主義者）」という用語は、スターリンの底深い怨念《おんねん》に根差していた。

《アントン・オフセエンコ著『素顔のスターリン』、ワレリー・クラスノフら共著『知られざるトロツキー』、エドワルド・ラジンスキー著『スターリン』などによった》

農民大弾圧――レーニンがテロルの〝教科書〟を示した

ロシアの農民反乱と弾圧の歴史で、日本でもよく知られているのはロマノフ王朝初期の一六七〇年代初めに起きた「ステンカラージンの乱」、そして一七七〇年代の「プガチョフの乱」(いずれも主役は処刑)だろう。だが、これらを「子供の遊び」程度に霞《かす》めてしまうような世界史上でも空前の残虐な農民弾圧がロシア革命直後のレーニン新政権下で発生している。これを語ることなく、その後のヨシフ・スターリンの大テロルと粛清を解読するのは不可能である。

ボリシェビキ(後のソ連共産党)が一九一七(大正六)年十一月、ペトログラードの冬宮への乱入による軍事クーデターで政権を奪取した直後、革命政権は「戦時共産主義」の名の下に早くも急進的かつ強制的な食糧徴発と各種資産の国有化に乗り出した。

「ソビエト政権の転覆」「共産党の廃絶」「暫定政権樹立」――。食糧徴発の波が欧露部（ソ連の欧州寄りの地域）の全般に及んだ二〇年五月、モスクワの南東約四百キロのタンボフ県（現在は州）の農民大会は、こうした過激な運動方針を採択、ボリシェビキ独裁に反対するエスエル（社会主義革命党）党員のアレクサンドル・アントノフを指導者とするレーニン政権への反抗が始まった。地元の共産党支部は直ちに「反乱地域の占領」を求めて軍の出動を中央政府に要請、赤軍の正規軍に加え、労働者の武装食糧徴発隊が大量に現地に投入された。

レーニンはその時までに別の農民反乱の鎮圧部隊に対し、「最低、百人の富農（クラーク）と金持ちを絞首刑にせよ。見せしめのため、必ず絞首刑にすること。彼らの姓名を公表し、彼らの全ての食糧を没収せよ。人質を指名し、周囲百キロの住民を脅えるようにせよ」との手書きの指令書を発していた。

「タンボフ県スパスキー郡では街の広場で十人の農民が自らの墓穴を掘らされてから銃殺された。モルシャンスキー郡では千人の傷ついた農民の内数百人が銃殺され、いくつかの村は砲撃で消滅した。村民の財産は略奪されたばかりか余剰穀物と一緒に焼かれ、全身傷だらけの村民八人が墓に生き埋めにされた」

「ボンダリ村では、地方ソビエト（政治権力機関）転覆の祈りを捧げていた僧ら全員が銃殺され、シャツキー地区は血の海と化した。匪賊《ひぞく》（＝革命政権は富農をこう呼んだ）を匿《かくま》った者は婦人、子供でも銃殺、タンボフ県からの住民追放も幅広く断行され、食糧徴発を拒否した場合は、人質が殺された」（ユーリ・スチェツォフスキー著『ソビエトの弾圧の歴史』など）

四万人規模とされる頑強な抵抗に直面したタンボフ県の「チェーカー」（反革命・サボタージュ取締全ロシア非常委員会＝革命政権最初の秘密警察で国家保安委員会＝KGB＝の前身）作戦本部は二〇年九月一日、「蜂起《ほうき》した農民家族には容赦なく赤色テロを実行し、性別を問わず十八歳以上の住民は逮捕せよ」との指令を下した。

《スターリンがツァリーツィン（南ロシア）に食糧徴発に行っていた一八年八月三十日、レーニンはモスクワのミヘリソン工場で演説した後、銃撃され負傷した。現場にいた女性エスエル党員のファンニ・カプランが逮捕、処刑された（真犯人別人説は今も根強い）が、銃撃事件の報復としてレーニン政権は九月五日、「反革命」勢力に対する「赤色テロ」宣言を布告した。しかし、革命政権によるテロは既に以前から幅広く実行されており、宣言はそれを正当化する意味合いが強い》

二一年四月末、レーニンは国内戦で数々の戦功を上げていた将軍、ミハイル・トハ

チェフスキーをタンボフ鎮圧の切り札として現地司令官に起用した。トハチェフスキーは六月十二日、「森に隠れた匪賊を毒ガスを使って皆殺しにする。窒息性ガスの雲を森全体に拡散させる」との指令書に署名、これを七―八月にかけて実行した。

二四年頃まで欧露部からシベリア、さらには極東へと燎原《りょうげん》の火のごとく燃え広がった農民反乱の実相が明らかになったのはゴルバチョフ政権登場以降のことで、食糧徴発と大弾圧に伴う飢餓の実態も白日の下にさらされた。飢餓にあえいだ農民の数は全土でざっと三千六百万人に及び、うち三分の一は子供であった。南ロシアのサマラ県（現在は州）では住民が死体を墓から掘り出して食べていた事実も明るみに出た。慌てたソ連共産党政治局は報道禁止の措置をとった。

農民反乱の残り火がまだ燃えていた二二年四月三日、スターリンは党書記長に任命されるのだが、一連の農民弾圧の表舞台には登場してこない。この間、目的のためには手段を選ばない師、レーニンの冷酷

革命政権による強制的な食糧徴発で、飢餓に苦しむ農民ら（ノーボスチ出版提供）

な手法を学び取っていたのだ。その証拠となる記録がある。スターリンは二二年七月十四日、中央アジアのブハラ党委員会のソコロフ書記に宛てて、それから終生、連発することになる国民弾圧指令の「習作」とも言うべき次の様な電報を打っている。

「陰謀家や匪賊の親玉の逮捕を知らせる貴殿の情報を受けた。党中央委は逮捕者を革命裁判にかけ、高度の懲罰措置をとることを提案する。こうした制裁こそ、ブハラ人民の敵を懲らしめ、ソビエト国家と革命的正当性のためにブハラの土壌を浄化する唯一の手段だと信じる」

レーニンは反乱農民を「人民の敵」と呼んだ。スターリンは三七年にピークを迎える大粛清の標的のほぼ全員（そこにはトハチェフスキーも含まれた）を「人民の敵」として銃殺することになる。

革命初期の農民弾圧の手法こそ、スターリンが二九年に着手する第一次五カ年計画の農業集団化に伴う富農絶滅作戦で九百万人にものぼる農民を強制収容所にぶち込み、シベリアや中央アジアの奥地に追放（内半数が死亡あるいは処刑）する〝教科書〟となったのである。

《『ソビエトの弾圧の歴史』、ロシア大統領古文書、ドミトリー・ボルコゴーノフ著『七人の首領たち』などによった》

ひまわりと月見草――華麗なトロツキーに敵意抱く

一九一三（大正二）年、ヨシフ・スターリンは革命運動で流刑となったシベリアから脱出、ウィーンに潜入して、〝革命の父〟となるレーニンの指導下で論文を執筆していた。時にスターリン三十三歳、レーニンは四十三歳。論文は、「革命が成就し、偉大な国際主義が勝利すれば、哀れな少数民族はなくなる」との趣旨で、この時初めて、自筆原稿に「スターリン」と署名している。この論文が、革命後の新政権でスターリンが民族問題人民委員（民族相）になる下地となる。

「ここで今、一人の傑出したグルジア人が大論文の執筆に熱中しています……」。レーニンは『母』や『どん底』などで知られる友人の著名な作家、マクシム・ゴーリキー（一八六八―一九三六年）に自慢気に手紙を書き送っている。

「スターリ（鋼鉄）の様に意志の強い男」を意味するこの異名を、彼はこの三年ほど前から「コーバ・スターリン」のフルネームで名乗っていたが、名付け親については、自分自身、レーニン、革命運動仲間と三説がある。いずれにせよ「レーニン」の響きに似てごろも良いのを意識した命名であることだけは確実だ。「コーバ」とは、故郷グルジアの作家カズベキの小説『父殺し』で金持ちだけを狙って強盗を働く主人公の名前だ。

グルジアの神学校を追われて地下活動に入っていた一九〇〇年代初め、『何をなすべきか』などの著作で既に名を上げていたレーニンへの傾倒ぶりに、スターリンは地元の運動仲間から、茶化し半分に「第二のレーニン」「レーニンの左足」などと呼ばれた。レーニンの演説や議論の仕方まで真似し、師に自分を重ね合わせようとしていたのだ。中華人民共和国の指導者になる前後の毛沢東のスターリンへの畏敬《いけい》ぶりを彷彿《ほうふつ》させる。

《スターリンは一九〇五年十二月、フィンランドでのロシア社会民主労働党（ソ連共産党の前身）の党協議会で、憧れのレーニンと初めての出会いを果たしている》

スターリンは、最大の政敵となる同年齢のユダヤ人革命家、トロツキーを一九〇七年、ロンドンの第五回党大会で目撃していたが、顔を合わせるのは一三年のウィーンで、早くも無言の火花を散らせている。その時の様子をトロツキーは回想録でこう記している。

「（スターリンは）ひどく痩《や》せた小男（革命運動での逮捕記録では身長一六三センチ）で、浅黒い顔に天然痘《とう》の痕《あと》が残り、その目に好意めいたものは全くなかった」

スターリンは一九〇二年以来一七年の革命までに七回も逮捕（八回説もある）され、流刑先から五回脱走した。この間、党の活動資金稼ぎのため、ロンドンの党大会から戻ったチフリス（グルジアの首都、今のトビリシ）で銀行の現金輸送車を仲間と爆弾で襲撃、多数の死傷者を出した。売春宿まで経営したとの噂もある。しかし、流刑中、レーニンの著作に加え、イタリア・ルネサンス期の政治思想家、マキャベリの『君主論』などを読み耽《ふけ》り、将来に野心をたぎらせていた。

《『君主論』は十六世紀初頭の著作で、国家強大化のため君主は権力への野心のほか悪賢さや残酷さも必要だ——などと説き、権謀術数の統治論として知られる》

一方のトロツキーは、同じく逮捕、流刑、脱走を何回か繰り返してはいるが、スターリンの様な荒っぽい犯罪には手を染めず、革命運動期の大半を国外で過ごし、闊《かっ》達《たつ》な文章で党機関紙「イスクラ（火花）」の寄稿者に迎えられた。一九〇六年には永久革命論を盛り込んだ「総括と展望」を発表、理論家として早々と名を成していた。

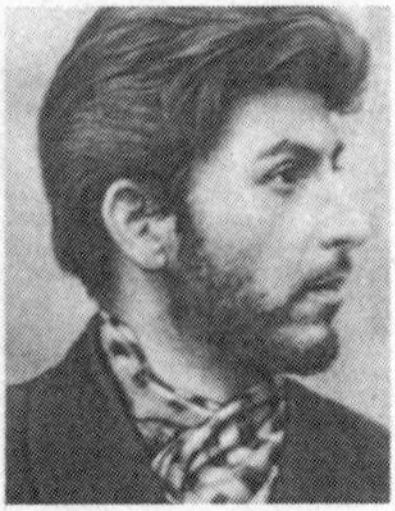

若き日のスターリン
（『スターリン小伝』から）

トロツキー（オルマ・プレス出版提供）

革命前、党組織論をめぐってレーニンと激しく対立したこともあったが、スターリンとは革命家としての育ち方や肌合いの違いで、のっけからかみ合わなかった。

革命直後の一八年一月、トロツキーとスターリンだけが特別訓令でレーニンの執務室に事前の断りなく出入りする権利を与えられた。しかし、その役回りは、華やかな「ひまわり」と密やかな「月見草」ほどの違いがあった。トロツキーは第一次大戦の対独講和交渉の初代全権代表を務め、軍事人民委員（国防相）として革命政権の要《かなめ》である軍を統括、特別装甲列車で各戦線を駆け巡るなど、表舞台の顔となる。片やスターリンは、レーニンの秘書役として影のように寄り添って地味な組織活動を引き受け、裏方に徹していた。

スターリンはそのトロツキーからも密かに学んでいた。トロツキーはレーニンと並ぶテロルの主唱者で、二〇年に刊行された著作『テロリズムとコミュニズム』がスターリンの蔵書として今も旧ソ連共産党古文書館にある。スターリンはその中でテロルを賛美した全ての部分に「同感！」「的確！」などと書き込みを入れている。

南ロシア・タンボフ県の農民反乱に次いで二一年二月二十八日に起きたペトログラード沖合三十キロのコトリン島の軍港クロンシュタットの水兵の反乱で、トロツキーは国内戦の英雄、ミハイル・トハチェフスキーとともに現場に乗り込み、約二千三百人を銃殺、海は血で染まった。トロツキーが自らの信念と理論を実行に移した実例だった。

革命蜂起の栄光を担った水兵の反旗に色を失ったレーニンは、折から開催中の第十回党大会で、弾圧と粛清の戦時共産主義から一転、自由経済を容認する新経済政策（ネップ）とともに、党内で反対派と民主主義を封じ込める「分派の禁止」を採択させた。この草案を練ったのがスターリンだった。二人のライバルは図らずも、クロンシュタットの乱の表と裏の舞台でそれぞれの役回りを冷徹に演じ分けたのである。

《アントン・オフセエンコ著『素顔のスターリン』、ワレリー・クラスノフら共著『知られざるトロツキー』、エドワルド・ラジンスキー著『スターリン』などによった》

権力奪取の遠謀――「党書記長」の肩書と盗聴システムの構築

クレムリンと並んで七十年近くソ連権力の象徴だったのがモスクワ・スターラヤ(古い)広場に立つ旧ソ連共産党中央委員会の灰色の六階建てビル(今はロシア大統領府)だ。一九二二(大正十一)年四月の中央委総会で「党書記長」という新ポストに選出されたヨシフ・スターリンの執務室はその五階にあった。

《「党書記長」は後にソ連最高指導者を意味する肩書になるが、スターリンが選出された段階ではナンバーワンのレーニンが存命で、書記長職は党内でも「事務方の責任者」程度の認識しかなく、ここに強大な権力が集中することになるとは当初、レーニンさえ気づかなかった》

二三年の盛夏、スターリンの党政治局担当秘書に任命されて間もないボリス・バジャーノフ(当時二十三歳)はスターリンの部屋に入るや、奇妙なことに気づいた。スターリンはちょうど電話中だったが、いつまで経っても一言もしゃべらず、耳に押し当てた受話器は机の上の常設の四台とは違っていた。スターリンは引き出しから取り出した秘密電話で何かに聞き入っていたのである。

スターリンはやがて、急ぎの書類を手にしたまま目の前で待ち続けているバジャーノフに顔を向けると、「こいつ、わしが何をしているか知ってしまったな」と言わんばかりにバジャーノフの目を食い入るように見つめ、視線がぶつかり合った。しばし緊張した無言の時が過ぎ、バジャーノフは主人を邪魔しないよう黙って席を外した。その時バジャーノフは「スターリンは私が秘密を守るとみているな、と感じた」。《スターリンは四人の秘書を持っていたが、事前の断りなく執務室に出入りできるのはバジャーノフと、私的秘書のレフ・メフリスの二人だけだった》

部屋を出たバジャーノフは、間もなく「主人の秘密」の真相を突き止めた。スターリンの命令で、四人の秘書の内、裏工作担当のグリシャ・カンネルがチェコスロバキアから共産党員の専門家を呼び、執務室の近くに盗聴のための極秘の「中央電話管理所」を設置していたのだ。

ここを通じてスターリンだけが執務室から党、人民委員会議（政府）、軍、秘密警察など全ての権力機関の指導者とその周辺の電話に意のままに介入し、彼らの会話を盗聴できるシステムを構築していたのである。

スターリンは、盗聴システムが完成すると、用済みになったチェコの専門家をでっち上げのスパイ容疑で逮捕、即刻、銃殺刑に処した。機密の漏洩《ろうえい》を恐れたのだ。《ボリス・バジャーノフ著『私はスターリンの秘書だった』から引いた。バジャーノフは五年後の二八年一月、「党内での偽りの生活」を嫌悪し、粛清される前にイ

ラン国境を越えて米国に亡命した》

二一年に終始、しつこい頭痛に悩まされていたレーニンはスターリンが党書記長になった翌月の二二年五月、モスクワ郊外ゴールキの別荘で初めての脳梗塞《のうこうそく》の発作で倒れ、右半身の軽い麻痺に見舞われた。党書記長としてスターリンはレーニンの元を頻繁に訪れた。レーニンは次第に回復していったが、秋以降、この師と弟子はスターリンの故郷「グルジア問題」をめぐって一転、対立と反目を深めていく。

グルジアは他のカフカス諸国のアルメニア、アゼルバイジャンから遅れて二一年二月にようやく、ソビエト（政治権力機関）が確立され、二二年三月、この三カ国で「ザカフカス連邦的同盟」を形成した。レーニンはロシアに加え、既にソビエト化が成っていたウクライナと白ロシア、それにこのザカフカス連邦が同等の権利で加入する「ソビエト同盟」案を提起、それぞれが将来、同盟から離脱できる権利を保障するとの国家構想を打ち出した。

一方、スターリンは、各国は自治共和国としてロシアに強制加入させ、自治権だけで離脱権は付与しないとする連邦案を主張。レーニンの「性急な解決はするな」との勧告を無視し、独立機運の強いグルジアの猛烈な抵抗を押し切って、十二月三十日、大方自分の構想に沿った「ソビエト社会主義共和国連邦（ソ連邦）」の樹立を強行した。これを知ったレーニンはスターリンの立場を「大ロシア・ショービニズム（排外的愛国主義）」と痛烈に非難、両者の亀裂《きれつ》は決定的となった。

ところがレーニンは二三年三月、最後の最も激しい発作に襲われ、遂に廃人同様となってしまった。書記長の人事権で着々と地方の党組織を固めていたスターリンはこの「最高権力の空白」を一気に突いて、全権掌握を狙ったのである。

二三年四月の第十二回党大会でスターリンは、グリゴリー・ジノビエフ、レフ・カーメネフを巻き込み、党内でレーニンに次ぐ地位にあったレフ・トロツキー包囲のトロイカ（元々は三頭立て馬車）を結成、「人気を利用して政権（奪取）に突進し、革命を破壊する危険がある。彼は潜在的なボナパルト（私的利益を党益の上に置く反党分子の意）だ」とトロツキーをこきおろした。

六月、党務の裏表に精通したレーニンの政治局担当の女性秘書、マリヤ・グリャッセルを解任、後任にバジャーノフを据えた。それまで「お前、おれ」で呼び合い、スターリンが「コーバ」と名乗っていた革命運動時代の暗い過去を知る秘書のアマヤク・ナザレチャンも解任した（三七年の大粛清で銃殺）。

盗聴システム設置に加え、秘書のイワン・トフストゥーハに命じ、レーニンが存命中というのにその全ての文書類を選り分け、スターリンに都合の悪い文書は破棄させ、レーニンが他の党幹部を批判している文書は収集、保存させた。

機密情報の独占がやがて独裁を生み、大粛清への土台となる。

スターリンは後に、人気が先行して党組織をおろそかにしてきたトロツキーをあざ笑うかのように、こんな言葉を側近に吐いている。

「優秀な将校を持たない将軍には何もできはしない。中堅幹部こそ重要なのだ」

《『私はスターリンの秘書だった』、ロバート・タッカー著『スターリン／権力への道』によった》

レーニンの死――権力継承の喜び、かみ殺した

一九二四（大正十三）年一月二十一日午後六時五十分――。ロシア革命の最高指導者、ウラジーミル・レーニンは死んだ。五十三歳。直接の死因は脳出血だった。

「ヨシフ・スターリンはレーニンの死を心の中でことのほか喜んでいる印象を受けた。レーニンは権力への道の主な障害の一つだった。自分の執務室で、我々秘書の前で、スターリンは上機嫌で喜びに輝いていた。しかし、会議や集会では悲劇的に、悲しみに沈んだ偽善的な表情をしていた。『この、ろくでなしめが』と私は内心、思っていた」（スターリンの秘書だったボリス・バジャーノフの回想録『私はスターリンの秘書だった』）

スターリンは数日後、病気治療でカフカスに滞在中だった最大の政敵、レフ・トロツキーに「レーニン死す」の電報を打ち、葬儀の日付を実際よりも前倒しして教えた。「トロツキーに（今からモスクワの葬儀に駆けつけても）間に合わないと思い込ませるためだった。トロツキーが出席すれば、レーニンの後継者と思われ、（雄弁で鳴る）トロツキーは弔辞や宣誓を独占してしまう可能性があったからだ」（同）

スターリンは待ち構えていたかのように、レーニンの「個人崇拝」に着手する。レーニンを地上の神に祭り上げることで、その威光とカリスマを自分の権威の後ろ盾とし、今後の独裁統治に利用していこうという深謀だった。

旧都ペトログラードをレニングラード（レーニンの都＝現在のサンクトペテルブルク）と改称し、全国にレーニンの銅像の建立を指示、前年秋に創設したレーニン研究所は各国語でレーニン全集を発刊する準備にかかり、赤の広場に特設の仮霊廟《れいびょう》を設置して国民に広く、レーニンとの告別を許した。

一月二十六日、モスクワ・ボリショイ劇場で第二回全連邦ソビエト大会として行われたトロツキー抜きの葬儀で弔辞に立ったスターリンは、「党の団結、プロレタリアート独裁、連邦の同盟強化……」など「レーニンが残した戒律」を守っていくことを「私たちは宣誓する」と繰り返し、「天上ではなく、地上に労働者の王国を築き上げよう」と呼びかけた。スターリンがグルジアの神学校で学んだキリスト教のミサを思わせる厳かな宗教色が醸し出され、この演説はスターリンの名を高めた。一世一代の演技だった。

遺体の扱いについてはレーニンが廃人同様となっていた二三年末、党政治局内で論議となっていた。スターリンやソ連中央執行委員会議長のミハイル・カリーニンらは遺体の永久保存を主張、これに対し、トロツキーやニコライ・ブハーリン（党機関紙「プラウダ」編集長）、レフ・カーメネフ、それにレーニン夫人のナジェージダ・クループスカヤらは「聖人の遺体を保存するロシア正教の伝統の復活につながる。それはマルクス主義とは相いれないものだ」などと強硬に反対したが、既に勝負は決していた。

二四年八月、特殊な腐敗防止措置を施されたレーニンの遺体は木造の廟に安置され、三〇年十一月には現在も残る大理石製の廟が完成した。二〇年代後半、学校、工場、病院、刑務所に至るまでレーニン・コーナーが設置され、農村ではイコン（聖像画）と並んでレーニンの写真が飾られた。そしてスターリンの名は常にレーニンとともにあった。（ロバート・タッカー著『スターリン／権力への道』など）

モスクワの赤の広場で木造のレーニン廟を建設する労働者ら（バグリウス出版提供）

レーニンはソ連邦の形成をめぐってスターリンと対立していた二二年末から二三年一月初めにかけ、有名な「大会への手紙」と題する遺書を口述筆記させた。この間、二二年十二月二十二日には二回目の発作を起こし、スターリンがクループスカヤに電話で「あなたが医者の指示に反することをしたからだ」と激しく怒鳴りつける一幕もあった。

これも踏まえて、遺書はスターリンについて「書記長になってから際限なき権力を手中にした」と強い懸念を表明し、「彼はあまりに粗暴だ。スターリンを党書記長職からほかに移し、より優れ、忠実で、思いやりのある人物を任命するよう考えるべきだ」と書記長解任を提議していた。トロツキーについても「自己過信が強すぎ、物事の行政的側面に熱中し過ぎる」と批判し、後継者に名指ししてはいなかった。遺書は「レーニンの死後、開封する」との条件が付けられていたが、スターリンは密かにその内容を知っていた。

二四年五月の第十三回党大会で読み上げられるはずだったこの遺書は結局、スターリンと「トロイカ」を組んでいたカーメネフ、グリゴリー・ジノビエフの裏工作などが奏功して、討議されることもなく終わった。スターリンの勝利だった。

二四年十二月、スターリンは「世界革命を待たずとも、ソ連だけで革命達成は可能」とした「一国社会主義論」を提唱、これに同調するブハーリンに対し、今度はジノビエフ、カーメネフが反スターリンに回り、二六年四月の党中央委総会ではトロツキーとともに「合同反対派」を結成した。この頃、ジノビエフは「(レーニンの遺書の公開を阻止した我々に対する)感謝というものを知らないのか」と面と向かって問い詰めている。これにスターリンは口からパイプの煙を吐き出しながら、こう答えた。「もちろん、知っている。それ(感謝)はイヌの病気(習い性)だ」(『私はスターリンの秘書だった』)

トロツキーはこの間の二五年一月に軍事人民委員を解任された。二七年十一月には党を除名され、一カ月後、中央アジアのアルマアタに流刑、二九年二月にはトルコに国外追放された。スターリンに刃向かったジノビエフ、カーメネフも次第に悲惨な運命をたどることになる。

スターリンの非情な性格を見透かしていたクループスカヤは二六年、トロツキーに「もし今、ワロージャ（ウラジーミルの愛称＝レーニン）が生きていたら、（レーニンでさえ）刑務所に入れられていたでしょう」と漏らした。全権を掌握したスターリンは、独裁者としてソ連を全体主義国家へと大改造する道に踏み出していく。

ソロベツキーの地獄――収容所群島の暗黒が始まった

一九二九（昭和四）年、真冬――。ロシア・オネガ半島の突端から北西に約五十キロ、白海に浮かぶ孤絶の島、ソロベツキー島（東西二十五キロ、南北十五キロ）とその周囲の小島＝総称ソロベツキー（ソロフキー）諸島＝は雪と流氷群に閉ざされ、海は連日、突風で荒れ狂っていた。

氷点下二〇度の夜、島の強制収容所から多くの老若男女の囚人が入浴のため、素っ裸、あるいは下着だけの半裸姿で飛び出し、雪の上を警備兵に追い立てられて五百メートルも離れた湖わきの風呂場に駆け込んだ。

別の日の早朝。同諸島で二番目に大きいアンゼル島では、同じく裸や半裸の囚人が五、六キロも雪中行進させられ、出先労働に動員された。素足の人もいた。配給食の少量のジャガイモは六割方がゴミ交じりで腐り、耐え切れない寒さと飢え、チフスなどの病気で一日に二十人前後がバタバタと死に、遺体は島に掘られた大きな穴に投げ込まれていった。

今は、ソロベッツキー諸島は風光明美な観光地と化し、夏、ソロベッツキー島に船が近づくと、クレムリンを思わせる壮麗な城塞が蜃気楼《しんきろう》の様に目前に迫ってくる。十五世紀から建立が始まり、次第にその規模を大きくしたロシア正教の大修道院である。この北方の諸島こそ、「スターリニズム」を象徴する「収容所（ラーゲリ）群島」が産声を上げた記念碑的な場所なのだ。

ヨシフ・スターリンが全権を掌握しつつあった一九二〇年代半ば、大修道院や教会などが姿を変えた「ソロベッキー特別収容所」（正式には北方特別収容所）から一人の囚人が決死の脱走を成功させた。対岸のカレリア半島ケミ港で材木の積み降ろしの強制労働中、首尾良く英国の材木輸送船に駆け込み、一週間に及ぶ警備兵のしつこい捜索を振り切って英国まで逃げ切ったのである。

S・マルザゴフという名のこの囚人はやがてロンドンで収容所の身の毛もよだつ実態を暴露した『地獄の島で』という本を出し、欧州を驚愕《きょうがく》させる。

同収容所はその頭文字から略称「СЛОН」（スロン＝動物の象と同じつづり）と呼ばれ、管理事務所の前の花壇には愛想のいい象がかたどられていた。風光明美な景色や「理想的な収容所」の様子を収めた写真集が作られ、囚人たちは定期的に「СЛОН」というPR雑誌を発行し、合唱団や演芸団まであるとの風評に、欧州では「収容所のパリ」とまで呼ばれていたのだった。

《スターリンはレーニンが廃人同様となっていた二三年十月二十三日、人民委員会議（政府）副議長、アレクセイ・ルイコフらの名前でСЛОНの創設決議を公表し、ここに「収容所群島」の暗黒の歴史が始まる。実際にはその五カ月も前、大修道院に放火（内部だけ焼けた）させて財産を略奪、修道士たちの大半を島から強制追放、あるいは銃殺し、農漁業に心得があり、労働力となる修道士だけを残していた》

スターリンは『地獄の島で』に描かれた印象を払拭するため、当時のソ連最高のプロレタリア作家、マクシム・ゴーリキーの利用を思い立つ。ゴーリキーは一九〇一年、迫りくる革命の嵐を予感させる散文詩『海燕《かいえん》の歌』を発表して以来、国内では「海燕の詩人・作家」として人気は抜群だった。スターリンはイタリア・ソレントで長く結

核療養中のこの作家を二八年五月に帰国させた後、СДОНを管轄する秘密警察「統合国家政治保安部（ＯＧＰＵ）」長官、ゲンリフ・ヤーゴダらを通じて説得を重ねた。ゴーリキーはようやく重い腰を上げ、二九年六月二十日、ソロベッキー島に到着した。

収容所では囚人虐待の痕跡を一切消す工作をして作家を迎えたが、少年を収容する「孤児収容所」で十四歳の少年が「あんたが眺めているものはみんな嘘っぱちだよ」と話しかけ、一時間半にわたって囚人への懲罰の実態を暴露してしまった。だが、作家は結局はこれを無視し、モスクワに戻ると「囚人たちは豊かな生活を送り、見事に矯正されている」と虚偽の文章を国内外のメディアに発表したのだ。

収容所の真実を告げた少年はゴーリキーの船が島を離れると同時に銃殺された。遺言となったゴーリキーへの告白や他の資料によると、СДОНの内実はこうだった。

囚人は逮捕時のままの服装を通し、女性も下着姿なら真冬でもそのままで、上等な服は収容所幹部（囚人の一部も含む）が奪い取った。囚人護送隊長は『ここはソビエト共和国ではなくソロベツキー共和国だ。お前らは（たとえ刑期三年でも）死ぬほか矯正の道はない』と〝国家の中の国家〟を強調し、度が過ぎた虐待ぶりにOGPUが収容所幹部を処刑するケースもあった。

囚人を裸にし、冬は逆エビ型に手足を縛って鐘楼の頂上で丸二日間も放置、夏は蚊攻めだ。ほかに、足が床につかない高さの棒に二十時間もまたがらせ、体に棍棒《こんぼう》を巻き付けて石の長い階段に突き落とした。売春婦は幹部に奉仕して釈放されることもあったが、やがて政治犯は無差別に銃殺された。脱走者は死ぬまで殴られ、死体は収容所内に吊るされた。特赦は適用されなかった……。

ソロベツキー諸島には帝政ロシア時代の十八世紀初頭から監獄が存在し、修道院には主に宗教的異端者が入れられた。革命後の二三年以降、収容者の八〇％は政治犯と「反革命分子」で、この中には立憲民主党（カデット）員、社会革命党（エスエル）員、二一年のクロンシュタットの反乱で銃殺を免れた水兵、農民反乱を起こしたタンボフ県の農民、帝政時代の富裕階級と官吏、全ての宗教の聖職者……などがいた。

二三年に三千人ほどだったソロベツキー諸島の囚人数は三〇年頃には五万人以上に膨れ上がり、三〇年代以降、「ソロベツキー」をモデルとする収容所はがん細胞のようにソ連全土に繁殖していく。

《ロシアの民間人権擁護団体「メモリアル」発行の資料集「連鎖」、アレクサンドル・ソルジェニーツィン著『収容所群島』、バジム・バラーノフ著『素顔のゴーリキー／死の秘密』によった》

国家計画経済――囚人を無料労働に大動員した

「強制収容所を今後は矯正労働収容所と名称変更する」

一九二九（昭和四）年六月二十七日、ヨシフ・スターリンは収容所（ラーゲリ）史の節目となる命令を下した。全連邦共産党（五二年からソ連共産党）の党協議会が同年四月、「第一次五カ年計画」を承認（計画は二八年十月にさかのぼって開始）して二カ月後で、スターリンはほぼ同時期に「ウフタやインジゴ（ともにロシア北西部のコミ共和国にある精油産業などの中心地）に収容所をつくれ」などと、「収容所拡大」に関する命令を連発した。

「強制」から「矯正」へ――。一見、「労働」の緩和を示唆する名称変更だが、現実は逆で、「死の懲罰を伴う恐怖の強制労働こそ囚人を矯正する」というスターリン流の虚妄《きょもう》の〝矯正理論〟の下、第一次五カ年計画で採択された重工業化という壮大な国家戦略の達成に罪のない囚人を大動員するための隠《かく》れ蓑《みの》だった。裏返せば、この命令はその後の国民の大量逮捕を告げる狼煙《のろし》だったのである。「工業化は膨大な量のただ働きの労働力を必要とした。したがって収容所体制は著しく拡大していったのだ」(ロシア誌「コメルサント・ブラスチ」二〇〇〇年四月四日号)

五三年のスターリンの死の前後まで、ソ連全土を覆い尽くすほどに繁殖する収容所群は経済的必然性に基づく産物だった。つまり、有罪判決を受けて収容所に行くのではなく、はじめに「経済計画」があり、その要請で囚人という名の無償の労働力が故意に、限りなく生み出されて収容所にぶち込まれたのだ。

スターリン自身、後に大粛清のピークの二年目の三八年八月二十五日、ソ連最高会議幹部会で、囚人労働が国家経済と直結した実態に言及してこう強調している。「囚人の期限前釈放(恩赦を指す)など必要か。それは国家経済の観点から良くない。もし釈放すれば、彼らはまた罪を犯すだろう。(形の上では)自由意思で、(実際には)強制的に残した方がよい」

第二次大戦の終結直前の四五年二月から約八年間、収容所生活を余儀なくされた作家、アレクサンドル・ソルジェニーツィンは大著『収容所群島』で次のように指摘している。

「裁判所の活動を決めたのは現実の犯罪者、あるいは嫌疑のある人々の数ではなく、経済関係の諸官庁の要請書だった。……収容所はその従順な奴隷労働と全くの無料労働のために、二度と繰り返せないほど有益だった。……国家は何としても収容所が欲しかったのだ。二九年から全ての矯正労働施設が国家経済計画に組み込まれた。矯正労働収容所総管理本部（グラーグ）の学者たちは、飢えに苦しむ人たちの強制された労働は、世界一生産性が高いことを発見したのである……」（要約）

《フランス人の元共産主義者で二十四年間をグラーグで過ごしたジャック・ロッシ著『さまざまな生の断片／ソ連強制収容所の20年』（外川継男訳）によると、グラーグは秘密警察機関、統合国家政治保安部（ＯＧＰＵ）に属し収容所を支配する総管理本部を意味するが、各種収容所自体をも指し、その後、「ボリシェビキ（共産党の別称）」「ポグロム（大量虐殺）」「スプートニク（衛星）」などと並ぶ有名なロシア語となった。ＯＧＰＵは三四年七月、国家保安部として内務人民委員部に吸収される》

ジャック・ロッシはもう一つの著書『ラーゲリ註解事典』で「囚人を意志の弱い人間材の集合体に変える」ためにスターリン体制が利用した数々の方策を次のように書いた。

「労働力を最も良く育成するには、個性のある人間たちを打ち砕き、飢餓（を招くわずか）の給食にほんのちょっぴり増殖してやるだけで多くのものが得られるという信念だ。密告は被抑圧者や被搾取者の自己防衛を打ち破る最も確実で間違いのない手段であり、彼らの無力感を大いに強めるには、彼らの苦情を一貫して無視すればよい。政治犯は刑事常習犯の下に位置付けること＝これは後にアドルフ・ヒトラー（ドイツ）、ベニト・ムソリーニ（イタリア）が借用した」

「経済計画」と「収容所」の直結による必然的な帰結として、歴代の秘密警察機関が生産関連の諸官庁に組み込まれ、計画経済推進の大元締め「国家計画委員会（通称ゴスプラン）」と密接に連携していく。

第一次五カ年計画でスターリンは重工業化を強引に推進する一方で、国民の八〇％を占めた農民の集団的経営への組織化、つまり農業集団化に着手した。煎《せん》じ詰めれば、穀物の微発をよりたやすくするシステムの導入で、「階級としての富農（クラーク）

絶滅」を錦の御旗に、集団化に反対する農民八百五十万人から九百万人を容赦なく、貨車いっぱいに詰め込んでシベリアなどの収容所や荒れ地に追放、このうち四百二十万人から四百五十万人が一年以内に死亡あるいは銃殺され、餓死者三百五十万人にものぼった。二一年前後に南ロシア・タンボフ県やシベリアなどで相次いだ食糧徴発に反対する農民の大規模蜂起《ほうき》に次ぐ「第二次農民弾圧」であった。

《数字は軍事歴史家、ドミトリー・ボルコゴーノフの調査結果による。農業集団化は、レーニンが二一年三月の第十回党大会で農民による穀物の一部自由処分や小企業の私企業化、独立採算制など自由化経済を導入した新経済政策（ネップ）の終了を意味していた》

スターリンは後の四二年八月、モスクワを初訪問した英首相、ウィンストン・チャーチルに「農業集団化は激烈な闘いでした」と語り、「相手にした農民の数」について自ら両手を広げて「一千万人でしたよ。強情を張った連中には極北地方に土地をくれてやりました」と農民強制移住を振り返っている。(『チャーチル回想録』)

国家の一大近代化を目指し、重工業化と農業集団化を始動させたスターリンは二九年十二月二十一日、五十歳の誕生日を迎え、新聞には「マルクスとレーニンの事業の忠実な継承者」などと、早くも個人崇拝の到来を告げる大見出しが乱舞するのである。

「金」への執念――コルイマの凍土掘削に年六十万人送った

北東シベリアを北に二千六百キロ縦走して東シベリア海に注ぐコルイマ川の上流域は、ソ連最大の埋蔵量を誇る金鉱と、真冬に時として零下六〇度を超える過酷な自然で知られる。ここからオホーツク海にかけての一帯に巨大な収容所(ラーゲリ)群が出現し始めたのは第一次五カ年計画も中盤の一九三一(昭和六)年末だった。

その直前の十一月十一日、ヨシフ・スターリンは自ら署名した「全連邦共産党中央委決議」で「コルイマの金開発の促進」を指示した。この段階でスターリンは金採掘量のノルマを「三一年中に二トン、三二年一〇トン、三三年二五トン」と設定し、直ちに秘密警察機関「統合国家政治保安部(OGPU)」直属の大企業「ダリストロイ(極東建設管理局)」が収容所管理のためオホーツク海沿岸に設立され、囚人労働による金の採掘が本格化したのだった。

コルイマ収容所跡に造られた囚人の墓地。十字架が果てしなく続いている（人権団体「メモリアル」提供）

「貴金属とダイヤモンドの生産の大半は事実上、秘密警察機関の内務人民委員部（NKVD）＝OGPUは三四年にここに吸収される＝が独占し、金の八〇%までを獲得していた」（ロシア誌「コメルサント・ブラスチ」二〇〇〇年四月四日号）

コルイマ収容所で、大粛清のピークの三七年から約十七年間の強制労働の末、生還した囚人の一人にバルラム・シャラーモフがいる。三十歳でコルイマに来た彼は当初、五年間の刑期だったが、ロシア革命を嫌って二〇年にフランスに亡命した散文作家、イワン・ブーニン（一八七〇—一九五三年）を「ロシア文学の古典だ」と語っただけで「反革命」の烙印《らくいん》を押されて刑期を延長されたのだった。

《シャラーモフは二九年にも「レーニンの陰口を言った」として収容所群島の発祥地、白海のソロベツキー島で三年間を過ごしており、これが二回目の投獄だった》

国家戦略の最重要資源である金の採掘をめぐる悲惨な囚人労働についてシャラーモ

フは、実体験をつづった『コルイマ物語』で次のように記している。

「金鉱の作業班はたちどころに跡形もなく消えてしまう。一日に十六時間の労働を強いられ、真冬に（金鉱の側の）零下六〇度の野外にテントを張って寝ることもあった。極寒と飢え、ボロ着に、若い男たちさえ二十―三十日間で消耗し切ってしまう。失敗やノルマが達成できないと、永久凍土の中に作られた氷の壁の懲罰房にぶち込まれる。冬に働いた班は冬中にほぼ全員が死んで消え、夏には新しい班が来て、また消えていく。夏は夏で採金と川で重い金を洗う二つの過重労働が待っている。厳寒と過酷な労働で肺を侵され、咳《せき》をすると壊死《えし》した肺の真っ黒な細胞片が一緒に飛び出してくる。凍傷にかかった手足の指は医者がハサミで切り取る。激しい飢餓で、死体置き場の死体を切り刻んで食べた囚人もいた……」（要約）

《前出の「コメルサント・ブラスチ」誌によると、各収容所への囚人の補充は、三八年にラプレンティ・ベリヤが内務人民委員（内相）になると、ベリヤ個人の裁量に任せられるようになった。また、ジャック・

ロッシ著『ラーゲリ註解事典』によると、ダリストロイが所有するディーゼル船団が一航海に六千―九千人、毎年四十万―六十万人の補充囚人を船倉に詰め込んでコルイマ収容所に運んだが、死亡率が突出して高いため、ダリストロイの囚人数が二百万―三百万人を超えることはなかった》

コルイマ収容所が存在した一帯は現在、マガダンを州都とするマガダン州になっているが、このマガダン市も囚人労働の賜物《たまもの》だった。囚人が自分たちを管理する収容所の行政中心地を建設したのだ。ソ連の当時の公式文書では、マガダン市は「共産青年同盟員」の手で建設されたことになっている。

コルイマ収容所には女囚もいた。木の伐採や「土地改良と称する穴掘り」が主な仕事で、シャラーモフと同時期の三七年から五三年まで強制労働に従事したエフゲニヤ・ギンズブルグは生還後、代表作『急な道』でその体験をこう暴露した。

「女性は冬、零下五〇度までは労働をさせられた。木の枝でできたデコボコの寝台で悪夢ばかりを見続け、早朝、真っ暗なうちにレールを叩く音で起こされ、作業場まで五キロの道の往復に一人でも隊列から外れると『殺すぞ、歩け』と殴られた。零下四〇度の『火のように冷たい風』の中で永久凍土を重いツルハシとシャベルで掘り続け、昼は少しでもおなかの足しにとパン一切れに雪をかけた〝雪サンド〟を食べた」（要

約）

スターリンは第二次大戦末期、米副大統領、ウォーレスを団長とするコルイマ視察団を受け入れた。しかし、「コルイマで一人の囚人も見なかった代表団は、当時のダリストロイ長官、ニキショフとその若い妻で女囚収容所長、グリバソワの深い教養に感嘆しながら帰国した」（『ラーゲリ註解事典』）

スターリンの「金」にかける執念は凄《すさ》まじかった。自国の経済安全保障に加え、二〇、三〇年代は、「各国の共産主義運動の支援のため、金の備蓄量を増やす必要性がある」と事あるごとに強調し、四〇年以降は各国共産党への金の提供量を自分で決めていた。

この間、人民戦線支援にソ連から義勇軍を送り込んだスペイン内戦（三六年勃発《ぼっぱつ》）では、現地のソ連情報員に指示し、人民戦線側と結託して一五〇万ポンド（約六八〇トン）ものスペインの金をカルタヘナ港から四隻の蒸気船でソ連に送らせることに成功した。しかも「この金は英米の銀行に一時預けておく」と嘘をつき、存命中に返還することはなかった。

《この金については、スターリンが死んだ五三年以降、スペインのフランコ政権が

返還を要求、ソ連のフルシチョフ政権は返還の代わりに安価な石油を提供することで決着した》

スターリンは第二次大戦後は逆に東欧共産主義諸国から金を上納させるようになった。「収容所群島の中でも最も過酷」と言われたコルイマの囚人労働の結果、五三年には秘密警察機関の国家保安省が保有する貴金属総量は金二〇四九トン、銀三二六一トン、プラチナ三〇トンと過去最高を記録した。（ドミトリー・ボルコゴーノフ著『七人の首領たち』）

その陰で凍土の土と化した囚人の数は百万とも三百万とも言われ、未だに概略的な数字さえ確定していない。

大運河建設の虚妄——ごまかしと十万の屍の果てに

水面を渡る北の夏の涼風が甲板の籐《とう》椅子に座ったヨシフ・スターリンのほおを心地よくなでつけている。傍らには側近のセルゲイ・キーロフ、クリメント・ウォロシーロフの両政治局員。三人は冗談を言い合い、笑い、たばこを吸い……、すこぶるご満悦そうである。一九三三（昭和八）年七月末、完成したばかりの「白海・バルト海運河」に浮かぶ蒸気船「カール・マルクス号」で、スターリン一行は運河のお披露目目視察の船旅としゃれ込んだ。運河建設を監督した秘密警察機関「統合国家政治保安部（ＯＧＰＵ）」長官、ゲンリフ・ヤーゴダが付き添っていた。（バジム・バラーノフ著『素顔のゴーリキー／死の秘密』、九八年五月二十三日付地元紙「北の伝達使」など）

「運河は二十ヵ月で完成させよ。経費もできる限り安くあげよ」。第一次五カ年計画の目玉事業として自ら立案したスターリンの大号令一下、工事は三一年秋から始まった。白海沿岸のベロモルスクからオネガ湖北端のポベネツ市に至る二百二十七キロもの長大な運河を二年足らずの短期間で貫通させようというのだ。

《スターリンは北極海の沿岸部開発のため、北極海に開けた白海からオネガ湖までを運河で結び、さらに幾つかの河川、湖を貫いてレニングラードに至る八百五十キロを一本の水路でつないで、レニングラードからスカンディナビア半島をぐるりとめぐる従来の航路を四千キロも短縮させる野心的な構想を描いていた》

直ちにＯＧＰＵ直属の白海・バルト海矯正労働収

容所と運河建設企業体が設立され、白海に浮かぶソロベツキー島の収容所などから囚人が大量に強制連行されてきた。

「スターリンは自分の統治の記念に何かエジプトのピラミッドの様なものを後世に残す必要があった。何よりも好んで手本とした奴隷制度を持つ東洋では、よく大規模な運河を建設したものだ。……（スターリンがあまりに急ぐため）コンクリートの建造物など造る暇はない、大量の鉄材は木材で代用しろ、クレーンや他の建設用機械は手に入らない、一銭の資金もないから何もかも手作業にしろ……。これは『チェキスト（秘密警察員）たちによる技術課題の大胆な定式化』と呼ばれた……」

突貫工事の現場には常に十万人前後もの囚人がいた。「次から次に囚人を乗せた輸送列車が到着し、絹のワンピースでやってきた女性たちに手押しの一輪車が渡された。……花崗《かこう》岩の硬い岩石を砕き、その二立方メートルを一輪車に積んで百メートルも離れた場所に運ぶのが囚人たちのノルマだった。何をするにも「ダバイ（やれ）！」の言葉一つ。彼らは全力を尽くして働き、見る間に衰弱して二人ずつ抱き合って凍死する。そりで死体を集め、御者たちが死体をそりに投げ込むとき、木と木がぶつかりあうような音がした……」（引用はいずれもアレクサンドル・ソルジェニーツィン著

1932年4月、白海・バルト海運河建設の作業にあたる囚人ら（人権団体「メモリアル」提供）

『収容所群島』の要約）

二十四年間もソ連各地の収容所を転々とたらい回しにされたフランス人の元共産主義者、ジャック・ロッシはその著書『ラーゲリ註解事典』で「白海・バルト海運河では約二十八万の男女囚人が働き、約十万人が死んだ」と指摘。「ソ連の宣伝は『根っからの刑事常習犯と政敵を労働により鍛え直した初めての試み』と狂喜乱舞し、OGPUは『人間の魂の鍛え直し』を組織した」と記している。囚人の中には、ほんの少しばかり多い食料配給で当局の先兵となって労働を煽る「突撃作業員」も現れた。

この運河工事で特徴的だったのは、ソ連社会そのものを象徴することになる「トゥフタ（ごまかし）」だった。独裁者の「二十カ月」の工期を死守するため、OGPUは運河の水深をわずか五メートルしか掘らず、「計画より著しく浅く掘らせたために、運河はその後、ほとんど役に立たなかった。『トゥフタと爆薬がなければ白海・バルト海運河はできなかったろう』と言われるのは、そのためである」（『ラーゲリ註解事典』）

《収容所の囚人は通称「ゼック」の呼び名で知られるが、これは「運河の囚人」の頭文字を取ったソ連当局の呼び名「Z／K」が後に「ZEK」に転じた、とロッシは述べている》

スターリンは、いくらでも代替がきく大量の囚人を確保するため、既に第一次五カ年計画承認の三年前にその〝仕掛け〟を完備させていた。二六年十一月二十二日に公布された悪名高い「二六年刑法」、特にその第五八条がそれである。「政府の転覆、崩壊や対外的安全、革命的成果の崩壊、弱体化などの行為」は「反革命」、「国家の軍事力、独立、領土不可侵に損害を与えるスパイ行為」などは「祖国の裏切り」とみなして「銃殺か全財産没収」と規定された。しかし、例えば失火でも当局の解釈で「反革命的サボタージュの放火」にすり替えられて自由剥奪《はくだつ》となり、「国民の行動で五八条に引っかからないものはない」と言われたほど悪名高い条文だった。三七、三八年の大粛清時には、この「五八条組」の囚人が全土の収容所にあふれ返るほどになる。

十万人もの命をのみ込んだ「木製運河」が「期限内」に完成すると、スターリンはヤーゴダや運河建設企業体の責任者、ベルマンら八人にレーニン勲章を授与、ソロベツキー収容所も訪れたマクシム・ゴーリキーら百二十人に及ぶ作家たちを八月後半、運河の船旅に招待した。

「作家たちは運河に入る前、レニングラード郊外の観光と、超一流ホテルでの丸ごとのチョウザメや各種のハム、チーズ、ウオッカ、シャンパンなどの豪勢な食事を振舞われた。モスクワに戻ると、そのうちゴーリキーやアレクセイ・トルストイら三十六人は三四年一月の第十七回党大会に向けて共同で四百ページもの大著『スターリン記念＝白海・バルト海運河／建設の歴史』なる本を書き、囚人がいかに再教育されたか、などを賛美した」(『素顔のゴーリキー／死の秘密』)

運河を完成させ、生き残った囚人たちは息つく暇もなく、次の「ボルガ・モスクワ運河」建設に重い体をひきずっていったのだった。

《白海・バルト海運河の壁がコンクリートになったのは六八年のことで、現在は限られた軍事目的以外、観光用にも使われていない》

若き妻の自殺――夫の独裁に疑念……悲劇を招く

ヨシフ・スターリンの二度目の妻、ナジェージダ(愛称ナージャ)・アリルーエワが胸を一発、短銃で撃ち抜いた〝自殺死体〟で発見されたのは、一九三二（昭和七）年十一月九日の早朝のことである。クレムリン内にあるスターリンの住居の彼女の自室に朝食を運んでいった家政婦のカロリーナ・チーリが、黒いパーティー用ドレスを着た前夜の姿のまま血まみれになってベッドの側に倒れ、手に小さな女性用のワルサー拳銃を握り締めたナージャを見つけた。ワルサーはナージャの実兄で実業家のパーベルがかつてドイツ土産として妹に贈ったものだった。前夜から銃声を聞いた者は誰もいなかった。

スターリンは妻の遺体発見時、ナージャの部屋から離れた食堂わきの小部屋で寝ていた。急報で妻の部屋に駆け込んだスターリンは、妻の命を奪ったワルサー銃を取り、動転した様子で「こんなちっちゃなオモチャのような銃で……、一年に一発しか撃てないような銃で……」と繰り返し、「私は悪い夫だった。彼女を映画館にも連れていってあげられなかった……」と涙ながらに嘆いた。

前夜、クレムリンの革命軍事会議議長、クリメント・ウォロシーロフの家で革命十五周年を祝う共産党幹部の晩餐会が催された。そこで〝事件〟が起きた。酔ったスターリンはパンを指先で丸め、それを同じテーブルに同席していた軍司令官エゴーロフの妻らにふざけて放り投げ始めた。スターリンは真向かいにいたナージャに「おい、お前も飲めよ」と声をかけた。「おい」と呼ばれたナージャは「私はあなたの〝おい〟じゃないわ」と言い返すなり、憤然として席を立ち、部屋を飛び出していった。すぐに人民委員会議議長（首相）のビャチェスラフ・モロトフの妻、ジェムチュージナが後を追い、二人はクレムリンの庭を散歩した。その後、モロトフ夫人は宴席に戻ったが、ナージャはそのまま自室に帰り、翌朝、死体で発見されたというのである。南ロシア、ツァリーツィンでの食糧徴発の真夏の夜、熱い愛を交わしてから十四年あまり。独裁者の妻は突如、三十一歳の若い命を自ら絶ち、二十二歳違いの夫との結婚生活は一瞬のうちに幕が下ろされた。

《ラリーサ・ワシーリエワ著『クレムリンの夫人たち』、エドワルド・ラジンスキー『スターリン』などから引いた。ナージャの死とその前後の真相については、今なお諸説が入り乱れ、謎に包まれたままである》

ツァリーツィンからモスクワに戻った一八年末、ナージャは革命政権指導者、レーニンの秘書となった。スターリンは最高機密に接し得る妻の立場を利用しようとした。ナージャはレーニンがその遺書（「大会への手紙」）で夫について「粗暴な男で、党書記長から解任すべきだ」と書いたことを知るが、党に忠誠を誓った妻は秘密を一切、夫には漏らさなかった。二四年一月のレーニン死後、専業主婦を嫌うナージャは雑誌「革命と文化」で働き始めたが、「家でも独裁者で気難しく、わがまま放題のスターリン」が「三日間も口をきいてくれない」ことなどが繰り返され、夫婦仲は険悪となった。二六年夏、五歳の長男、ワシーリーと生後半年の長女、スベトラーナを連れてレニングラードの両親の元へ逃げ帰ったこともある。

ナージャが政治に目覚め、夫の統治の実態に疑念を抱くようになるのは二九年九月、党員や労働者、農民のエリートたちが自分を再教育するモスクワの「工業アカデミー」に入学し、化学繊維について学び始めてからだ。当時、スターリンの強引な農業集団化でウクライナなどでは大量の餓死者が出ていた。大人の学生たちは、集団化に反対した農民が銃殺されたり、流刑になったりしている悲惨極まる情報を、農民の窮状に理解を示す指導者の妻に次々ともたらした。ナージャはそれをスターリンに話した。

スターリン「バカ、そんな情報は反革命宣伝の嘘っぱちだ」

ナージャ「でも、学生たちみんながそう言っていますよ」

スターリン「全員が、か」

ナージャ「一人だけ、あなたと同じで『嘘だ』と言っているわ」

その「一人」が、当時三十代前半のニキタ・フルシチョフだった。この時に初めてスターリンにその存在と信条を認められたフルシチョフは三五年、早くもモスクワ党委員会第一書記に抜擢され、出世の階段を駆け上っていく。

ナージャは夫の絶え間ない浮気の噂にも苦しんでいた。スターリンの方は、集団化に反感を抱いていた政治仲間のニコライ・ブハーリンが妻と公園を散歩しているのに嫉妬し、後ろから二人に近づいて「殺すぞ」と脅し、ブハーリンが真っ青になる一幕もあった。ナージャは夫の「正体」への疑念をますます深めて悩み、実姉に離婚を相談している。当時、夫が破壊、閉鎖していた教会に、妻は心の救いを求めて密かに通い始めていた。

《以上はボリス・バジャーノフ著『私はスターリンの秘書だった』より。ナージャは死の前夜、晩餐会の部屋を飛び出す時、出席者全員に向かって「私はあなた方が嫌い。こんな豪華な食事をしているけど、国民は飢餓で苦しんでいるのですよ」と叫んだとの説もある》

短銃自殺したスターリンの2番目の妻、ナジェージダ(「ロージナ」誌所有の古文書から)

スターリンは「独裁者の妻の自殺」を国家機密扱いにし、秘密警察を通じて非公式に「死因は虫垂炎の発作によるもの」との情報を流布させた。娘のスベトラーナは後に「母は父宛の遺書を確かに残していた。それを読んだ人の話では、とても恐ろしい内容で、個人的なことのほか、政治的な内容も書いてあった」と回想している。その遺書の存在、所在は今も藪《やぶ》の中だが、自殺だとすれば、夫への私的、政治的抗議だった可能性が高い。ナージャの死をめぐっては、夫の政治に深く介入し過ぎたことによる暗殺説もなお一部で消えていない。

赤の広場の中央執行委員会（現在はグム百貨店）で営まれた葬儀でスターリンは妻の柩《ひつぎ》の前で「お前を守ってやれなかった」と涙を流した。（モロトフの回想）

ナージャは後にフルシチョフも埋葬されることになるノボジェービチ墓地に葬られた。晩年スターリンはモスクワ郊外の「近い別荘」にナージャの大きく引き延ばした写真を二枚掲げて見入っていたという。

キーロフ暗殺——政敵は「人民の敵」にされた

ヨシフ・スターリンが妻、ナジェージダの自殺後の一九三三（昭和八）年、モスクワ郊外に建てさせた通称「近い別荘」に「キーロフの部屋」がある。「親友」の党政治局員兼レニングラード党委員会第一書記、セルゲイ・キーロフと夫人のためにしつらえた客室だ。キーロフはしかし、今も真新しいベッドが二つ並んだままのこの部屋に、一度も泊まることなく非業の死を遂げる。

三四年十二月一日午後四時十七分、キーロフはかつてのロシア革命本部、レニングラードのスモーリヌイ宮（レニングラード党本部）内の執務室に通じる細い廊下で、待ち伏せていた三十歳の党員、レオニード・ニコラーエフに後頭部を銃撃され、即死した。四十八歳だった。キーロフに常にピタリと寄り添っていた身辺警護のボリソフは、なぜかこの瞬間に限って、かなり遅れて後方を歩いていた。

「キーロフ死す」の急報にスターリンは翌早朝、特別列車でレニングラード駅に着くと、出迎えの秘密警察機関「国家保安部」（内務人民委員部に所属）のレニングラード支部長官、フィリップ・メドベージの横面を張り飛ばした。「党要人の命を守れなかった」ことへの怒りの表明、と周囲には映った。

スターリンは極めて異例なことに自ら犯人を取り調べた。ニコラーエフは素直に犯行を認めたが、「なぜだ」と問い詰めると、「どうして私に聴くのですか」と独裁者の背後に立っていたメドベージの部下のイワン・ザポロージェッツを指さし、「彼らが私にやらせた。党と国家のために必要だと言われたんだ。四カ月間もキーロフ暗殺を説得されたのです」と答えた。

この瞬間、スターリンは怒りで真っ青になった。調べが終わるや、側にいた内務人民委員（内相）のゲンリフ・ヤーゴダを「クソ野郎」と怒鳴り上げた。さらに「護衛のボリソフを呼べ」と命じたが、ボリソフはトラックの荷台に数人の男たちと一緒に乗ってスターリンの元に向かう途中、交通事故で死亡する。「軽い事故だったのに彼だけが死んだ。事故の瞬間、荷台では石かバールの様な物で誰かが殴られるような音がした」（後にトラックの運転手が語った証言）

《以上はアレクサンドル・オルロフ著『スターリンの犯罪／秘密の歴史』、アントン・アントノフ＝オフセエンコ著『素顔のスターリン』から引いた。スターリンの直接尋問のやり取りの内容は、いずれも著者が当時を知る周辺の関係者から聴取したもので、尋問の公式記録はない。ニコラーエフの証言が事実なら暗殺の背後に内務人民委員部がいたことは明白だ。スターリンがヤーゴダに悪態をついたのは、口封じさせたはずのニコラーエフが簡単に「秘密警察に指示された」と暴露してしまったからだ、との見方が強い。となると、スターリンが直接、暗殺指令を下していた疑いが濃厚となるが、それを証明する記録も残されていない》

キーロフ(右)とスターリン(『スターリン小伝』から)

スターリンは三四年一月の第十七回党大会を「勝利者の大会」と名付け、報告演説で「工業化と富農撲滅・全体的集団化が勝利した」と「一国社会主義の勝利」を宣言した。既に最大の政敵、レフ・トロツキーは国外追放し、トロツキーと反スターリン連合を組んだグリゴリー・ジノビエフ、レフ・カーメネフも党中央から排除していた。しかし、スターリン称賛の嵐の舞台裏では、反対勢力がまだ根強く幅をきかせていることも証明された。

新中央委員選出の秘密投票で、大会代議員千二百二十五人のうち、約四分の一の二百九十二人がスターリンに反対票を投じたのだ。古参党員たちはレーニンがその遺書の中で「粗暴なスターリンを書記長から解任すべきだ」と書いたことを覚えていた。集票係から密かに投票結果を知らされたスターリンは「キーロフへの反対票は何票だ」と真っ先に問い、それがわずか「三票」と分かると「わしの反対票も三票にしろ」と強引に票を改竄《かいざん》させた。

古参党員らがセルゴ・オルジョニキーゼの自宅で密議をこらし、「我慢ならぬスターリンに代わって、キーロフに書記長になってほしい」と要請したとの噂があり、スターリンは選挙の直前、キーロフに「本当か」と問いただしている。キーロフは「はい。でも私は断りました」と答えた。さらに新中央委員の選出後の総会で、スターリンはキーロフを党中央委書記に推薦、彼が圧倒的な人気を誇ったレニングラードから引き離そうとした。キーロフは当初、頑強に拒否したが、最終的には受諾することになる。

この中央委総会後、キーロフは妻のマリーヤらに「私の頭はもはや断頭台の上にある。私は殺される」などとスターリンへの恐怖の念を漏らしている。事実、その後のクレムリンでの政治局会議でスターリンは「レニングラードには〝人民の敵〟が多すぎる。キーロフ同志は自分の立場を強化するため、彼らに柔軟な対応をとっている」と非難することが多くなった。

キーロフが暗殺される十年前、スターリンは自著『レーニンとレーニン主義について』をキーロフに進呈する際、「私の友人、大好きな兄弟へ」としたためた。家族ぐるみで黒海沿岸で休暇を過ごす仲だった。だがキーロフは急速に独裁者を脅かす存在として台頭し、関係に亀裂《きれつ》が入りつつあった。(『素顔のスターリン』など)

一方で、キーロフはレニングラードでバレリーナらと浮名を流し、暗殺者ニコラーエフの妻で執務室の食事係を務める愛くるしい女性、ミルダ・ドウエルも愛人の一人と噂されていた。暗殺に内務人民委員部が糸を引いていたとすれば、ニコラーエフは妻とキーロフの不倫をエサに嫉妬心をたき付けられ、暗殺決行を受諾した可能性が強い。(パーベル・スドプラートフ著『特別作戦』)

キーロフ暗殺がスターリンの周到に練り上げた陰謀だったのか否か。確かなのは、スターリンが政敵を一掃する政治的大謀略の号砲としてこの事件を巧みに利用したことだ。独裁者は事件当初から秘密警察の反対を押して「犯人はジノビエフ派から探し出せ」と命じ、その通り、暗殺からわずか十五日後の十二月十六日、突然、ジノビエフとカーメネフが逮捕されたのだ。ニコラーエフも拷問の末、「ジノビエフ派の犯行」を自供したのだった。

「甘美な復讐」論──準備し、抹殺し、安心して寝る

「わしの人生最大の楽しみは、敵を暴き、十分に準備して復讐《ふくしゅう》し、それから安心して

寝ることだ」

ヨシフ・スターリンはレーニンが廃人同然となり、全権奪取に野心を燃やしていた一九二三（大正十二）年、国家政治保安部（GPU＝秘密警察）長官、フェリクス・ジェルジンスキーらとの酒席で将来の大テロルを予言するかのような不気味な台詞《せりふ》をワイン片手に披露している。この言葉は取り巻きの間で密かに「甘美な復讐」論と呼ばれて広がった。（ロバート・タッカー著『スターリン／権力への道』）

スターリンの大粛清で特筆すべきは、その出発点としてナチス・ドイツのアドルフ・ヒトラーの影が認められる点だ。

「（セルゲイ・キーロフ暗殺がスターリンの陰謀だったとすれば）ヒトラーが三四年六月以降、当時の最大の政敵でナチス突撃隊（SA）幕僚長、レームとその一味を大量虐殺した謀略をモデルにした疑いが濃厚である」（アントン・オフセエンコ著『素顔のスターリン』）

スターリンは政治的ライバル、盾ついた者、自分の過去や粛清の秘密を知る者、恥をかかせた者……のリストを類いまれな記憶装置の中に刷り込み、じっと「その時」を待ち、最後には「人民の敵」「トロツキスト（トロツキー主義者）」に仕立て上げてこの世から消し去った。そのやり方による最初の大物犠牲者がかつてレフ・トロツキーと結託して独裁者に刃向かったグリゴリー・ジノビエフとレフ・カーメネフだった。

スターリンは二人をトロツキー（二九年国外追放）とともに二七年に党から除名した後、第十七回党大会（三四年一月）直前の三三年十二月、党員に返り咲かせた。党大会で独裁者にひれ伏させ、「お侘び演説」をさせるのが目的だった。大会後、ジノビエフには雑誌「ボリシェビキ」編集部員、カーメネフには「文学研究所」所長のポストが与えられた。

その頃、ソ連社会の表面では、ジャズやテニスなどが解禁されて一時的な「雪解け」現象が見られ、米紙「ボルティモア・サン」は三四年十一月、「赤いロシアがピンクになった」と書いた。スターリンは粛清の嵐の前には必ず、凪《なぎ》の季節を作り、敵に心理的な武装解除をさせる演出も得意としていた。

雪解けの季節は三四年十二月一日のキーロフ暗殺で暗転する。時機到来とばかり、スターリンは「反革命陰謀をたくらむジノビエフ派の犯行」と決めつけてジノビエフ、さらにはカーメネフを逮捕。翌年三五年に入ると、今度は「スターリン暗殺の陰謀が発覚した」とする「クレムリン事件」をでっち上げ、その首謀者をカーメネフと決めた。三六年七月二十九日、党中央委秘密書簡は「ジノビエフ派はトロツキー派と連合して他のテロル活動をも策謀し、政府転覆陰謀を行っていたことが暴露された」と断じ、同年八月十九日から六日間、大規模な公開裁判の第一弾（通称・第一次モスクワ裁判）が開かれた。

第二次大戦後、外相となる検事総長のアンドレイ・ビシンスキーは裁判でジノビエフらを「狂犬ども」とののしり、心理的な圧力で「犯行」を自白していたジノビエフとカーメネフは他の十四人とともに死刑判決を受け（それまで二人は懲役十年だった）、判決翌日の八月二十五日に即刻、銃殺された。

最期の時、銃殺兵の前に立たされて、二人はこんなやり取りを交わした。

ジノビエフ「これはファシスト（スターリンを指す）のクーデターではないか」

カーメネフ「グリーシャ（ジノビエフの愛称）、やめないか。黙れ。威厳を持って死んでいこう」

ジノビエフ「いやだ。（イタリアのベニト・ムソリーニも全く同じようにやった。奴は社会主義党の側近を抹殺して権力を奪った。ここ（ソ連）でも（スターリンが）ファシスト・クーデターをやったとしか言いようがない」（『素顔のスターリン』）

独裁者はその手のひらの上で長年、加虐的にもてあそんできたジノビエフとカーメネフを遂に葬り去った。二人への復讐は終わった。この銃殺には監視役として国防人民委員（国防相）、クリメント・ウォロシーロフや内務人民委員（内相）、ゲンリフ・ヤーゴダ、スターリンの警備隊長、パウケルらが立ち会った。かつて劇場に勤めていたパウケルはその後何度かスターリンの前で「警備兵に肩をもたれ、足をひきずりながら処刑場に引かれていくジノビエフが『お願いだ。同志。スターリンを呼んでくれ』と叫ぶ場面」を演じ、独裁者は「狂ったように笑った」。スターリンが笑ったのは、パウケル自身の運命を知っていたからだった。

《エドワルド・ラジンスキー著『スターリン』などから引いた。ヤーゴダもパウケルもその後、銃殺》

レフ・カーメネフ

スターリンはキーロフ暗殺の報をまるで待ち構えていたかのように、現場のレニングラードに急行する前のわずか数時間で「中央執行委員会・人民委員会議決議」草案を自らの手で書き上げている。「テロ組織と要人テロ行為に関する審理は十日間以内に完了し、控訴と恩赦は認めない。死刑は即刻、執行する」。これが骨子だった。

《ジノビエフらの処刑はこの決議に従った。カーメネフの妻でトロツキーの妹、オリガ、息子のサーシャも四一年までに処刑。弟夫婦とトロツキーの息子、セルゲイも粛清。クレムリン事件では、自殺したスターリンの妻、ナジェージダの親類の党中央委書記、アベル・エヌキーゼも粛清された。

これに先立ち、キーロフ暗殺の実行犯、レオニード・ニコラーエフら十四人は三四年十二月二十九日早朝に死刑判決が下され、一時間後に銃殺された。ニコラーエフの一族郎党もごっそり処刑され、キーロフの愛人と噂されたバレリーナらまで収容所送りとなった。ジノビエフ派の事件に絡んで三五年の後半だけでも実に二十五万人の党員が追放、粛清された》

スターリンは三五年四月、実質的に「十二歳以上の子供にも銃殺刑を適用できる」とした決議も自ら編み出して公布した。その年の夏、モスクワを訪れたフランスの文豪、ロマン・ロランに聞かれたスターリンは「少年犯罪の撲滅には致し方ない。教育的な意味があるのですよ」と説明している。（アレクサンドル・ヤコブレフ著『十字架の氾濫《はんらん》』）

大粛清がピークを迎える「一九三七年」は目前に迫っていた。

一九三七年——古参党員は血の臭いを嗅いだ

ロシア革命二十周年の一九三七（昭和十二）年が明けると、ヨシフ・スターリンの元には、八年前に国外追放したレフ・トロツキーが三六年にノルウェーで書いた『裏切られた革命』が秘密警察によって届けられた。ある夜、スターリンは公然とクーデターを呼びかけたこの著作を一気に読んだ。

「怒りが煮えたぎる思いだった。機は熟した……。あらゆる犠牲を払ってもトロツキーを政治の舞台から排除し……国内では独裁の潜在敵となる者を一人残らず根絶せねばならない……」。スターリンはこの確信を一段と強くした。（ドミトリー・ボルコゴーノフ著『スターリン』）

既に三六年九月、粛清に二の足を踏んでいる気配が見えた内務人民委員（秘密警察のトップ）のゲンリフ・ヤーゴダを更迭、その後任にニコライ・エジョフを据えた。スターリンの操り人形となったエジョフの直接指揮下で断行された大粛清は「エジョフシチナ（エジョフ体制）」と呼ばれた。

エジョフの内務人民委員部は数十万の武装兵を持つ巨大な軍に変身、特務要員は全国のほとんどの企業や役所、施設に浸透し、網の目のような密告体制が確立された。

都内にも二重、三重の監視網が張り巡らされた。大量逮捕に備えて全国の収容所、監獄からは一人用寝台が運び出され、多人数用の板寝床が搬入された。（アレクサンドル・ソルジェニーツィン著『収容所群島』など）

三七年の大テロルの「幕開け」はかつてトロツキーを支持していた重工業人民委員部次官、ユーリ・ピャタコフらを被告とする一月二十三日からの公開裁判（第二次モスクワ裁判）だった。ピャタコフは一度も行ったことがないノルウェーで「トロツキーと密会した」との濡《ぬ》れ衣《ぎぬ》を着せられ、他の十二人とともに銃殺刑を宣告された。トロツキー派随一の論客とされたカルル・ラデックは死刑は免れたが二年後に獄死する。

二月十八日夕刻、クレムリン内で銃声が響いた。スターリンと同じグルジア人で住まいも隣り合わせだった重工業人民委員、セルゴ・オルジョニキーゼが自宅の寝室で心臓を撃ち抜いて自殺したのだ。独裁者の妻、ナジェージダが短銃自殺して四年三カ月、クレムリンはまたも血に染まった。動転したオルジョニキーゼの妻、ジナイーダは緊急電話で駆けつけたスターリンに「私のセルゴを、党のセルゴを守ってやれなかった」と食ってかかるように言った。

スターリンは「黙れ、バカ」と怒鳴りつけ、「あんな予想外の病気でなぁ」と呟《つぶや》いた。そう言いつつ、急報で飛んできた党機関紙「プラウダ」のカメラマンには「親友」の遺体の前で他の政治局員、遺族らと一緒に沈痛な表情でたたずむ悲劇の指導者を装った写真を撮らせ、新聞に掲載させた。公式の死因は「心臓発作」と発表された。

オルジョニキーゼは部下のピャタコフが三六年九月に逮捕され、次いで実兄のカフカス鉄道政治部長、パプリイも逮捕されるとスターリンに再三、怒鳴りまくり、根拠なき粛清に抗議していた。スターリンは「あれ（内務人民委員部）はそういう機関だ。わしの家も捜索されるかもしれんよ」と、粛清が自分のあずかり知らぬところで実行されているように装った。スターリンは一連の粛清劇の中で、希代の名役者でもあった。（アントン・オフセエンコ著『素顔のスターリン』など）

ニコライ・エジョフ

《オルジョニキーゼ一族は結局、その大半が粛清された。ジナイーダは後に死ぬ間際、古参党員らを集め、「オルジョニキーゼは部屋に押し入ってきた六人組の男に射殺された」と語ったが、暗殺を裏付ける直接の記録はない》

「途方もない流血の臭いがする。私とアレクセイ・ルイコフ（レーニンの後任の人民委員会議議長＝首相）、

ブハーリン

その他の人々も逮捕されるだろう」。政治仲間の相次ぐ処刑に自らの運命を悟り、おびえていた人物がいた。党内切っての理論家、ニコライ・ブハーリン。かつて新経済政策（ネップ）を推進、スターリンの農業集団化を批判して「右翼反対派の指導者」の烙印《らくいん》を押され、二九年にルイコフらとともに政治局を追われながら、自己批判して三四年から政府機関紙「イズベスチヤ」編集長として復帰していた。

「三七年」の主役となるブハーリン、ルイコフらはグリゴリー・ジノビエフ、レフ・カーメネフらを断罪した第一次モスクワ裁判、そして第二次裁判でも名前が挙がり、ブハーリンは三六年末から三七年初めにかけ、スターリンに何度も「私の精神状態は生死のはざまにある。私は（冤罪《えんざい》をでっち上げようとしている）ろくでなし、卑劣漢どもに殺されようとしている」などと書き送って許しを請うた。しかし、スターリンは両裁判でかつての仲間がブハーリンを攻撃した供述書を新年の挨拶代わりに送り付けた。

ブハーリンはオルジョニキーゼの死から五日後に開幕した党中央委総会に「ヒゲは伸ばし放題、着古した背広で、臭う死体のような姿」で現れた。

開幕前、「冤罪が取り消されない限り総会には出ない」とハンストを続け、クレムリンの住居からも追い立てを食らったのだ。総会はブハーリンとルイコフの吊るし上げ集会然となり、ブハーリンが演説で「分かってほしい。私の今の生活はあまりに辛い」と訴えると、スターリンは「では、我々の生活は楽だというのか」と野次を飛ばすなど百回近くも話を妨害した。

総会は三月五日、「ブハーリンとルイコフを党から除名して逮捕すべきだ」との決議を採択、二人は直ちに逮捕された。

ブハーリンとラデックは三六年十二月五日に採択された新ソ連憲法（通称・スターリン憲法）作成の中心人物だった。言論の自由、普通・秘密選挙、立法・裁判の独立などの美辞麗句を並べ立て、「世界で最も民主的」と言わせた憲法が完成した途端、スターリンは能力を絞り取り、用済みとなったブハーリンらの名を死刑台に送るリストに刻んだのだ。（バジム・ロゴービン著『一九三七年』など）

ブハーリン、ルイコフらは三八年三月の第三次モスクワ裁判で処刑された。

死のベルトコンベヤー——銃殺にもノルマが課せられた

「クラーク（富農）や刑法犯で収容所や流刑先から戻った者がまたも反ソビエト活動

に関与している。敵対者を逮捕し、即刻、銃殺せよ。五日以内に第一カテゴリー『銃殺予定者』、第二カテゴリー『収容所送り予定者』のリストを提出のこと。トロイカのリストも提出」

一九三七（昭和十二）年七月、ヨシフ・スターリンは党政治局命令としてソ連全土の地方の党委員会、内務人民委員部宛に緊急電報を打った。地方ごとに「基本ノルマ」も課した。

《トロイカ（三頭立て馬車）は、地方の党委第一書記が主宰し、検察と内務人民委員部の長と三人だけで正式の裁判も被告も弁護士も抜きで即決判決を行う機関。早い時はたった十分の〝審理〟で銃殺を決めた》

地方の反応は早かった。数週間の内に銃殺予定者のリストが続々とクレムリンに送られ、第一カテゴリー＝七万二千九百五十人、第二カテゴリー＝二十五万九千四百五十人に達した。スターリンは連日、パイプをくゆらせつつ全リストを点検し、裁可を下していった。

八月に入ると、御身大事でスターリンにおべっかを使う地方のボスたちは競い合うように基本ノルマの拡大を要求、十二月半ばまでにリストの追加者数は、第一＝二万二千五百人、第二＝一万六千八百人に、三八年一―八月には追加者数だけで、第一と第二の合計十四万七千二百人にものぼった。

中央アジア・トルクメンでは、三七年八月から三八年九月までの約一年間に「銃殺」と「収容所送り」になった者は合計で一万三千二百五十九人と基本ノルマのほぼ二倍の超過達成を記録した。リストを送った地方のボスたちもまもなく「リスト上の人」となっていく。

果てしなき死の連環である。

「同志スターリンへ／名簿四部を送付します／一般三百十三人▽元軍関係者二百八人▽元内務人民委員部職員百三十四人▽人民の敵の妻十五人。全員に銃殺刑のご裁可をお願いします＝ニコライ・エジョフ（内務人民委員）／三八年八月二十日」

「承認／八月二十日＝スターリン、モロトフ（人民委員会議議長＝首相）」

三八年十一月十二日、スターリンは一度に三千百六十七人もの銃殺を裁可している。

《以上はオレグ・フレグニュク著『政治局』掲載の資料などによる》

逮捕に忙しい内務人民委員部の「バラノク」と呼ばれる暗緑色の小型トラックが夜ごと街を走り回り、兵は休みなく引き金を引き、全国の収容所は瞬く間に満杯となった。トラックは「精肉」「牛乳」などの運搬車にカムフラージュされていた。スターリンが「人民の敵」という打ち出の小槌を振るうと、粛清予備軍がベルトコンベヤーのように次々と運ばれてくるのである。

《ドミトリー・ボルコゴーノフ著『スターリン』によると、スターリンが「人民の敵」という概念を会得したのはシベリア流刑中に独学したフランス革命の立役者、ロベスピエールの「人民の敵はテロで統御すべきである」との主張からだ》

スターリンは親族にも情け容赦なく鉄槌《てっつい》を下す。短銃自殺した妻、ナジェージダの実姉、アンナの夫でウクライナ内務人民委員部の要員だったスタニスラフ・レデンスを三七年に逮捕した（四〇年銃殺）。アンナとナジェージダの実兄パーベルの妻、エフゲニヤ、それにスターリンの最初の妻エカテリーナの甥、ジョンリードの三人はいずれも戦後の四八年に収容所送りとなった。

当時二十二歳の長女、スベトラーナが「なぜ、私のおばちゃんたちを逮捕するの」と聞くと、父は「あいつらはしゃべり過ぎたのだ」と答えた。パーベルは三八年晩秋、休暇を終えて勤務先の国防人民委員部（国防省）機甲局に顔を出すと、粛清で仕事部屋の中がほとんどもぬけの殻と化しており、驚きと恐怖のあまり、その場で心臓発作を起こして死亡した。各省庁でも幹部が櫛《くし》の歯が欠けるように次々と姿を消していった。（スベトラーナ著『友人への二十通の手紙』）

クレムリンを対岸に見渡すモスクワ川沿いに「河岸の家」と呼ばれる十一階建ての巨大な高級住宅がある。三一年に建設された党・政府幹部と高級官僚専用の住居で、要人粛清の象徴となったアパートだ。内務人民委員部の秘密統計によると、ここの住民千二百人の半数に相当する五百六十九人が粛清の標的となり、うち二百二十六人が銃殺された。この中に農民弾圧に辣腕《らつわん》を振るい、赤軍参謀長も務めたミハイル・トハチェフスキーがいた。粛清は軍最高首脳にも波及したのである。

モスクワ川沿いの「河岸の家」（斎藤勉撮影）

イオーナ・ヤキール

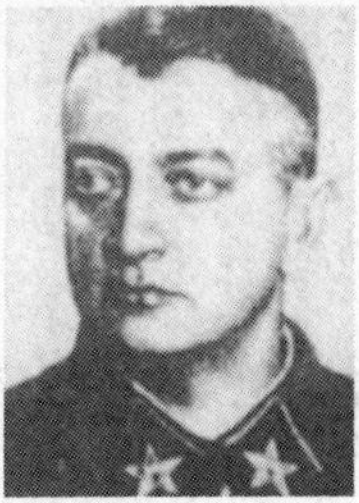
ミハイル・トハチェフスキー

「軍事トロツキスト陰謀が発覚し根絶された。トハチェフスキー、ウクライナ軍管区司令官イオーナ・ヤキール、フルンゼ陸軍大学長アブグスト・コルク、白ロシア軍管区司令官イエロニム・ウボレービチら八人を首謀者とするこの陰謀組織はトロツキーとドイツ国防軍参謀本部の命令で

三二、三三年頃結成され、テロと破壊活動、クーデター、資本主義復活を準備していた」

三七年六月十一日、党機関紙「プラウダ」紙上に、突然、こんな政府声明文が掲載された。八人はナチス・ドイツのスパイだったというのだ。翌日、八人は秘密軍法会議での死刑判決後、即刻、銃殺に処された。

トハチェフスキーは五月十日、国防人民委員部第一次官から突如、ボルガ軍管区司令官に左遷され、着任して三日目の五月二十二日、表敬訪問した現地のクイブイシェフ州党委第一書記、ポストィシェフの執務室の待合室で逮捕された。ポストィシェフも三八年に銃殺される。フルシチョフ時代に発見されたトハチェフスキーの尋問調書は赤茶けたシミで汚れていた。スターリンが「政治局秘密決定」として三七年に容認した拷問による血痕《けっこん》だった。

ヤキールは銃殺の直前、スターリンに次のような手紙を送った。「私は完全に後悔しています。……私は共産主義の勝利を信じ、国家、党、あなたに愛の言葉を投げかけながら死んでいきます」。その手紙の余白にスターリンは「ろくでなしめ。売春婦」と走り書きし、その下にはウォロシーロフが「全くごもっとも」、カガノービチが「悪党、ひとでなし」と主人へのおべっかのメモを書き込んだ。（ウラジーミル・

カルポフ著『銃殺された元帥たち』）

軍の一連の粛清は全国に及び、司令官レベルだけでも三万五千人にのぼった（パーベル・スドプラートフ著『特別作戦』）。これが四一年六月の独ソ戦での緒戦の大敗北につながったのである。

越境の崇拝者――汚名着せられ、異国に果てた

一九三九（昭和十四）年六月二十日、著名な演出家、フセボロード・メイエルホリド（当時六十五歳）がレニングラードで突然、暴力的に逮捕された。「二十世紀の大演出家は肋骨《ろっこつ》を折るほどに蹴られ、血みどろで転がった彼の顔に取調官が放尿した」（エドワルド・ラジンスキー著『スターリン』）

容疑は「日本のためのスパイ活動」だった。その二十五日後、妻で女優のジナイーダ・ライフも自宅アパートで全身をめった刺しにされて暗殺された。

《メイエルホリドは能や歌舞伎を芝居の原点とした演劇論で知られ、日本に強い関心を寄せていた。ヨシフ・スターリンは当時、西のアドルフ・ヒトラーと東の日本軍国主義による挟撃の悪夢に脅えていた》

メイエルホリドの「罪状」を自供したのは一人の日本人だった。「恋の逃避行」として有名な越境劇の主役の一人、演出家で共産党員の杉本良吉である。三八年一月三日、当時三十一歳だった杉本は、女優の岡田嘉子（当時三十五歳）とともに雪の樺太から憧れの社会主義国・ソ連に決死の越境を果たした。二人は杉本の軍隊召集を恐れ、メイエルホリドとその下で勉強中だった演出家、佐野碩や土方与志らを頼ってソ連に渡ったのだが、すぐに「スパイ容疑」で逮捕され、別々に拘束されて尋問を受けた。

最初、「スパイ」の自白を強要された岡田の供述書が杉本に示され、杉本は拷問の末、「私は日本の参謀本部から派遣されたスパイで、目的はメイエルホリドと連絡を取って破壊活動――例えば劇場を訪れるスターリンへのテロ――を行うことだった。佐野と土方もスパイで、彼らとも連絡をつける必要がある……」などと嘘の自白をするに至った。杉本は三八年十月、内務人民委員部への手紙で供述を撤回したが、無視された。佐野と土方は既に三七年夏に国外追放され、杉本らが「自白」した当時、ソ連にはいなかった。

結局、杉本は三九年十月二十日に銃殺、メイエルホリドも「トロツキスト組織に参加し、（粛清された古参革命家）ブハーリンらと親しい関係を持ち、日、英、仏、リトアニアのためにスパイ活動を行った」として四〇年に銃殺された。

八九年四月、杉本の死の真相を知らされた岡田は「杉本はスターリンを神のように思っていた。どんな気持ちで銃殺に臨んだかと考えると胸がつまります。もっと早く、真相が知りたかった」と話している。

《以上はゴルバチョフ時代のペレストロイカ（再編）期に最も人気があった「アガニョーク（灯）」誌八九年第十四号などから引いた。同誌が報じるまで杉本は「獄死」とされていた。日本では五二年まで二人の生死は不明だったが、岡田はシベリアの収容所で約四年間を過ごした後、モスクワ放送のアナウンサーとなり、同僚の滝口新太郎と結婚、スターリン死後の五四年になってやっと念願のモスクワ国立演劇総合大学に入学している。滝口の死後、その遺骨を抱いて七二年、日本に一時帰国したが、その後もソ連にとどまり、九二年二月十日、モスクワのアパートで八十九歳の生涯を閉じている》

岡田嘉子

杉本のほか、三七年から戦中にかけてソ連で粛清された日本人は、須藤政雄（銃殺）▽前島武夫（逮捕後、行方不明）▽ヤマザキ・キヨシ（銃殺）▽伊藤政之助（逮捕後不明）▽国崎定洞（銃殺）▽山本懸蔵（銃殺）▽寺島儀蔵（逮捕後、釈放）▽野坂竜（逮捕後、釈放）▽照屋忠盛（逮捕後、釈放）▽箱守平造（銃殺）――らざっと三十人を超える。（加藤哲郎著『モスクワで粛清された日本人』）

国際共産主義組織「コミンテルン」や国際赤色労働組合、その他の仕事でソ連に渡り、「スパイ容疑」で断罪された人が多かった。三七年前半以降、ドイツ、フランス、スペイン、ポーランド、ハンガリー、ユーゴスラビア、バルト三国、メキシコ、トルコ、イラン……などから来ていた共産党員たちの粛清もとめどなく続いた。大粛清は外国人にも及んだのである。

三九年九月一日、ヒトラーが西方からポーランドに侵攻して第二次大戦が火を噴くや、スターリンも独ソ不可侵条約の密約に基づいて東方からポーランドに軍を進め、ロシア帝国の領土だった西ウクライナと西ベラルーシをあっさりと奪回した。この過程でソ連軍は二万五千人を超す大量のポーランド将兵を捕虜にした。これが後に「カチンの森」事件として国際的な論議を呼ぶポーランド兵の大規模粛清の契機となる。四〇年三月五日、内務人民委員（内相）、ラブレンティ・ベリヤはスターリン宛に「厳秘」と記した「ポーランド兵銃殺承認要請書」を送っていた。そこには「内務人民委員部の軍事捕虜収容所とウクライナとベラルーシの西部各州の監獄には、ポーランド軍の元将校、元警察官、元スパイ、元ポーランド民族反革命メンバーらが収容されている」と報告した上で、スパイや警察官、軍人は階級別に仕分けし、銃殺人数を明記したリストがあった。この表紙にスターリンは「ザ（承認）」とメモを走らせて署名した。

五九年三月三日、当時の国家保安委員会（KGB）議長、アレクサンドル・シュレーピンが党第一書記のニキタ・フルシチョフにこのベリヤ報告書の内容を説明した手書きのメモが残っている。それによると、「銃殺されたポーランド兵は合計二万千八百五十七人で、内訳はスモレンスク州近郊のカチンの森＝四千四百二十一人▽ハリコフ近郊のスタロベルフスキー収容所＝三千八百二十人▽カリーニン州オスタシコフスキー収容所＝六千三百十一人▽西ウクライナと西ベラルーシの収容所と監獄＝七千三百五人」となっていた。（ソ連共産党中央古文書館所蔵の秘密古文書）

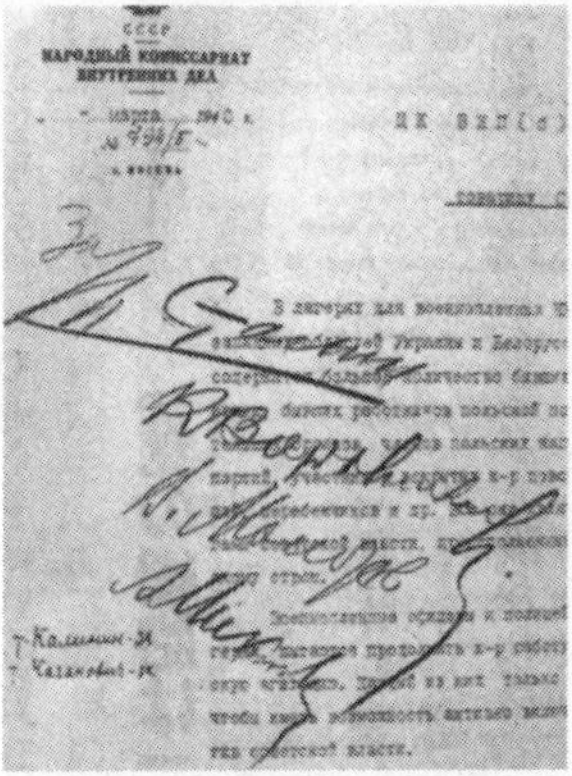
СССР
НАРОДНЫЙ КОМИССАРИАТ
ВНУТРЕННИХ ДЕЛ

「カチンの森」のポーランド将兵銃殺要請書。一番上に「承認スターリン」とある。下へ順にウォロシーロフ、モロトフ、ミコヤンの署名

四三年四月、ソ連に侵入していたド

イツ軍はカチンの森で四千人を超えるポーランド将兵の虐殺死体を発見したと発表する。しかし、スターリン指導部は四四年、「特別委員会」を組織し調査した結果だとして「ドイツ軍による犯行」とヒトラー軍に罪をかぶせた。

ソ連当局が「ソ連秘密警察の仕業だった」と公式に謝罪するのは、ゴルバチョフ・ソ連大統領の九〇年四月のポーランド訪問を待たねばならなかった。しかし、現実には、カチンの森の犠牲者もスターリン粛清の一部にすぎず、その四倍ものポーランド将兵がソ連各地の収容所、監獄で銃殺されていたのだった。

粛清総括——「党の細胞は一新された」

ヨシフ・スターリンが還暦を迎える一九三九（昭和十四）年の二月、ボリショイ劇場では帝政ロシアのツァーリ（皇帝）が愛好したミハイル・グリンカ作曲のオペラ『皇帝に捧げし命』が上演された。貴賓席のスターリンは帝政時代の歌詞に自ら手を加えて「栄光あれ、我がルーシ（ロシア人）に」と変更した歌に、新たなツァーリになったような満足さで聴き入った。

その二カ月後、大粛清の下手人たちの最高統括者だった男が、今度は粛清の犠牲になった。前年十一月まで内務人民委員を務めていたニコライ・エジョフである。スターリンが口述する粛清指令を一字一句メモ帳に書き取り、「血に飢えたこびと（身長一五四センチの小柄だった）」とまで言われた忠僕の容疑は「ドイツとポーランド、日本などの情報機関と結託し、クーデターの陰謀まで計画していた」ことだった。エジョフ自身が無数の人々を死刑台に送ったのと同じ容疑である。

連日の銃殺に疑心の塊と化していたエジョフは自分の妻まで毒殺していた。エジョフは四〇年二月、スターリンの名を唱えながら銃殺台に立った。（エドワルド・ラジンスキー著『スターリン』、オレグ・フレブニュク著『政治局』など）

エジョフの死で峠を越した大粛清だったが、その渦中では政治家ばかりでなく各界の著名人も多数が消えていった。詩人のオシプ・マンデリシュタムはスターリンの意に染まぬ詩を書いたとして三八年のメーデーの祝日に逮捕され、獄中でチフスにかかって息絶えた。フルシチョフ時代に『ドクトル・ジバゴ』でノーベル文学賞に選ばれる（政権側の圧力で受賞を辞退）ボリス・パステルナークや、長編小説『静かなドン』で知られるミハイル・ショーロホフ（六五年にノーベル文学賞）らは逮捕が噂される中で何とか粛清を免れたが、暗殺と疑わしい怪死を遂げた人物も多い。

その筆頭がスターリンの広告塔となって収容所や、地獄の囚人労働で完成した運河などを礼賛してきた作家のマクシム・ゴーリキーだ。

三五年五月、当時、世界でも有数の巨大さを誇った旅客機「マクシム・ゴーリキー」号がモスクワ郊外で謎の墜落をする。別の小型機がゴーリキー号の主翼の周りを回転する曲芸のような飛行をして両機が接触したのが原因とされた。

これが粛清の警告だったのか、ゴーリキーはその約一年後の三六年六月一日、子息の墓参りの直後に発熱と呼吸困難に襲われ、十八日未明、六十八歳で死亡した。内務人民委員だったゲンリフ・ヤーゴダは三八年に銃殺される前の裁判で「ゴーリキーは毒殺された」と暴露している。（バジム・バラーノフ著『素顔のゴーリキー／死の秘密』）

レーニンの妻、ナジェージダ・クループスカヤは三九年二月二十六日の七十歳の誕生日にスターリンからケーキを贈られた。それを招待客と一緒に食べた後、彼女だけが「中毒症状」にかかり、翌早朝、死亡した。モスクワの街には「毒殺された」との噂がぱっと広まった。クループスカヤはレーニンの死後、表向きスターリンの集団化政策などを支持してきたが、ある時、彼女の専門だった教育政策で意見が対立、スターリンは「黙った方がいい。明日は別の女性をレーニンの未亡人にしてしまうぞ」と凄《すご》んだことがあった。（ラリーサ・ワシーリエワ著『クレムリンの夫人たち』）

著名な精神科医、ウラジーミル・ベレチェレフは二七年十二月、「スターリン同志の左手がおかしい」と言われて往診にかけつけ、「パラノイア（偏執病）です」との診断を密かにクレムリンの医師に告げたその晩、ボリショイ劇場での食事後に突然の激しい腹痛で急死している。（ニコライ・ゼンコービチ著『首領と側近者たち』）

モスクワの〝野外美術館〟にある粛清された人々の石像（斎藤勉撮影）

「社会主義が成功すれば成功するほど、階級闘争はそれだけ激しくなる」「鉄橋建設には数千人が必要だが、その破壊には数人いれば足りるのだ」──。大粛清の入り口でありピークともなった三七年二月の党中央委総会で、独裁者は〝粛清の論理〟をこうぶち上げた。

大粛清をスターリンの右腕となって謀議、実行したビャチェスラフ・モロトフは、後の回想で「『一九三七年』は必要だった。我々は革命後、左右両勢力を切り捨てて勝利したが、敵はまだ残っていた。ファシストの占領の脅威が近づき、敵が団結する危険性があったからだ」と粛清を正当化している。

スターリン自身、四〇年九月九日の党中央委で粛清を総括し、「党、文学界、軍——。それらは全て、古い細胞が死んでなくなる前に細胞を一新するべき機関である。若い人々に機会を与えるべきなのだ。ソ連経済の基本は強制労働にあり、囚人の大規模な搾取が不可欠だった。三七、三八年の粛清の目的は、戦争直前における第五列（潜在敵）の破壊と、社会、党、国家の機関の動員力の強化にあった」と強調した。

事実、三九年三月の第十八回党大会でスターリンは「旧レーニン党」の幹部の大半を一掃した全く新しい党をつくり出した。ソ連全土の党と国家の指導的ポストに五十万人もの新人を起用、その九〇％までが四十歳以下の若手となり、彼らの中にはゴルバチョフ時代に至るまで要職を占める人たちも多かった。

前回の三四年の第十七回党大会に参加した代議員千九百六十六人中、千百八人が逮捕され、うち八百四十八人が銃殺された。また、大会で選出された中央委員と同候補の合計百三十九人のうち九十八人が、また、三六、三七年に任命された州の党委第一書記の全員、軍将校の四分の一が銃殺された。だが犠牲者が最も多かったのは逐一話題になることもない一般市民たちだった。（『アナスタス・ミコヤン回想録』）

フレブニュク著『政治局』は「三七年から三八年にかけての逮捕者は合計百五十万人、うち六十八万千人が銃殺された」と指摘、『ミコヤン回想録』は「三四—四一年の逮捕者は千八百五十万人、うち銃殺百万人」と弾き出している。ペレストロイカ（再編）の牽引車《けんいん》となったアレクサンドル・ヤコブレフの著書『十字架の氾濫《はんらん》』によると、「スターリン時代の二三年から五三年までの三十年間に有罪判決を受けた市民はロシアだけで合計四千百万人（三七年の国勢調査によるソ連の人口は一億六千二百万人）」にものぼり、「スターリン時代を中心とする全ソ連時代を通じた粛清者は合計二千五百万人（国内戦の死者五百五十万人、飢餓による死者五百万人を含む）」としている。

独裁者のスパイ説――「秘密握る」男は生き延びた

一九三八（昭和十三）年七月二十一日、ソ連の秘密警察、内務人民委員部（NKVD）の大物工作員が妻と一人娘を伴いパリから海路、亡命の旅に出た。スペイン駐在のNKVD指導者、アレクサンドル・オルロフ。当時四十二歳。彼は超弩級《ちょうどきゅう》の「国家機密」を握っていた。「ヨシフ・スターリンが帝政ロシアのオフランカ（秘密警察）のスパイだった」という、世界初の革命政権の独裁者にはあるまじき大スキャンダルである。

オルロフはカナダのモントリオールに着くと、スターリンと自分の直接の上司だった内務人民委員（内相）、ニコライ・エジョフの二人に便箋三十七枚にものぼる同じ内容の決死の手紙を送ったという。「（私の亡命に対し）スターリン同志がもし、モスクワに私が残した母と義母に報復するなら、私が知っているあなたについての機密情報を新聞に発表する。私の身に何か起きたときは弁護士が機密を暴露する……」

それから十五年。最終的な亡命先の米国マサチューセッツ州で匿名で生き延びたオルロフは、五三年三月五日のスターリンの死を待ち構えていたように、翌月から米誌「ライフ」に「スターリンの犯罪／秘密の歴史」と題する手記を発表した。

オルロフが「ライフ」誌に書いたスターリン断罪の手記は五回にわたり、五六年二月の第二十回党大会でのニキタ・フルシチョフによるスターリン批判の直後の四月に掲載された最終回の「スターリン批判のセンセーショナルな背景」が、スターリンをスパイと断定する内容だった。その骨子はこうである。

スターリンはエジョフの前任の内務人民委員、ゲンリフ・ヤーゴダに「これから行う粛清の対象者は、オフランカのスパイにでっち上げたらどうか」と持ちかけた。ヤーゴダは「オフランカ元幹部を探し出して偽証を強要する」方針を決め、部下のシュテインに作業を命じた。

モスクワ警察局で機密記録を漁《あさ》り始めたシュテインは目を疑うような文書に出くわす。それは帝政ロシア警察局長のビッサリオーノフや内務次官のゾロタリョフらに宛てて若き革命活動家、スターリンが書いた密告書のファイルだった。筆跡は「紛れもなくスターリンのもの」で、ファイルはスターリンが「一九〇六年から一三年まで」密告を続けていたことを示していた。

その密告内容とは例えば――。

①一三年一月、レーニンがポーランドのクラクフで主宰、スターリンも参加した会議でのボリシェビキ派（後のソ連共産党）指導部の発言内容、意見の対立、参加者の人物評価、会議の結果、②ロマン・マリノフスキーをクラクフ会議で観察した結果、「彼は心中ではレーニンを支持しており、オフランカより共産主義者の活動を重視している」との報告。

《マリノフスキーは帝政ロシアのドゥーマ（国会）にボリシェビキ派の代表として送り込まれていたが、帝政側のスパイとの噂が根強く、革

クレムリンでのスターリンの執務風景。帝政ロシアのスパイ出身だったとする説が現在もくすぶっている（「ロージナ」誌所有の古文書から）

命後、本物のスパイだったことが判明、レーニンが銃殺刑に処した。一連の報告書の中には、スターリンがオフランカにおけるマリノフスキーの信用を失墜させ、自分の出世を企んだような記述がある。これがゾロタリョフの逆鱗《げきりん》に触れ、スターリンは一三年三月に逮捕され、以後、革命の一七年まで脱走に成功しなかった》
動転したシュテインは、親交のあったウクライナ内務人民委員、バリツキーとその部下の次官、ジノビー・カツネルソンに相談する。仰天した二人はファイルの真偽を部内の専門家に鑑定させ「本物」と断定した。カツネルソンらはこれをウクライナ軍管区司令官、イオーナ・ヤキール、ウクライナ党委員会第一書記、スタニスラフ・コシオールに見せ、さらにヤキールらはモスクワで国防人民委員部第一次官、ミハイル・トハチェフスキーやフルンゼ陸軍大学長、アブグスト・コルクら軍最高首脳に密かに知らせた。
カツネルソンはオルロフのいとこで、オルロフがスペインで交通事故を起こし、パリで入院していた三七年二月に見舞いに行った際、一切合切を暴露したのだ。「私は今、トハチェフスキーらと一緒にスターリンに対する軍のクーデターを計画している。私にもしものことがあったら、三歳の一人娘を頼む」と驚嘆すべき陰謀計画を打ち明けた。

「クレムリンで軍関係の大会議を開き、クレムリンへの道路を封鎖した上で、会議の席上、スターリンに『あなたを逮捕する』と告げ、銃殺するか、党中央委総会でオフランカへの密告書を突き付けて裁判にかけるか、いずれかの道を選ぶ」

四カ月後、傷が癒え、スペインに戻ってきたオルロフが聞いたのは「トハチェフスキーがヤキール、コルクら七人の軍首脳とともに処刑された」とのニュースだった。カツネルソンも間もなく銃殺され、シュテインは自殺した。

トハチェフスキーらは公式には「ヒトラーのスパイ」として処刑された。しかし、オルロフは「スターリンが（自分がスパイだったことに端を発するクーデター計画が存在したという）本当の原因を隠すためだった」と指摘している。

カツネルソンはオルロフに「スターリンの密告書を書き写したものを幾つか作った」と話し、オルロフは「私はその一部がスターリンの死後、フルシチョフに渡り、これがスターリン批判に踏み切らせた最大の理由とみている」と書いた。しかし、フルシチョフのスターリン批判の中には「スターリンはスパイだった」との部分はない。

カフカスのバクーの女性革命家で「スターリン・スパイ説」を確信していたオリガ・シャトゥノフスカヤは六二年、フルシチョフに「なぜ、スパイの話は公表しない

イが三十年以上もソ連を指導してきたことを認めることになってしまう」と秘匿の理由を語っているという。（G・アルチューノフらの共同論文「歴史の審判の前で」）

現在、オルロフが暴露した「スターリンの機密ファイル」や写しの存在を確認する手立てはない。だが、執念深いスターリンがオルロフには最後まで暗殺の密使を送らず（オルロフは七三年に自然死）、大粛清のピーク期にモスクワの実母と義母が粛清されずに済んだのはなぜか……。スターリンへの手紙にはスパイのことは一言も書いていなかった。しかし、スターリンは海外のスパイのプロであるオルロフが暴露すれば、スターリンが世界に築いていたスパイ網が全て暴露されてしまうので手を出せなかったのだ。

《「スターリン・スパイ説」はこれまで色々、噴出している。八九年三月三十日、歴史学者アルチューノフが「モスコフスカヤ・プラウダ」紙に「新たな証拠文書を発見した」と発表したが、この文書は既に五六年四月に米誌「ライフ」がオルロフ論文を一緒に掲載している。しかも、この文書は、スターリンが現実には出席していない一九一二年一月のプラハでの党協議会に参加していた、とする重大な事実誤認があり、偽造の疑いが濃厚だ》

トロツキー暗殺――身近な所に刺客はいた

アドルフ・ヒトラーがチェコスロバキアを解体した一九三九（昭和十四）年三月、ヨシフ・スターリンはクレムリンの執務室に内務人民委員（内相）、ラブレンティ・ベリヤとその部下のテロ専門家パーベル・スドプラートフを呼んで暗殺謀議を凝らしていた。テロの標的はずばり、最大の政敵、レフ・トロツキーその人である。大粛清はピークを越したが、スターリンはいずれ「ヒトラーと戦う日」に備え「トロツキー一味の第五列（敵国に潜入してスパイ・破壊工作を行う勢力のこと）」を完全に根絶せねばならない、との考えに取り付かれていた。

国外追放後八年目の三七年一月、ノルウェーからメキシコに移ったトロツキーは三八年九月、スターリンが支配する国際共産主義運動組織「コミンテルン（第三インター）」に対抗して「第四インター」を結成、反スターリン勢力の国際的糾合を目指していた。

スターリンは謀議で言った。

「トロツキーを殺せばコミンテルンへの脅威は消える。スタリーク（老人）は不可避の戦争が始まる前、今後一年以内に抹殺すべきだ。でないと資本主義者がソ連を占領しようとする場合、我々は敵の後方を攪乱《かくらん》する同盟諸国の支持をあてにできなくなる」

《「スタリーク」は内務人民委員部（NKVD）がトロツキーを呼ぶ暗号コード名である》

スターリンはスドプラートフを対外課報局次長に昇格させてトロツキー暗殺の最高責任者に指名した。スドプラートフは実行部隊の指揮官にスペイン内戦でも暗躍した部下のレオニード・エイチンゴンを起用した。エイチンゴンは暗殺作戦のコード名を自ら「ウートカ（鳥のカモと偽情報の二つの意味がある）」と提案し、「コニ（雄馬）」と「マーチ（母）」のコード名を持つ二つの実行部隊を組織した。部隊は互いにその存在を知らされていなかった。

トロツキー暗殺作戦は最初に、実行部隊の一つ「コニ」によって担われた。隊長はスペインからメキシコに亡命した共産主義者の著名な画家でスターリンの知己を得ていたダビッド・シケイロスだった。暗殺隊はメキシコシティーの高級住宅地、コヨアカン地区にあるトロツキー邸の警備員に取り入り、その警備員が夜勤の四〇年五月二十三日夜明け前、門を開けさせて押し入り、銃を乱射した。しかし、トロツキーはベッドの下に隠れてかろうじて命拾いし、暗殺は失敗に終わった。

「マーチ」隊も着々と準備を進めていた。隊長はスペインの筋金入りの女性共産主義者、カリダド・メリカデルだった。エイチンゴンは三八年、パリでカリダドと恋仲になり、カリダドとその二男の元スペイン軍中尉、ラモンをＮＫＶＤの協力者として籠《ろう》絡《らく》した。

ラモンは同年九月、パリでの第四インターの旗揚げ会合に米国から来ていたシルビア・アジェロフという若い女性と知り合い、愛し合うようになる。シルビアは米国のトロツキスト組織の一員で、しばしばメキシコのトロツキー宅を秘書の仕事で訪れており、これを知ったＮＫＶＤがラモンをシルビアの元へ「恋愛工作」に差し向けた結果だった。ラモンはシルビアには本名を名乗らなかった。

エイチンゴンは「ウートカ作戦」が始動した後の三九年秋、ニューヨークに架空の貿易会社を設立、連絡拠点と定めた。さらに、ラモンにトロツキスト組織への活動資金と「フランク・ジャクソン」名の偽造パスポートを持たせ、この架空会社の社員として、真相を知らぬシルビアとともにメキシコシティーに送り込んだ。ジャクソン（ラモン）は最初はトロツキー宅へのシルビアの送迎をしていただけだったが、やがて邸内立ち入りを許されるようになった。そして、「その時」がきた。

四〇年八月二十日の夕刻、トロツキーは庭でウサギの世話をしていた。側にいたラモンは真夏というのに、この日に限って帽子を目深に被り、手には薄手のコートを持っていた。トロツキーの妻、ナターリアが「なぜ」と問うと、「雨が降るかもしれない」と答えている。トロツキーは書斎に戻り、ラモンが「見てほしい」と持ってきたトロツキスト運動に関する論文に目を通していた。

その時、ラモンはやにわにコートの下から取り出した砕氷用ピッケルをものすごい力でトロツキーの頭に振り下ろした。頭蓋骨が砕けるほどの一撃だったが、トロツキーは「アー」と長く叫んだ後、勇敢にもラモンに飛びかかり、その手にかみついた。逆に仰天したラモンは隠し持っていた銃とナイフを使う余裕もなく、部屋に飛び込んできた警備員とナターリアに取り押さえられた。書斎にあった未完の著作『スターリン』の原稿が鮮血に染まった。

トロツキーは「(ラモンを) 殺してはいけない。話させねば……」と最後の声を絞り出し、ラモンは「やるしかなかった。(自分を) 殺すか、殴るのをやめてくれ」とわめいた。トロツキーは病院に運ばれ、翌二十一日夜七時二十分、息を引き取った。ラモンは警察の調べや裁判で「自分だけでやった。トロツキスト組織は私が提供した資金を政治目的でなく、個人的利益に使った」「トロツキーが私とシルビアの結婚に反対したからだ」などと、ＮＫＶＤの指示通りの供述を繰り返した。

トルコを皮切りにフランス、ノルウェー、メキシコと十一年間に及ぶ漂流亡命中、トロツキーは二九年に定期雑誌「反対派通報」を発行、さらに欧米のマスコミや著作で「スターリンは間もなくその悲劇的使命を終える」など、独裁者のはらわたが煮えくり返るような挑発的な批判を繰り返してきた。スターリンは若き革命運動家の頃から羨望と嫉妬に苦悶した最大のライバルへの復讐を果たし、粛清の最大の標的を葬り去ったのである。

トロツキーはメキシコで「槌《つち》と鎌《かま》」の表徴を大きく刻んだ簡素な石碑の下に永眠している。ラモンは懲役二十年の刑期を終えた六〇年夏、刑務所で看守だった女性と結婚、モスクワ経由でキューバに渡り、七八年に死去した。その遺体はソ連に引き取られ、モスクワ郊外のクンツェボ墓地に埋葬された。

墓碑には「ソ連邦英雄／ラモン・イワーノビッチ・ロペス」と変名が記されている。

《スドプラートフ著『特別作戦』、ワレリー・クラスノフらの共著『知られざるトロツキー／赤いボナパルト』によった》

トロツキーのデスマスク（オルマ・プレス出版提供）

スターリンの落書き──似顔絵描かれた幹部は銃殺

ヨシフ・スターリンは若き革命家時代から愛読書などに文字や絵の書き込みや落書きをする習慣があった。独裁者となってからは深更、故郷のグルジアワインを舐めながら、すでに粛清した、あるいはこれから粛清するはずの政敵やかつての同志の写真を手にしては密かに悦に入り、時には粛清対象者らをもじったサディスティックな絵を描き付けていた。

スターリン研究で著名なボリス・イリザーロフ・ロシア歴史大教授はこうした落書きの絵を集めて著書『スターリンの秘密の生活』で初めて公開している。旧ソ連共産党中央委員会の古文書館などに長年、極秘扱いで封印されていた資料ばかりだ。イリザーロフ教授は独裁者の残虐な性格や政敵トロツキーらへの個人的な恨みの根深さなどが読み取れると指摘する。

ロシアの学会でも「スターリン研究に新たな視点を与える材料だ」と話題を呼んだ数点の絵を紹介すると──。

【図1】はスターリンが「党書記長」となって八年目の一九三〇年三月五日に描かれたとされる。当時のブリュハーノフ財務人民委員（財務相）が裸にされたうえ、男性

図1

図2

図3

器をひもで縛られて滑車でつるし上げられている図だ。髭が濃くヒゲを生やした顔は同委員によく似ている。「いたずら好きの独裁者の性向がこの日にも頭をもたげた」とイリザーロフ氏は言う。

　スターリンはこの絵に自ら別紙で「政治局員各位へ。今日と将来の罪のためにブリュハーノフを睾丸づりにせよ。つり上げても睾丸が切れなかったら裁判では無罪とみなし、切れたら川に沈めてしまえ」と説明を加えていた。当時の財政・経済状態が振るわない責任を独裁者がブリュハーノフ委員に押し付けたい意図が生々しく出ている。

　結局、同委員はスターリン大粛清二年目の一九三八年九月一日、五十九歳で銃殺されている。

　イリザーロフ氏は、ブリュハーノフ委員が宙づりになりながら胴体を水平に保ってネコのような格好をしているポーズをとらえ、「スターリンは青年時代、故郷のグルジアで公開の絞首刑を目撃した。加えて少年のころには自らオス猫を処刑したか、処刑現場を見たことは疑いない」と指摘。「サディスト的残虐性は少年時代には誰にでも見られることで、この絵をもって『ほれっ、暴君の残酷さの源泉はここにある！』と叫ぶほどのことではない。しかし、スターリンが得た権力が（残虐さという彼にとっての）喜びと幸せを堪能する可能性を与えてしまった」と分析している。

【図2】は第十二回党大会が開催された一九二三年四月十七日の直前の政治局会議で大会での演説テーゼを報告するジノビエフ政治局員（三六年に銃殺）の顔を描いた。しかし、イリザーロフ氏は「最初はジノビエフを描き出したのに、描き進めるうちに頭のはげ具合はむしろブハーリン（三八年に銃殺）に似てきて、全体的なイメージはトロツキーのようになってきた」と指摘する。

スターリンにとってこの三人はそろって政敵だったが、「トロツキーとは単なる政治闘争だけでなく、個人的な心の奥底からの憎悪があった。スターリンはそれを公にも認めていた」とイリザーロフ氏は書いている。トロツキーは二九年に国外追放され、四〇年八月、メキシコでスターリンに暗殺された。

【図3】はロシアの史家、イロワイスキー（一八三二―一九二〇）が一八七四年に著した「中世の歴史」をスターリンが青年時代に読んでいるとき、本の余白に描き出した「中世のハンガリー人の顔」のイメージとされる。イリザーロフ氏によると、「スターリンはいつも学生のように歴史書を読んでいた。彼にとって歴史書はイメージをかき立てるコミックブックのような存在で、勝手な思い込みでイメージを描いていた」。この絵は「古代ロシア人と（ハンガリー人の源である）フン族が民族的に近い」というくだりを読んで描いたものだという。

イワン雷帝の教訓――「敵を根絶やしにするのだ」

「ロシアのムジーク（農夫）どもにはツァーリズム（皇帝の専制統治）と一人のツァーリ（皇帝）が必要なのだ」。ヨシフ・スターリンは一九二七（昭和二）年のある時、当時は親友だったレニングラード党委員会第一書記、セルゲイ・キーロフ（三四年十二月、暗殺）との私的な会話で、こう語っている。（アントン・オフセエンコ著『素顔のスターリン』）

前年までに最大の政敵、レフ・トロツキーらを党政治局から追放したスターリンが、いたことを示唆する発言だった。

モスクワ・赤の広場に立つカラフルな〝ねぎ坊主〟の聖ワシリー大聖堂。ロマノフ王朝に先立つリューリク朝末期の十六世紀に強大な権力を振るい「ロシア史上、最強の絶対君主」とされるモスクワ大公、イワン四世（雷帝、在位一五三三―八四年）がカザン・ハーン（汗）国との戦勝記念に一五六〇年、完成させた。イワン雷帝は大聖堂の類いまれな美しさを永遠に独占するため、二人の設計者、ポストニクとバルマの目をえぐり取ったと伝えられる。

スターリンは二〇―三〇年代の宗教弾圧で教会や聖堂、修道院を破壊し尽くしたが、この聖ワシリー大聖堂は数少ない例外として保存を命じている。スターリンが独裁統治の「師」としたツァーリは中世ロシアのイワン雷帝であった。

《「神意による地上最高の統治者」を意味する「ツァーリ」を一五四七年、ロシア史上初めて公称したのはイワン雷帝だった。三歳で即位し、貴族（ボヤーレ）との闘争の中で育った雷帝はその名の通り、気性が激しく猜疑心《さいぎしん》も強かった》

スターリンは大粛清で政敵を根こそぎにし、「赤いツァーリ」となっていた四〇年、人気作家、劇作家のアレクセイ・トルストイに『イワン雷帝』という戯曲を書くよう求めた。それが完成した四二年二月、スターリンは折から独ソ戦でアドルフ・ヒトラーの大攻勢の前に苦境に陥っていた。戦時中で二百部だけ限定出版されたこの『イワン雷帝』をスターリンはすぐに取り寄せ、何度もページを繰った。今も残る蔵書の『イワン雷帝』には、呪文《じゅもん》の様に「耐え忍ぶ」「先生」「わしは助けられる」「シャポーシニコフ（当時の軍参謀総長）と話さねば」……といった書き込みがあちこちにある。

（ロシア政府発行の「新・最新歴史」誌二〇〇〇年第三号）

『イワン雷帝』の中に必死になって窮境打破や起死回生の糸口を探り出そうとしている様子が伝わってくる。

イワン雷帝の肖像画

『戦艦ポチョムキン』『アレクサンドル・ネフスキー』などの作品で著名な映画監督、セルゲイ・エイゼンシテインがスターリンの指示で大作『イワン雷帝／第一部』を完成させたのは四四年だった。スターリンは自らシナリオに目を通し、人民委員会議（政府）の映画委員長、イワン・ボリシャコフに「これは悪くない。雷帝の統治政策『オプリチニナ』がよく描かれている。早く製作するべきだ」とせかしていた。（エフゲニー・グロモフ著『スターリン／権力と芸術』）

《「オプリチニナ」とは、イワン雷帝の中央集権強化政策に反対する貴族らの大量処刑など恐怖政治全体を指すが、貴族の反乱鎮圧のため組織した皇帝親衛軍や、雷帝が大貴族から没収した領地の直轄などの諸制度を意味することもある。スターリンは映画の中で、イワン雷帝時代の貴族を自分の政敵に、皇帝親衛軍を赤軍や秘密警察機関にそれぞれなぞらえ、「オプリチニナ」の弾圧政策を強大な中央集権国家の建設という自分の統治目標にダブらせて正当化しようとした》

エイゼンシテインの映画『イワン雷帝／第一部』にはスターリン賞が授与された。勢いに乗って、スターリンは『第二部』を製作させ、四六年八月に出来上がった。第二次大戦の勝利から一年経ち、スターリンは西側諸国との対決姿勢を鮮明にしはじめたソ連帝国の支配者となっていた。『第二部』を見たスターリンはしかし、皇帝が思惑と異なって描かれていることに激怒し、八月七日の党中央委組織局会議でこう述べた。

「胸クソの悪い映画だ。（第一部と違って）皇帝親衛軍を国家分断と弱体化を目論む貴族どもと闘う軍としてではなく、暴力的で汚らしい輩《やから》に描いている。それは旧思考の歴史学者の見方だ」（アレクサンドル・ヤコブレフ基金発行の論文・資料集「権力と芸術インテリ」）

スターリンはさらに翌四七年二月二十四日、エイゼンシテインとイワン雷帝役の俳優、チェルカーソフをクレムリンに呼びつけ、夜を徹して議論した。「第二部でイワン雷帝は非決断的なハムレットのように描かれているが、彼は偉大で賢明な指導者だった。民族主義的な立場をとり（帝政ロシアの絶対主義化と西欧化に尽くしたピョートル大帝とは違って）自国に外国人は入れなかった。第二部は国民の愛国主義教育のためになるべきだ」。ひとしきり批判を繰り返した後、初めて、イワン雷帝の間違いに言及した。

「雷帝が犯した過ちの一つは、五大貴族の家系を根絶やしにしなかったことだ。根絶やしにしていれば、自分の死後の混乱期はなかっただろう……」（『スターリン／権力と芸術』）

《リューリク朝は雷帝の死後、その第二子、フョードル（在位一五八四―九八年）を最後に断絶し、十七世紀初頭からロマノフ朝が始まる。スターリンはこの発言で、政敵の断固とした容赦ない根絶こそ国家の安定につながることを訴えたかった。エ

イゼンシテインは結局、第二部の改作を余儀なくされたが、その公開を待たず四八年二月、病死した》

イワン雷帝はその治世でスターリンと同様、領土を拡大した。雷帝は一五八一年、第一子のイワンを口論の末、自ら殴り殺し、スターリンは長男のヤコフが戦争捕虜として敵地ドイツで非業の死を遂げるのを見殺しにした。雷帝の妻は貴族との闘争の渦中で毒殺され、スターリンの妻は短銃自殺した。公的にも、私生活の悲劇でも、性格上も、多くの共通点を抱えた二人の独裁者だが、流血の規模では「師」とは比較にならないほどスターリンが上回っていたのだった。

出生の秘密――過去を消し、皇帝となった

スターリン時代に刊行された公式書籍の大半は事実を歪曲《わいきょく》し、ヨシフ・スターリンの個人崇拝を煽る偉業礼賛の道具だった。大粛清渦中の一九三八年十月に発行され、嘘で塗り固められた『全連邦共産党（ボリシェビキ）史小教程』は「イスラム原理主義者にとってのコーラン（聖典）のようにソ連国民の必読書となり、四三〇〇万部も出版された」（ドミトリー・ボルコゴーノフ著『スターリン』）。戦後の一九四七（昭和二十二）年一月、スターリン自身の命令で国立政治文献出版が発行した公式の伝記『スターリン小伝』には、実は最初のページから重大な捏造《ねつぞう》がある。生年月日を事実よりほぼ一年遅らせているのである。『小伝』には「スターリンは一八七九年十二月二十一日に（グルジアの町）ゴリで生まれた」とあり、これが世界的にスターリンの誕生日とみなされている。この『スターリン秘録』も読者の混乱を避けるため、今までこの生年月日をもとにスターリンの年齢を示してきた。

しかし、九七年に大著『スターリン』を刊行した著名な劇作家、エドワルド・ラジンスキーは、旧ソ連共産党中央古文書館でゴリのウスペンスキー寺院の戸籍簿と、スターリンが少年時代に通ったゴリ神学校の卒業証書を発見、いずれも生年月日が「一八七八年十二月六日（旧暦）」と記されているのを突き止めた。これまで伝えられてきた「一八七九年十二月二十一日」は旧暦では「十二月九日」に当たる。スターリンはこれより一年と三日早く生まれていた。

産経新聞が入手した党中央古文書によると、スターリンは革命運動家だった一九一〇年春、バクーで逮捕された際、警察当局の調べに早くも誕生日を「一八七九年十二月（日付はなし）」と供述している。もっとも、秘密活動を続けていたスターリンは逮捕される度に誕生日を変え、妻帯や両親の生死などについても嘘をついていた。スターリンが誕生日を「一八七九年十二月二十一日」に固定したのは、「一九二二年に党書記長になって以降のこと」（ラジンスキー）である。なぜか――。

ラジンスキーの産経新聞への説明はこうだ。

「スターリンは『無謬《むびゅう》の独裁者』として君臨するため、書記長になると革命前の自分の全記録を回収、廃棄した。中には、銀行の現金輸送車襲撃事件への関与や、帝政ロシアの秘密警察のスパイ説のもとになったような汚れた記録が、自分の生い立ち付きの公式文書として残っていた可能性がある。そうした過去を捨て、誰からも後ろ指をさされない別人となって『地上の神』への道に突き進む必要があった」

『小伝』はスターリンの両親について、「父親はビッサリオン・イワーノビチ。グルジア人。職業は靴職人。母親はエカテリーナ・ゲオールギエブナ。農奴制農民の家族の出身」と記している。各種の秘密古文書を検証したラジンスキーの結論は「両親は小伝の通り」である。

ヨシフは三男として生まれた。兄二人は生後まもなく病死。父は酒に酔っては妻子に凄《すさ》まじい暴力をふるい、やがて幼いヨシフを残してチフリス（今のトビリシ）の靴工場へ去ってしまう。父の代わりに母エカテリーナ（愛称ケケ）は息子を殴ることでしつけた。このすさんだ家庭が後にスターリンの冷酷な統治の素地となった、とみるロシアの専門家は多い。

スターリンの少年時代は一般的にはこう語られるが、出生については、ソ連時代から様々な神話があった。路頭に迷ったケケは一人息子を抱え、近所に洗濯や掃除、裁縫などに行って生計を立てた。十六歳で結婚したケケはまだ若く、仕事先でも愛された。これが数々のロマンス説とそれに伴う「父親別人説」を生むことになる。

最も有力とされる説に「スターリンは帝政ロシア軍参謀本部将官で著名な地理学者、ニコライ・プルジェバリスキーとケケとの間の不義の子だった可能性がある」というのがある。

スターリンの母親ケケ

少年時代、神学校に通っていた頃のスターリン（『スターリン小伝』より）

ロシア国防省機関紙「赤星」は二〇〇〇年二月十二日付の紙面で「プルジェバリスキーは一八七八年にゴリを訪れた際、ケケと親密になり、その後十年間、ヨシフへの養育費とみられる一定額の送金を続けていた」と状況証拠を明かし、プルジェバリスキーとスターリンの顔写真を並べて二人がいかに似ているかを強調してみせた。結論として「スターリンは何らかの形で出生の秘密を察知し、これを隠す意図で生年月日を変えたのだ」と指摘したが、科学的根拠は見当たらない。

ケケのロマンス説の相手はほかに、スターリンの長男と同じヤコフの名前を持つグルジア商人やグルジア人公爵がいるが、ロシア人ではプルジェバリスキーただ一人だ。この神話は実はスターリンの全盛時代に既に国民の間に広まっていた。だが、独裁者は噂を封じ込めようともしなかった。

「スターリンは偉大なプルジェバリスキーの隠し子だと公然と語られていた。これが罰せられないのは最高権力者が容認しなければ不可能で、ここには酔っ払いの（本当の）父への彼の憎悪だけでなく国家的配慮もあった。後は当時、全ルーシ（ロシア人）のツァーリ（皇帝）になっていたということだ。彼は字も読めない飲んだくれのグルジア人の父の代わりに、有名なロシア人の父を持ちたかったのだ」（『スターリン』）

第二次大戦勝利の演説でロシア民族を「指導的民族」と呼び、外国要人との会談で時に「我々ロシア人は……」と切り出してロシア民族に意識的に同化しようとしていた独裁者にとって、根もない噂とはいえ、国民に「スターリンにはひょっとしてロシア人の血が流れているのでは……」と思わせることは、内心、歓迎すべき事態だったのかもしれない。

スターリンは権力掌握後、ケケをカフカスの元総督の宮殿に住まわせ、しばしば「大切なママ、一万年生きてください」などと手紙を書いた。三五年秋、たった一度、故郷に病気の母を見舞っている。その時の会話は年配のロシア国民の間ではあまりに有名である。

スターリン「なぜ、お母さんはあんなにひどく私を殴ったの」

ケケ「殴らなければ、今のような人間にはならなかったよ。ところでお前は今どんな人になったの」

スターリン「昔のツァーリ（皇帝）のようなものさ」

ケケ「私はお前には司祭様になってくれた方がよかったよ」

ケケはしかし、息子の招待にもかかわらず、モスクワをほとんど訪れることがないまま大粛清のピークの三七年六月四日、七十七歳で他界した。スターリンはテロを恐れて葬儀には出席せず、花輪を贈るにとどめたのだった。

スターリンと女性——噂の愛人も消された

「ヨシフ・スターリンは（革命家として最後の流刑先となった）西シベリアの人口わずか六十七人のクレイカ村で十四歳の少女を誘惑し同棲した。警察は『未成年者との同棲は犯罪だ』と警告したが、スターリンは『少女が大人になったら結婚する』と言い張り、少女に二人の子供を産ませた。最初の子は間もなく死に、一九一四（大正三）年に二番目のアレクサンドルができた。スターリンは（革命が近づいた）一六年に村を去り、少女はその後、地元の農民と結婚した。アレクサンドルは現在はソ連軍少佐である」

スターリンが死んで三年後の五六年、初代の国家保安委員会（KGB）議長、イワン・セローフは党第一書記、ニキタ・フルシチョフに、こんな報告書を送っている。《二〇〇〇年十二月八日付「イズベスチヤ」紙がスッパ抜いた。クレイカ村流刑当時のスターリンは三十代後半で、最初の妻エカテリーナ（後に独ソ戦で捕虜となり壮絶な死を遂げた長子、ヤコフの母）は既に一九〇七年に病死していた。スターリンがアレクサンドルについて自ら口にしたことは生涯一度もなかった》

婚姻外の子とみられる子は実はもう一人いる。エカテリーナの死後間もなく、スターリンは北ロシアの町ソリブイチェゴーツクに流刑となってマトリョーナ・クザコーワという女性の家に住みつき、一九〇八年にコンスタンチン（コースチャ）という男の子が生まれた。コースチャは九〇年代、「コメルサント・ブラスチ」誌とのインタビューで、「『流刑者の息子』と言われていた私は十二歳の時スターリンが父親と分かった。私はレニングラード大学を出て教師などをした後テレビ局勤務となった」と語っている。（同誌九九年十二月二十一日号）

スターリン自身、コースチャと会ったことは一度もないが、国内で噂が広まった「コースチャ実子説」を否定しなかった。戦後、著名な映画監督のチアウレリから「クザコーワの家を覚えていますか」と聞かれ、「覚えていない」と答えている。コースチャは戦後、党中央委員宣伝部副部長に出世した。コースチャの部下が「核開発に絡む米国のスパイ」とされ、内務人民委員（内相）のラブレンティ・ベリヤがコースチャの逮捕を主人に要請したが、党除名にはなったものの、粛清はされなかった。（同）

流刑中にスターリンは、「リュドミラ・スターリ（鋼鉄の意）」「マルシヤ」というさらに二人の女性革命家と交際があったことが判明しており、この「スターリ」という女性が「スターリン」の名前の由来ではないか、との説もある。

三二年十一月、二番目の妻、ナジェージダの自殺後、「スターリンの関心はただ一つ、絶対権力への欲望で、女性には目もくれなかった」「修道僧のような生活ぶりで女性はいなかった」との見解がある。（ウラジーミル・ロギノフ著『スターリンの影たち』など）

スターリンは女性の香水と化粧が嫌いだったとも言われるが、その一方で、水面下の女性遍歴を指摘する専門家も多い。

五三年三月のスターリンの死まで約二十年近く影のように寄り添い、周囲から「事実上の妻」と目されていたのが、「近い別荘」の家政婦、ワレンチーナ・イストーミナだ。イストーミナには夫がいたが、独裁者の身の回りの世話を全て取り仕切り、黒海沿岸への保養には必ず付き添い、四六年の南ロシアへの戦争被害と復興状況の視察やテヘラン、ヤルタでの国際会談にも同行した。スターリンとナジェージダの娘、スベトラーナは著書『友人への二十通の手紙』で「父が死んだ時、一番泣いたのはイストーミナでした。彼女は顔を父の胸に埋め、長時間、大声で泣いていました」と回想している。

オペラとバレエを好み、ボリショイ劇場に足しげく通っていたスターリンは、劇場のオペラ歌手、ベーラ・ダブィドワとナターシャ・シピレル、バレリーナのオリガ・

レペシンスカヤらとの仲が噂になった。なかでも真剣だったとされる相手はダブィドワだった。彼女自身「スターリン同志は一度、私にプロポーズしてきましたが、断りました。私は結婚していて夫婦の愛情は強く、スターリン同志に対し指導者としての愛は感じていましたが、個人的な好意というものではありませんでした」と述べている。

レペシンスカヤについては、彼女が主役を務めて人気を集めた四四年頃のバレエの出し物「パリの火」にのめり込み、レペシンスカヤに内務人民委員部勤務の夫がいながら「愛人にした」と囁《ささや》かれた。（ラリーサ・ワシーリエワ著『クレムリンの夫人たち』、アントン・オフセエンコ著『ヨシフ・スターリンの劇場』）

《スターリンとダブィドワとの関係については『クレムリンの壁の背後で』という著作が数年前に発刊され、二人の肉体関係に焦点を当てて描いているが、事実とは違うとの見方が強い》

スターリンの愛人と言われたボリショイ劇場のオペラ歌手、ベーラ・ダブィドワ（『首領たちの私生活』の著者、ウラジーミル・トカチェンコ氏提供）

スターリンが「元帥グリゴリー・クリークの妻で緑の目をしたカリスマ的美人のキーラ」と知り合ったのは三〇年で、大粛清の頃、恋愛関係を噂された。しかし何が起きたのか、三九年にはスターリン自身が密かにキーラの逮捕を命じ、四〇年夏には銃殺してしまう。クリークも十年後の五〇年八月、「反ソビエト活動」で銃殺された。スターリン死後の五三年六月に逮捕された内相ベリヤは、「スターリンは本当にキーラと関係があった」と述べている。（ウラジーミル・カルポフ著『銃殺された元帥たち』）

モスクワのロシア国立社会・政治史古文書館には、スターリンが二回の結婚以外に「知られざる結婚」をしていたことを示唆する謎の手紙が眠っている。スターリンが重病の床にあることを知ったある一人の女性が五三年三月四日（スターリンの死の前日）付で政治局員のゲオルギー・マレンコフ宛に書いた次のような内容だ。

「私はアンナ・ルービンシュテイン——つまりスターリン同志の前妻——の娘です。病気のスターリン同志と会う機会を私に与えてください。彼は私のことを子供の頃から知っています。急な用事があります／レギーナ・スベーシニコワ」

《原文は紫色のペンによる手書き。文中の名前が誰なのか解明されていない》

疑心暗鬼の晩年――「わしは殺されるかもしれぬ」

晩年、ヨシフ・スターリンは常に「自分は殺されるかもしれない」という強迫観念に取り付かれていた。（フェリクス・チューエフ著『モロトフ』）

（モスクワ郊外の）通称「近い別荘」に運び込まれる特別食料品の袋には全て「毒は入っていません」との印が押され、側近の内相ラブレンティ・ベリヤがワインを持ってくると、スターリンはまず周囲の人間に最初の一杯を飲ませてから自分も飲んだ。（『アナスタス・ミコヤン回想録』など）

スターリンを神格化した宣伝映画『ベルリン陥落』（一九五〇年公開）を撮った同郷のグルジア人の監督、ミハイル・チアウレリは近い別荘に招かれた際、「夢にあなたが出てきて、わしに銃を向けているんだ」と打ち明けられた。その晩、別荘に泊まったチアウレリが恐怖で寝付かれずにいると、スターリンがこっそり入ってきて、慌てて寝たふりをしたチアウレリの顔をじーっと見つめて帰っていったという。（「極秘」紙二〇〇〇年第五号）

スターリンは深夜、別荘の庭の灯火の下で花や低木を切って歩くのが趣味だったが、手元が狂ってケガをすることが多くなった。若い頃から疑り深かった独裁者は、肉体的な衰えを感じ始めると周囲への疑心をますます募らせ、「わしはもう終わりだ。誰も信じられない。時々、自分自身さえ信じられなくなってくる」（『ニキタ・フルシチョフ回想録』）などと口走るようになった。

グルジア人は旧ソ連でも有数の長寿民族として知られるが、スターリンは意図的にさらなる長命を目論んでいた。三三年には作家のマクシム・ゴーリキーの勧めで「長生きの研究」をするための全ソ実験医学研究所なる組織を創設、ウクライナから病理・生理学の権威、アレクサンドル・ボゴモーレッツを呼び寄せてモスクワ郊外の別荘地区「銀の森」で研究に専念させた。戦争が勃発《ぼっぱつ》するやいち早く疎開させたのは、レーニンの遺体と実はこの研究所だった。（歴史学ボリス・イリザーロフの論文「スターリン／病気、死と不死」）

ボゴモーレッツ自身は四六年に六十五歳で死んでしまったが、そこで発明された薬だったのか、「父は時々、訳の分からぬ錠剤を口にしたり、ヨード液をたらした水を飲んだりしていた」（長女のスベトラーナ著『友人への二十通の手紙』）

スターリンは古希を越えると、近い別荘の壁に「アガニョーク（灯）」などの雑誌から切り取った幼い子供の写真を張り付けるようになった。生命力あふれる子供の中に長命の源を見いだそうとしたのだろうか。ヤコフ、ワシーリー、スベトラーナの三人の嫡出子の八人の孫のうち五人まではその顔も見たことがないほど子供とは疎遠だった独裁者の突然の変心だった。

《スターリン最後の党大会となる第十九回党大会は、こうした病的な精神状態の中で五二年十月に開会した。前回大会から戦争をはさみ十三年も経っていた。独裁支配体制の再度の締め直しと、戦後復興の終結に伴う新時代の到来を国民に告げるのが目的であり、党員六百八十八万と前回の約二・八倍に拡大した党は、名前を「全連邦共産党」から「ソ連共産党」に変更、第五次五カ年計画も採択された。朝鮮戦争の戦火はまだ燃えていたが、解決への糸口も見え始めていた》

モスクワ郊外の別荘で長女、スベトラーナと過ごすスターリン（「ロージナ」誌所有の古文書から）

スターリンはこの頃、ベリヤの急台頭を密かに恐れていた。三〇年代末以降、粛清の残虐な死刑執行人として恐れられたベリヤには横柄な態度が目立ってきていた。スターリンはベリヤ追い落としの外堀を埋めるべく、五一年半ばからベリヤの出身民族、ミングレル人（グルジア民族の中の少数民族）の粛清に着手、グルジアの党・政府内のミングレル人要人らを相次いで逮捕させた。いわゆる「ミングレル事件」である。

ユダヤ人攻撃は依然、続いていた。レーニンの遺体を長年、管理してきたユダヤ人、ボリス・ズバルスキーまでが五二年初めに逮捕され、五三年一月十三日、党機関紙「プラウダ」は驚くべき事件の発覚を告げる。

「ソ連の積極的活動家を破壊的な治療によって暗殺する目的を持った医師のテロ組織が摘発された。彼らはボフシ、コーガン、フェリドマン、グリンシテイン、エチンゲルらのユダヤ人医師と、ウラジーミル・ビノグラードフ、エゴロフらのロシア人医師で、全てクレムリンの党・政府・軍の要人たちの医師である。ユダヤ人医師たちは国際ユダヤ・ブルジョア民族主義的組織『ジョイント』を通じて米情報機関に雇われ、ビノグラードフのグループは英国の情報機関の圧力を受けていたことが判明した」

「プラウダ」はさらに、「彼らは政府指導者の全員の毒殺を陰謀し、アンドレイ・ジダーノフ（四八年八月に怪死）らを破壊治療で死に至らしめた」と報じた。

「クレムリン医師団陰謀事件」の号砲が鳴らされたのだった。

元々医者嫌いの主人は晩年、医者を頭から信用しなくなっていた。医師団事件で逮捕されたビノグラードフは唯一の侍医だった。五二年に主人を診断した際、健康がかなり悪化していることを知ったビノグラードフは「活発な運動は極力、避けるよう」進言したが、スターリンは激高してその後の往診を拒絶した。（ドミトリー・ボルコゴーノフ著『スターリン』）

事件は「医師がわしを殺そうとしている」との疑心暗鬼にかられたスターリンのでっち上げだった。ソ連のユダヤ民族をシベリアや中央アジアに大量に強制移住させるアドルフ・ヒトラー張りのユダヤ人大粛清の野望が実現に向けて鋭い牙《きば》を剥《む》いたのだ。スターリンは事件を統括する国家保安相、セミョーン・イグナチエフに「医者の自供を取れないなら、お前の体を頭ひとつ分、短くしてしまうぞ」（『フルシチョフ回想録』）と脅した。

「誰も信用できない」スターリンは、これに先立つ五二年暮れ、自分の長年の警備隊長だったニコライ・ブラーシクと私的秘書、アレクサンドル・ポスクリョブイシェフという政治的要人以外では最も近い下僕まで相次いで逮捕していた。

侍医を含め優秀な医師をごっそりと消し去ったまさにその時、皮肉にもスターリンの命は最期への時を刻み始めていた。

独裁者は死んだ――最期の一瞬、断末魔の苦しみ

ヨシフ・スターリンがモスクワ郊外の「近い別荘」で昏倒《こんとう》しているのが発見されたのは一九五三(昭和二十八)年三月一日の日曜日、夜十時半過ぎのことである。正面玄関を入ってすぐ左側にある小食堂の入り口付近の床だった。第一発見者は別荘の警備副司令官、パーベル・ロズガチョフである。日曜日とはいえ、いつになっても姿を見せない主人の様子を見に郵便物を持って部屋に入ると、パジャマのズボンと下着姿で右肘《ひじ》を床につき、顔を左に向けて横向きに倒れていたのだ。

びっくりしたロズガチョフは主人に駆け寄り、「スターリン同志、どうされました」と聞くと、助けを求めるように左手を挙げて「ズー、ズー」と言葉にならない異様な声を発しただけだった。主人は失禁で体を濡《ぬ》らし、床には愛用の懐中時計と「プラウダ」紙、わきのテーブル上には蓋《ふた》があいたグルジア産ミネラルウォーター「ボルジョミ」のビンが置かれていた。ほとんど意識はなく、軽いいびきをかき始めた。ロズガチョフはすぐ、別荘の主任職員、スターロスチンら当直の三人を室内電話で呼び、党政治局会議などを開く広くて空気も奇麗な隣の大食堂のソファに主人を横たえた。

スターロスチンは国家保安相、セミョーン・イグナチエフや主な政治局員に電話し

たが、皆が仰天してたじろぎ、やっとつかまった内相、ラブレンティ・ベリヤは「スターリン同志の病気のことは誰にも言うな」と釘を刺した。ベリヤは二日の午前三時になってようやくゲオルギー・マレンコフを伴って別荘に現れた。ところが、ベリヤは「なぜ、大騒ぎしているのだ。ぐっすりいびきをかいて寝ているではないか。我々にもスターリン同志にも邪魔してもらっては困る」と言い残し、引き揚げてしまったのである。

ロズガチョフらは「このままでは死んでしまう」と焦ったが、ベリヤの指示なしには動きが取れず、いたずらに時間が過ぎる中、ニキタ・フルシチョフが二日の朝七時になって来た。医師団がやってきたのはその約二時間後だった。

《ロズガチョフが主人を発見する約四時間前の一日午後六時半頃、小食堂の灯がついたのが確認されており、スターリンが自分で電気をつけて間もなく倒れたとすると、スターリンは何の医療措置も施されないまま約十四時間も放置されていたことになる。これが後に暗殺説を含む様々な憶測を生むことになる》

スターリンは倒れる前日の二月二十八日夜、ベリヤ、マレンコフ、フルシチョフ、ニコライ・ブルガーニンの政治局員四人組と一緒にクレムリンで映画を見た後一日午前零時頃別荘に戻り、間もなく四人組も遅い晩餐《ばんさん》のお相伴にやってきた。

数カ月前から主人は健康に留意してたばこをやめており（ヘビースモーカーだったスターリンは「ゲルツェゴビナ・フロール」という銘柄の両切りたばこの中身をパイプに詰めて吸っていた）、この晩はグルジア産の「テリアニ」という白ワインを水で割って何杯か飲んでいた。酒宴は午前四時頃お開きとなり、スターリンは四人組を見送ったが、この時、主人は当直のフリスタリョフ（スターロスチンは一日午前十時以降、フリスタリョフと交代して勤務についた）に前代未聞の気配りを示したのだ。

「皆、寝てください。わしは何も必要ない。わしも休む。今日（一日）はもう君たちには用事はない」

《ただ、これはフリスタリョフが他の従業員に話したことで、スターリンが実際に言ったかどうかは不明だ。この言葉があったため、従業員は夜遅くまで主人に干渉しなかったのである。以上は、歴史学者ウラジーミル・ジュフライ著『スターリン／真実と嘘』、アレクセイ・ルイビン著『スターリンとともに』などから引いた》

医師団の所見は「脳出血」で、具体的には「高血圧症、脳血管に影響するアテローム性動脈硬化、左脳の動脈に出血、半身不随、心筋硬化、腎《じん》硬化症」と診断した。絶対安静で、下着がハサミで切られ、入れ歯も外され、八人の医師団の二十四時間体制の治療がやっと始まった。ただ、その治療は心臓と血管を弛緩させる注射を打ち、胸部に吸引板を当て、血液吸入のため側頭部にヒルを乗せるという原始的方法だった。国内の一級の医師の大半は獄中で、権力を欲しいままにした独裁者の危篤時に、近代治療が期待できる外国の一流の医師団も招集されなかった。

二日に呼ばれた独裁者の息子ワシーリー（当時三十二歳）は政治局局員らに「この野郎ら、おやじを殺したな」とわめき散らし、娘のスベトラーナ（同二十七歳）は体を硬直させて容体を見守っていた。「知らない医師ばかりでした。既に助けようのない命を助けようとしていました。重大で偉大なこと（時代の激変）が進行していました」（スベトラーナ著『友人への二十通の手紙』）

《ワシーリーは五年前、父の威光でモスクワ軍管区空軍司令官になったが、素行不良で独裁者も見放し、五二年に解任され酒浸りだった》

スターリンはある時、左手を挙げ、壁に張った子供の絵を指さすような仕種をした。「ベリヤはスターリンがたまに目を開いて意識を戻した感じになるとソファに駆け寄って手にキスしていたが、また目を閉じると床にペッとツバを吐き捨てた。スターリンへの燃えるような敵意が読み取れた……彼は羊の顔をした狼だ」（『フルシチョフ回想録』)。「既に二日から瀕死《ひんし》の主人をよそにベリヤ、マレンコフ、フルシチョフらがクレムリンと別荘を往復して他の政治局員らと権力の分配の話し合いを始めていた」(エドワルド・ラジンスキー著『スターリン』)

国民にはラジオを通じて数回、比較的正確な病状が伝えられたが、倒れた場所はなぜか、「モスクワの自宅で」と、別荘ではなくクレムリンの居宅を指す表現になっていた。

臨終の時が刻一刻と迫っていた。

「最期の一瞬、断末魔の苦しみが父を襲いました。父は左手を挙げ、突然目を開き、数秒間、周囲を見回しました。それは、恐ろしい目、狂った目、怒っている目、死を恐れている目、知らない医師の顔を恐れた目……そんな目でした。次の瞬間、魂は最後の踏ん張りで父の体から飛び出していきました。私も自分の息が止まる思いで側の女医の腕に夢中ですがりついていたのでした」(『友人への二十通の手紙』)

五三年三月五日午後九時五十分。独裁者は遂にこの世を去った。公称七十三歳(戸籍上は七十四歳)だった。寒い晩だった。三月初めとはいえ別荘は氷点下一〇度の冷気に包まれていた。全員が遺体を囲んで石のように立ち尽くしていた静寂の中を、べリヤだけは「喜びを隠し切れない様子で」（同）大声を張り上げ表に飛び出していこうとしていた。

「フリスタリョフ、車を！」

独裁者の「遺言」——「歴史の風が墓のゴミを払う」

とてつもなく巨大なブルドーザーのように幾多の人命を蟻《あり》のように踏みつぶし、二十世紀の地上に生まれた人類初の共産主義国家を強引に大国に引きずり上げたヨシフ・スターリンは息を引き取った。希代の独裁者の遺体は死から一夜明けた一九五三（昭和二十八）年三月六日の日の出前、目を泣きはらした長女のスベトラーナや従事員らの見送りを受け、解剖のためモスクワ郊外の「近い別荘」を出た。

「（別荘を出る着替えの時）初めて見た父の裸は、老人とは思えないほど奇麗な体でした」（スベトラーナ著『友人への二十通の手紙』）

《スターリン全盛期の私邸で、内外戦略立案の司令塔となり、数々の裏面史を刻んだ「近い別荘」は内相、ラブレンティ・ベリヤの命令で閉鎖が決まり、早くも三月七日、スターリンの衣類、蔵書、食器類などが運び出される一方、従事員は全員解雇、あるいは地方勤務となり、絶望のあまり二人の専従警備員が数日後に自殺して

いる》

独裁者の死は三月六日午前六時、ラジオ放送で荘重な音楽とともに国民に知らされ、四日間の服喪が宣言された。ソ連共産党機関紙「プラウダ」はじめソ連全紙が一面に独裁者の特大の写真と追悼記事を掲げた。この日開かれた党中央委員会、閣僚会議（政府）、最高会議幹部会の合同会議は、スターリンが占めていた閣僚会議議長（首相）に晩年の独裁者の寵愛《ちょうあい》を受けていたゲオルギー・マレンコフを、同第一副議長（副首相）にはベリヤ、ビャチェスラフ・モロトフ（兼外相）、ニコライ・ブルガーニン（兼国防相）、ラザリ・カガノービチの四人を決めた。

集団指導体制の始動だったが、国家保安省は内務省に吸収され、拡大・強化された秘密警察機関の権力を一手に握ったベリヤの権勢は一段と強まった。スターリンが死の病床にあったその舞台裏でベリヤを中心に密議を凝らした筋書き通りの人事だった。新指導部はスターリンの遺体をレーニン廟の特別実験室で防腐処理を施し、新たに「レーニン・スターリン廟」としてレーニンの遺体の側に永久保存する方針も決めた。

濃緑色の大元帥服が着せられ、胸にはソ連邦英雄、社会主義労働英雄など数々の勲章が飾られたスターリンの遺体は、深紅の絹をまとった棺に納められ、クレムリンに近い労働組合会館の「円柱の間」に安置された。六日に国民の弔問が始まると連日、昼夜にわたって全土から駆けつけた人々の長蛇の列が続いた。「私は渦のような大混雑に巻き込まれ、目の前では小柄な女性が信号機の柱に顔がひん曲がるほど押し付けられて悲鳴を上げていた。私は座り込んだ姿勢でそのまま大群衆に流されていた」（詩人のエフゲニー・エフトゥーシェンコの回想）

《この時の模様を、祝賀の民衆が殺到し多数の死者が出た帝政ロシア最後の皇帝、ニコライ二世の戴冠式（一八九六年五月）のモスクワでの大混乱と比較するロシアの専門家もいる》

弔問を受けた北京のソ連大使館では首相の周恩来がバニュシキン駐中国大使と手を取り合って号泣し、毛沢東もこらえずに涙を浮かべた。ロシア以外のソ連各共和国、スターリンが自らの勢力圏にした東欧各国や北朝鮮、モンゴル、北ベトナムなどでも政府機関に半旗が掲げられ、追悼集会が開かれた。

国葬の三月九日正午――。摂氏零度のモスクワの薄曇りの空に弔砲がとどろきわたった。赤の広場のレーニン・スターリン廟に独裁者の棺が安置された瞬間だった。ソ連全土の港や停車場で汽船や列車の汽笛が三分間も鳴り響いた。労働者は一斉に帽子を取って黙禱《もくとう》した。

これに先立ち廟上から葬儀委員長の政治局員、ニキタ・フルシチョフの開会宣言に続き、マレンコフが「我が時代の偉大な思想家、スターリン同志は新たな歴史的条件下でマルクス・レーニン主義を発展させた」と追悼の辞を読み上げた。二番手のベリヤは「党と国民はソ連国家の敵による陰謀に警戒心を研ぎ澄ましていかねばならぬ」と警告、最後にモロトフは「スターリンの不死の名は常にソ連国民の、そして全ての進歩的人々の胸に生きている」と称えた。廟上では中国首相、周恩来ら外国からの賓客が見守った。

一九二二年四月に党書記長になってから丸三十一年間の長きにわたったスターリン時代はここに終わりを告げた。その後、ソ連はもちろん、衛星諸国の町や通りなどが至るところで「スターリン」を冠した名前に変更された。ポーランドのカトウィツェはスターリノグルド（スターリンの町）となった。

一方で、「独裁者の死」が漏れ伝わった収容所群島の各地から噴き出した「反乱」の情報が新指導部を困惑させた。釈放より待遇改善や労働賃金支給などの要求が大半だった。モスクワの人権擁護団体「メモリアル」発行の資料集「連鎖」によると、五三年五月、ニッケルや銅、コバルトなどの産地で知られるシベリアの極北にあるノリリスク収容所では「バラックから群がり出てきた囚人らが武装警備兵に石や木片を投げつけ、警備兵の銃口が一斉に火を噴いて、二百五十―三百人の死傷者が出た」。極東のコルイマ収容所やウラルのボルクタ収容所でも囚人たちは「労働拒否」のストライキに打って出た。三月二十七日に「スターリン大赦令」が発布されたが、政治犯にはほとんど適用されなかった。

昏倒したスターリンが横たえられ、4日後に息を引き取った、「近い別荘」のソファ（斎藤勉撮影）

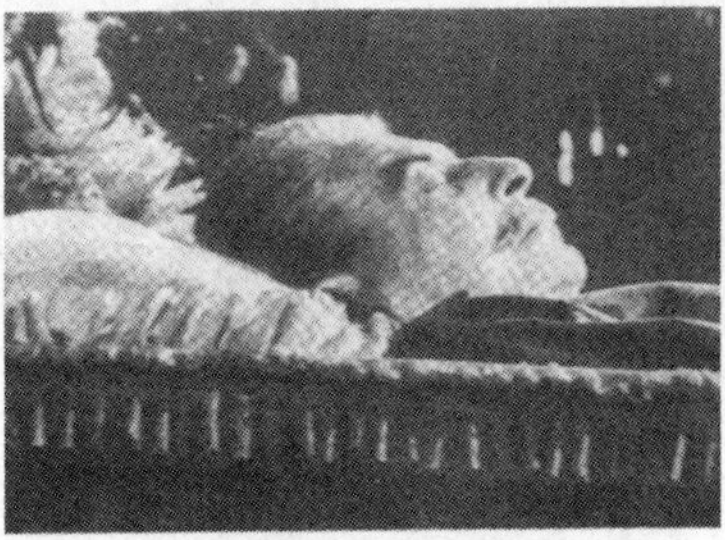

棺に横たわるスターリン

スターリンの死後、その影が薄れるにつれ、「非スターリン化」がわずかずつ進行していく。五三年三月末、独裁者の子息、空軍中将のワシーリーは「国営財産の横領」容疑などで軍籍を剥奪され、まもなく逮捕、投獄された。

《ワシーリーは六一年春に釈放され、タタール自治共和国の首都カザンに追放された後、翌年三月に四十一歳で死んだ。ちなみにスベトラーナはその後、インド人と結婚、夫の死後、遺骨を持ってインドに入国したまま亡命し、英国へ渡った》

四月四日にはベリヤ個人の決定で「医師団事件取り消し」の内務省決定が下され、逮捕された医師は全員釈放された。ベリヤは自分が標的になった「ミングレル事件」も取り消し、さらに西側からの見返り欲しさに、勝手に「ドイツ統一」の陰謀を進めるなど、新指導部内で主導権を握ろうとする独断的な野望が露《あらわ》となった。「ベリヤが指導者になれば『一九三七年』を上回る粛清が始まる恐れがある」と恐れていたフルシチョフらは六月二十六日、党幹部会（政治局は当時こう呼ばれていた）の席上、ベリヤを「秘密警察を党と政府の上に置こうとした」として軍部の助けを借りて電撃的に逮捕した。

《ベリヤは五三年十二月、処刑されたが、ベリヤが「近い別荘」の従事員、フリスタリョフを使い、スターリンを暗殺したとの説は今でも消えない。同年九月に党第一書記に選出されて実権を掌握したフルシチョフは五六年二月の第二十回党大会の秘密報告で大粛清を暴露、糾弾した有名な「スターリン批判」を行い、六一年十月の第二十二回党大会では「第二次スターリン批判」の後、スターリンの遺体をレーニン廟から引きずり出し、廟裏の元勲墓地に埋葬し直した。大元帥服から金ボタン

と襟章をはぎ取る容赦ない措置だった》

スターリンは晩年、自分で粛清した友人たちの顔が思い浮かぶのか、夜、別荘の庭で一人、故郷グルジアの愛唱歌「スリコ（女性の名前）」を口ずさむことがあった。「愛する人の墓を探したがなかなか見つからない／長らく、私はやつれ、苦しんだ／お前は、私のスリコは、一体どこにいる」

革命時代からの腹心だったモロトフ（八六年死亡）には次のような台詞《せりふ》を残している。

「わしの死後、墓の上にゴミの山が溜まることは知っている。しかし、歴史の風はそのゴミの山を無残に吹き散らしてくれるだろう」

《フェリクス・チューエフ著『帝国の兵士たち』による。自分の功績は次世代には理解されなくても、歴史はいつの日か評価してくれる、との意味である》

しかし、スターリン死後半世紀近く、「歴史の風」は地上から共産主義のゴミの山を吹き散らし、空《くう》を漂う独裁者の魂がさまよい降りることができそうな憩いの土地はほとんど残されてはいない。

あとがき

冗談だと思わずに読んでいただきたい。当代のロシアの著名な劇作家で、秘密古文書を駆使して大著『スターリン』をものしたエドワルド・ラジンスキー氏が一九九〇年代末、テレビ番組の制作でモスクワ郊外に現在も保存されているヨシフ・スターリンの私邸「近い別荘」の内部を取材した時の実話である。

「スタッフがビデオカメラを作動させた途端、カメラから異様な音がし始め、カメラを何回替えても同じだった。一番恐ろしかったのは、私がカメラの前で話し出すと、唇に何か重い物がまとわりついたように口を動かすことができなくなり、体中も重くなって、何度もとちってしまったことだ。私は心臓まで痛くなった。こんなことはかつてなく、取材予定を五時間もオーバーしてしまった。

後日、心臓の痛み止め薬を飲んで臨んだ二、三回目の取材も全く同様だったが、四回目に私が『スターリンはここで暗殺されたのかもしれません』としゃべったときだけは、実にスムーズに口が動いたんですよ」

まだある。ラジンスキー氏がスターリンの子供たち（ワシーリーとスベトラーナ）の乳母の墓を撮影し、現像すると、そこには軍服姿の男と女性らしい人影が写っていた、というのだ。「男はスターリン、女性は短銃自殺した妻のナジェージダではなかろうか」と氏は語った。

「近い別荘」の玄関の壁に掛かった時計の針は、今も、主人が息を引き取った（一九五三年三月五日午後）九時五十分で止まっている。ラジンスキー氏ほどの感受性に恵まれていない私でさえ、本書の資料収集と取材を始めた二〇〇〇年の初夏、真っ先に訪れた別荘では、「時代の流れを許さない凛とした威圧的な空気」とでも言ったらいいのか、そんな独特の緊張感にとらわれたものだった。

「スターリンの影」が支配しているのは、別荘の内部だけではない。モスクワの街には外務省本館を始め、冷戦終結後三十五年経った今も、天を突く尖塔がシンボルの「スターリン建築」が七棟も残り、戦争に備えて一九三五年、防空壕用に建設した堅牢な地下鉄は今なお、「地下の宮殿」の威容を誇っている。

外見ばかりではない。巨大なビル群を今も占拠している大官僚群の硬直した「官僚主義」は、一向に変質を見せない。それを揺るがすのにソ連崩壊後のこの三十三年はあまりに短い。大官僚体制はスターリン時代に源を発し、長年のスターリン独裁を支えた土台でもあった。

その官僚体制に依拠した「ノーメンクラツーラ」と呼ばれた「特権階級」も実はスターリン時代に定着した。一九二〇年代初め、レーニンはスターリンに覚書を送り、「モスクワ郊外に我々のために一、二の保養所をつくる時期ではないか。そのために金を使えばよい。われわれは金を既にドイツへの不可避の旅行（農民の大飢餓の時代に、党幹部はドイツの医師に健康診断を受けに行っていた）に費やしているが、これも続ける」と指示している。

スターリン時代を光源にその後のソ連と新生ロシアの歴史を照射してみると、フルシチョフ、ブレジネフ、アンドロポフ、チェルネンコ時代はほとんど光に霞んでしまい、根本的な「脱スターリン化」を目指したゴルバチョフとエリツィンの時代が一直線に光の先端に異彩を放って照らし出される。フルシチョフの「スターリン批判」は画期的ではあったが、私流に言えば「党・政府幹部のためだけの非スターリン化」であり、国民一般にとっては露骨な粛清や恐怖こそ減ったものの、生活レベルの恩恵はほとんどなかった。そして、エリツィン後のプーチン時代は再び、光に霞んでしまうのだ。

ソ連はゴルバチョフ時代到来までは無策のまま依然、嘘と暴力で固めたスターリン体制の遺産だけで食いつないできたのであり、その意味でソ連とはまさに「スターリンの国」であり続けたのだ。国家自体が「虚構の体制」である限り、ゴルバチョフがそこに「真性社会主義のメス」を入れようとすれば、国家は自壊するしかなかった。スターリン死後、ソ連がわずか三十八年間しか生き延びられなかった原因は、スターリン体制の本質そのものの中に根差していた。しかし、皮肉なことに、スターリンの負の遺産は、冷戦後三十五年も経ってプーチン体制に受け継がれ、非道の極みであるウクライナ侵略を筆頭に国内外の情勢に暗鬱な影響を与えている。

スターリンは実に行動半径の狭い指導者だった。一つには暗殺を極度に警戒していたこともあったろうが、逮捕、流刑、脱走を繰り返し、神出鬼没、国内と欧州を駆け回っていた革命前の運動家時代と比べ、独裁者になって以降、彼の日常はクレムリンと「近い別荘」の往復だけだったと言っても過言ではない。

これを補ったのは、第二次大戦中、百人以上もの各戦線の司令官級の名前と性格などをすべてそらんじていたと言われるほどの驚嘆すべき記憶力と、軍事・外交面で機を見て敏、素早く決断を下す「戦略的直観」の鋭さである。

それは「パラノイア（偏執症）」とも言われる異常な猜疑心とも相まって時に悪魔的な冴えを見せた。異常な地図好きで、戦前から戦中、戦後にかけ、欧米から極東に至る戦略状況を逐一、頭の中にインプットし、自ら全ての決断を下していた。ヒトラーとゲームのように欧州の領土を分け合い、国際法を踏みにじって日本の北方領土を占領し、脅迫まがいに東欧諸国に勢力圏を拡大し……と、地球をオモチャのように弄んだ。

もちろん、その判断や決断の結果が国際政治に与えた負の影響は計り知れない。しかし、大粛清を断行した「悪の巨魁」の内幕に潜んでいた戦略感覚は、日本外交にとっても大いなる「反面教師」として研究の価値があると私は思う。

本書執筆にあたり、日露双方の歴史家の方々からも貴重な資料や助言を頂戴し、今回の文庫版の出版に際しては小野塚康弘氏、川岡篤氏にご尽力いただいた。この場を借りてお礼を申し述べたいと思う。

二〇二四年三月

産經新聞論説委員　**斎藤　勉**

解説

佐藤　優

斎藤勉氏の名著『スターリン秘録』がいよいよ文庫になった。

ソ連は巨大な「悪の帝国」であった。近代の帝国には、通常、宗主国（本国）と植民地がある。ソ連帝国の場合も、ロシアという宗主国があり、沿バルト三国（エストニア、ラトビア、リトアニア）、ウクライナ、ベラルーシ、中央アジアなどソ連を構成した諸国はロシアの植民地であったという見方があるが、これは間違えている。ソ連帝国は、民族による支配、被支配の構造をとっていたわけではない。

民族を基準とするならば、ロシア語が上手でなく、ロシア人の血が入っていないスターリンが、ソ連共産党書記長として、ソ連帝国に君臨した理由が説明できない。むしろ逆のアプローチが必要とされる。スターリン現象を解明することによって、二十世紀最大の出来事であったソ連帝国の本質を明らかにするのだ。

ソ連にも中心があった。それはモスクワの「スターラヤ・プロシャジ（旧い広場）」にあったソ連共産党中央委員会だ。これは、マルクス・レーニン主義（共産主義）というイデオロギーによって創られた奇妙な「権力の中心」だった。共産党中央委員会の官僚は、絶大な権力を持ったが、政策遂行に対する責任は負わなかった。ソ連共産党中央委員会という中心は、この中心以外の、ロシア人を含む、すべての民族を弾圧した。また、ソ連共産党中央委員会の官僚でも、少しでも中心から外れると容赦なく粛清された。

この「権力の中心」を人格的に体現したのがスターリンだったのである。ある種のイデオロギー操作を加えると、無責任体制による官僚の恐怖支配が生じることをスターリン現象は示している。

斎藤勉氏は、プーチン政権が成立した直後、二〇〇〇年十月十一日から十二月二十三日にかけて、本書の元になる連載を行った。インタビュー、広範な文献の調査に基づいて本書は書かれている。ロシア人の書いた書物だけではない。イスラエルの著名なロシア専門家であるガブリエル・ゴロデッキー氏（テルアビブ大学教授、本書ではゴロジェツキーと表記）の著作からの引用が目をひく。イスラエルに在住するロシア系ユダヤ人だからこそ、ゴロデツキー氏は、スターリン主義のなかに病的な反ユダヤ主義が潜んでいることに気づいた。このゴロデツキー氏の学術的研究を斎藤勉氏はわかりやすくまとめて紹介している。この点は、私にとって、個人的にも大きな意味がある。

二〇〇二年五月十四日、私は当時勤務していた外交史料館（東京都港区麻布台）で、東京地方検察庁特別捜査部の検事によって逮捕され、今も刑事裁判を抱えている（二〇〇九年五月現在、最高裁判所に上告中）。二〇〇〇年四月、まさにゴロデツキー氏が中心となって行われたテルアビブ大学主催の国際学会「東と西の間のロシア」に袴田茂樹青山学院大学教授、田中明彦東京大学大学院教授、末次一郎安全保障問題研究会代表（故人、陸軍中野学校出身の社会活動家）などを日本から派遣する際の費用を外務省関連の国際機関「支援委員会」から支出したことが背任に問われたのである。この件については、『国家の罠　外務省のラスプーチンと呼ばれて』（新潮文庫、二〇〇七年）、『獄中記』（岩波現代文庫、二〇〇九年）で詳しく書いたので、ここでは繰り返さない。検察と手を握った外務官僚は、ゴロデツキー氏から得られる情報がたいした意味がないという趣旨の供述を行った。本書を読んでいただいた読者には、ゴロデツキー氏の見識がすぐれたもので、この人物からロシア情勢に関する助言を得るという着想が日本の国益という観点から間違っていなかったと納得していただけることと思う。

ロシア語同時通訳の第一人者で、作家としても著名な米原万里さん（一九五〇〜二〇〇六）が本書について、『週刊文春』で二回、書評している。同じ本を二回書評することは極めて稀だ。いったい何があったのだろうか？『週刊文春』二〇〇一年六月二十八日号に掲載された米原さん自身の記述を正確に引用しておく。

〈×月×日

深夜、産経新聞モスクワ支局長の斎藤勉氏より電話あり。前回私が酷評した『スターリン秘録』の著者。「スターリンとヒトラーの往復書簡など大スクープをなぜ評価しないのか」と詰め寄られる。「でも、それ一〇年ほど前に読んだ」と言うと、彼はビックリした。それで、ソ連崩壊前後、奇妙な本が出回ったのを思い出す。スターリンの愛人や補佐官や家政婦からの聴き書きを装い、なぜか、英語や仏語からの翻訳となっていた。細部など当人しか知り得ないと思わせる箇所もある一方、途轍もない事がサラリと記されていて、フィクションなのかとも思えた。トンデモ本、ゴミ本扱いだった。今にして思えば、重大真実を知る者が余命幾ばくもなくなり証言しておかねばという歴史的使命感にとらわれるものの、未だKGB健在だった頃で危険回避のために編み出したややこしい出版方法なのではないか。虚実の判別不能だったのを、『スターリン秘録』が資料的裏付けのあるまぎれもない事実として明らかにした功績は高く評価すべきだった。申し訳ないことをした。〉(米原万里『打ちのめされるようなすごい本』文春文庫、二〇〇九年、四七頁)

米原さんは、スターリンについての関心がとても強かった。日本共産党幹部のお父さんに連れられてプラハのロシア語学校に通い、東京外国語大学、東京大学大学院時代には日本共産党員として活躍し、共産党東大支部内での党指導部批判のあおりで、離党した米原さんにとって、スターリン主義について解明することとは、自らの人生の意味を検証することでもあったのだろう。読書家の米原さんが、ソ連崩壊前後にあらわれたスターリンに関するロシア語の書籍を読みあさった情景が目に浮かぶ。それ故に、斎藤勉氏が、情熱を傾けて情報と資料を集め、読み解いた『スターリン秘録』について、米原さんは既読感をもったのだ。斎藤氏からの電話で、米原さんの脳裏に「そういえば、このこういう話はすべてロシア語で読んだ」という記憶がよみがえってきたのであろう。〈虚実の判別不能だったのを、『スターリン秘録』が資料的裏付けのあるまぎれもない事実として明らかにした功績は高く評価すべきだった〉というのが、米原さんの本書に対する真実の評価なのである。

ソ連が日本共産党を通じて、本格的に日本政府の転覆と革命を目指していたことを知り、戦慄した。ここで大きな役割を果たしたのが袴田里見氏（故人、元日本共産党副委員長）である。一九五一年八月上旬、モスクワ郊外のクンツェボの別荘で、袴田氏は、徳田球一氏、野坂参三氏、西沢隆二氏とともにスターリンと会見する。

そこでスターリンは袴田氏に指示を与える。

〈スターリンは立ち上がり、パイプをくゆらせながら、マレンコフやベリヤの後ろを行ったり来たりして、袴田にゆっくり、話しかけた。

「袴田同志、あなたたちは今、党中央に対して反対派をつくっている。これはよくない。あなたは金属労働者ではないか。労働者は団結しなければ勝利はできない。このテーゼ（綱領）は我々も協力して仕上げたものだ。この方針に基づいて、日本の党は前進してほしい」〉（本書二五六頁）

このテーゼとは日本共産党のいわゆる「五一年綱領」のことで、武装革命を主張していた。スターリンの袴田氏に対する指令を斎藤勉氏はこう読み解く。

〈スターリンが袴田に「日共の団結」を促した背景には、当時、膠着《こうちゃく》状態に陥っていた朝鮮戦争で、軍事介入していたソ連と中国の後方支援勢力としての日本の共産主義陣営が結束して、日本を北朝鮮への出撃基地としている米軍を攪乱させる遠謀があった。事実、クンツェボでの二回目の会議でスターリンは日本側にこう強調している。「米占領軍が日本の至る所で耐え難いような状況をつくることが必要だが、このためには愛国勢力の統一戦線構築を考えねばならぬ」〉（本書二五八頁）

朝鮮戦争の後方基地である日本で、武装蜂起を起こして後方攪乱を行い、北朝鮮に有利な情勢を形成し、さらにそれを日本革命につなげていこうとする恐るべきシナリオだ。

袴田里見氏の弟・袴田陸男氏は、戦争でソ連軍の捕虜となり、シベリアに抑留された。シベリアの捕虜収容所でソ連当局に協力し、「シベリア天皇」と恐れられた。戦後は、ソ連に残留し、ソ連国籍をとり、ソ連共産党員となった。袴田兄弟を通じてソ連がどのような対日工作を行い、その影響が現在にも及んでいるかどうかについて調査することが、日ソ関係の闇を解き明かすために必要な仕事として残っていることを本書を読んで痛感した。

麻生太郎政権になってから、北方領土交渉で、歯舞群島、色丹島、国後島の三島に加え、択捉島の面積の二五％を加えれば、北方四島の総面積の二分の一が日本領になるので、この辺でロシアと手打ちができるのではないかという情報が政府筋からとき

ど き聞こえてくる。領土は国家の礎で、北方四島が日本領であることを確認して、平和条約を締結するという基本方針を変更してはならない。原則を譲ることはできない。他方、原則をきちんと持つ者は、それ以外の部分で、大胆な妥協をすることができる。どうも現在の日本外交を見ると、原則とそれ以外の部分が滅茶苦茶になっていて、きちんとした外交戦略を組み立てることができていないように思えてならない。

北方領土問題を理解する原点は、あの戦争の性格をどうとらえるかだ。米国、英国、オランダとの関係において、あの戦争は典型的な帝国主義戦争だった。日本とこれら諸国の間の責任は五分と五分だ。これに対して、ソ連は一九四五年八月八日、当時有効だった日ソ中立条約を侵犯し、宣戦布告を行った。あの戦争で日本はソ連によって侵略された側なのである。確かに現在のロシアは共産全体主義体制のソ連を打倒して生まれた資本主義国だ。しかし、国際法的にロシアはソ連の継承国なので、ソ連の行為に対する責任を負わなければならない。

スターリンは、南樺太、千島列島に加え北方四島を占領した。しかし、米国が想定したソ連による日本軍の武装解除は、南樺太までで、それより先はスターリンの侵略主義に基づくことが、本書で明確にされた。

〈加えて、米大統領ハリー・トルーマンは（引用者註＊一九四五年八月）十五日の

「一般命令第一号」で、ソ連が日本軍の降伏を受ける地域にクリール諸島を含めていなかった。このため、スターリンは十六日、トルーマンに電報を打ち、全クリール諸島と、北海道の釧路と留萌を結ぶ線の北側、それに東京でのソ連軍配備地域をソ連への日本軍降伏地域に加えるよう要求した。

その理由について「この提案はロシアの世論に特別の意味を持っている。日本は一九一九―二一年、(ロシア革命後の対ソ軍事干渉で)ソ連の全極東部を占領した。もしロシア軍が日本固有の領土の一部に占領区域を持てないなら、ロシアの世論はひどく侮辱されたことになる」と説明した。「軍事干渉の報復として全クリールと北海道「北部をよこせ」という、スターリンのなりふり構わぬ領土的野心の表明だった。〉(本書一三五頁)

トルーマン大統領はこの要求を拒否する。その結果、留萌・釧路線以東の一部北海道占領政策は実現しなかった。仮にトルーマンがもう少しぼんやりしていたならば、留萌・釧路線以東の北海道、北方四島、樺太による「日本民主主義人民共和国」が生まれていたと思う。そうなれば日本もイデオロギーに基づく分断国家の悲劇を味わうことになった。

本書を読むと、ロシアの地政学からスターリンのような人物が生みだされたことがよくわかる。ロシアは日本の隣国だ。嫌な隣人であっても引っ越すことはできない。そのためにもスターリン主義の内在的論理を本書から正確に読み取り、ロシアから軽く見られないような外交戦略を構築する必要がある。

（二〇〇九年五月十三日、作家・元外務省主任分析官）

スターリン略年譜

1879年　12月21日　スターリン、グルジアのゴリに生まれる（詳細は、本文「出生の秘密」の項参照）
この年、フランス、「ラ・マルセイエーズ」を国歌として復活
ドストエフスキー『カラマゾフの兄弟』
エジソン、電球を発明
1883年　3月14日　カール・マルクス死去。7月29日に、ムソリーニ誕生
1888年　正教神学校入学
1894年　6月　ゴリ神学校に進学
8月1日　日清戦争勃発
1895年　12月8日　レーニン、逮捕される
1897年　2月　レーニン、シベリア流刑（刑期三年）
1898年　8月　グルジアのメサメ・ダシ（社会民主主義組織）に加入
この年、キュリー夫妻、ラジウムを発見
1899年　5月29日　「神はいない」と宣言し、放校処分に（19歳）
1900年　1月29日　レーニン、流刑期満了（7月、国外へ）
1901年　3月　家宅捜索を受け、地下に潜入
11月11日　ロシア社会民主労働党チフリス委員会委員に選出される
1902年　4月5日　会議中に逮捕、投獄される（初の逮捕。17年の革命まで七回逮捕〔八回説も〕）
この年、ゴーリキー『どん底』
1903年　3月　党カフカス連盟委員会委員に選出される

7月30日　ロシア社会民主労働党第二回大会、ボリシェビキとメンシェビキに分裂
11月　イルクーツク県ノーバヤウダの流刑地着
この年、ライト兄弟、初飛行に成功（12月17日）

1904年　1月5日　流刑地を脱走
2月10日　日露戦争始まる
6月　活動拠点をバクーに移す

1905年　1月22日　「血の日曜日」事件
6月14日　戦艦ポチョムキンの水兵蜂起（～24日）
10月26日　サンクトペテルブルクに労働者代表ソビエト成立
12月12日　タンメルフォルス（フィンランド）でロシア社会民主労働党第一回協議会開催
スターリン、初めてレーニンに会う
この年、アインシュタイン、相対性理論を発表

1906年　4月10日　ストックホルムでロシア社会民主労働党第四回大会に参加
この年、ゴーリキー『母』

1907年　4月30日　ロンドンでのロシア社会民主労働党第五回大会（～5月19日）に参加
スターリン、初めてトロツキーを目撃
10月25日　党バクー市委員会委員に選出される
この年、長男ヤコフ誕生？

1908年　2月27日　逮捕、投獄される
11月9日　二年の流刑に処せられる

1909年　6月27日　脱走し、サンクトペテルブルクを経てバクーに戻る

1910年　3月23日　この年、レーニン『唯物論と経験批判論』
1911年　6月27日　逮捕、投獄される
　　　　7月6日　流刑期満了
　　　　9月9日　警察の秘密監視下に入る
　　　　10月10日　逮捕され、サンクトペテルブルクの未決拘禁所に収容される
　　　　12月14日　辛亥革命始まる
　　　　　　　　三年間の流刑に処せられる
1912年　1月5日　この年、アムンゼン、初めて南極に到達（12月14日）
　　　　　　　　プラハでのロシア社会民主労働党第六回全国協議会で欠席のまま中央委員に
　　　　2月22日　脱走し、バクーに戻る
　　　　4月22日　レーニン、サンクトペテルブルクで「プラウダ」創刊
　　　　　　　　逮捕、投獄される
　　　　7月　三年間の流刑に処せられる
　　　　9月2日　流刑地を脱走（9月12日、サンクトペテルブルク着）
　　　　　　　　この年、タイタニック号沈没（4月15日）
1913年　1月　ウィーンで論文「民族問題と社会民主党」執筆
　　　　2月23日　逮捕、投獄される
　　　　7月2日　四年間の流刑に処せられる
1914年　4月　北極圏のクレイカ村に移され、監視強まる
　　　　7月28日　第一次世界大戦勃発
　　　　　　　　この年、パナマ運河開通（8月15日）

1916年　12月14日　流刑者の兵役編入により、クラスノヤルスクへ
この年、レーニンの『帝国主義論』完成

スターリン関係年表

【ロシア・ソ連の動き】

1917
2　スターリン、兵役を免除され、アチンスクに移住
3・12　ペトログラードで労兵ソビエト組織成立
15　ロマノフ王朝滅亡（ロシア二月革命）
4・4　スターリン、「プラウダ」の編集部員になる
レーニン、帰国（翌日「四月テーゼ」発表）
7・16　ペトログラードで労働者五十万人の示威（七月事件）
21　ケレンスキー内閣成立
10・23　ボリシェビキ中央委員会、武装蜂起を決定
11・7　ボリシェビキ、ソビエト政権樹立宣言（ロシア十月革命）

1918
1・18　全露ソビエト大会

【世界の動き】

1917
4・6　米、独に宣戦布告
7・20　独キール軍港で水兵反乱

1918
1・8　米ウィルソン、平和に関する十四カ条

2・10　トロツキー、対独墺戦争状態終結宣言
3・3　ブレスト・リトフスク条約
12　モスクワ遷都
6　スターリン、食糧徴発のため南ロシアのツァリーツィンへ
（38歳。民族問題人民委員〔民族相〕として）
7・17　ニコライ二世一家処刑

1919
3・2　コミンテルン創立大会（モスクワ）
11・14　赤軍、オムスク占領

3・9　英干渉軍、ムルマンスク上陸（対ソ干渉戦争）
21　独軍、西部戦線で大攻勢
8・2　日本、シベリア出兵宣言
11・3　独キール軍港で水兵反乱
11　ドイツ降伏（第一次大戦終結）

1919
1・18　パリ講和会議
19　ワイマール共和国成立（ドイツ革命）
3・1　朝鮮、三・一独立運動（三・一万歳事件）
23　ムソリーニ、「戦闘者ファッショ」結成
5・4　五・四運動始まる
6・28　ベルサイユ講和条約調印

1920

4・25 ソビエト・ポーランド戦争

5・25 尼港事件

10・23 党中央委、トロツキーを政治局から追放

1921

2・28 クロンシュタットの水兵反乱

3・8 共産党第十回大会
（16日、新経済政策〔ネップ〕、「分派の禁止」採択）

5・6 独ソ通商条約調印

1922

12・23 英、インド統治法公布

1920

1・10 国際連盟発足

11・15 国際連盟第一回総会

1921

7・1 中国共産党創立

11・12 ワシントン海軍軍縮会議

1922

4・3　スターリン、党書記長に選出される（終生この地位に）
5　レーニン、脳梗塞の発作で倒れる
12・23　レーニン、「大会への手紙」（いわゆる「遺書」）を口述
30　ソビエト社会主義共和国連邦（ソ連邦）成立
レーニン、大ロシアショービニズム（排外的愛国主義）とスターリンを非難
1923
1・4　レーニン、スターリン書記長解任を提議した手紙を口述
3　レーニン、激しい発作で廃人同様に
4・17　ロシア共産党第十二回党大会（〜25）

2・6　ワシントン海軍軍縮条約調印
10・28　伊、ファシストのローマ進軍開始
31　ムソリーニ政権成立
11・1　オスマン帝国滅亡
1923
1・26　孫文・ヨッフェ共同宣言（ソ連、中国革命支援を約束）

		レーニンの「遺書」、秘匿される	9・1	関東大震災
		スターリン、ジノビエフとカーメネフを巻き込みトロツキーを包囲	10・29	トルコ共和国成立（大統領にケマル・アタチュルク）
	6	レーニンの政治局担当女性秘書を解任	11・8	ヒトラーら、一揆失敗（ミュンヘン一揆）
1924	1・21	レーニン死去（53歳）	1・20	中国、第一次国共合作
	26	スターリンのレーニン追悼演説		
		ペトログラードをレニングラードと改称		
		ツァリーツィンをスターリングラードと改称		
	12	スターリン、「一国社会主義論」を提唱（ブハーリン同調、ジノビエフとカーメネフは反対）		
1925				

1・15　トロツキー、軍事人民委員解任
5・23　ロシア共産党第十三回党大会（〜31）、スターリン書記長留任
10・12　独ソ通商条約調印
16　ロカルノ条約仮調印
12・18　スターリンの一国社会主義理論採択

1926
4・6　党中央委員会総会（〜9）ジノビエフとカーメネフ、トロツキーと「合同反対派」を結成
24　独ソ友好中立条約調印
10・23　共産党中央委員会、トロツキーを政治局より追放

1927

3・12　孫文、北京で客死
4・26　独、ヒンデンブルク元帥、大統領に当選
5・30　中国、五・三〇事件

1926
3・20　蔣介石、広州に戒厳令（中山艦事件）
5・1　英、炭鉱スト、ゼネストに発展
7・9　蔣介石、北伐開始

1927

7・15　コミンテルン日本問題特別委員会、「二七年テーゼ」
12・2　全ソ連邦共産党第十五回大会、第一次五カ年計画承認、トロツキー、ジノビエフ、カーメネフらの除名を決定

4・18　蔣介石、南京に国民政府樹立
10　毛沢東、井崗山に革命根拠地建設

1928
1・17　トロツキー、アルマアタへ流刑
7・17　コミンテルン第六回大会、綱領を決定
10・1　第一次五カ年計画開始

1928
6・9　北伐軍、北京入城（北伐戦争終わる）
10・8　蔣介石、国民政府主席に就任
11・15　ファシスト大評議会、イタリアの正式国家機関に

1929
2・11　トロツキー、トルコへ国外追放
4・23　全連邦共産党第十六回協議会（～29）

1929

第一次五カ年計画を承認
農業集団化に伴う富農（クラーク）絶滅作戦決議
11・10　党中央委員会総会、ブハーリンらを追放

1930

6・26　第十六回党大会（〜7・13）ルイコフを追放
12・20　モロトフ、人民委員会議議長に就任

1931

3・25　コミンテルン執行委第十一回総会

10・24　ニューヨーク株式市場大暴落（暗黒の木曜日）
（世界恐慌の発端）

1930

1・21　ロンドン海軍軍縮会議開催（4・22調印）
3・12　ガンジー、インドの完全独立をめざして「塩の行進」開始
9・14　独国会選挙、ナチス党躍進（十二議席が百七議席に）

1931

5・11　オーストリアの中央銀行破産
（世界金融恐慌の発端）

6・23 スターリン、「経済建設の新任務」演説
24 独ソ中立条約更新
10・29 満州事変に中立不干渉を声明
12・5 キリスト救世主聖堂、爆破される
1932
1・5 重工業人民委員部、工業人民委員部創設
5・1 ドニエプル発電所操業開始
7・25 エストニア、ラトビア、フィンランド間に不可侵条約
11・9 スターリンの二度目の妻、ナジェージダ・アリルーエワ短銃自殺

9・18 関東軍、柳条湖の満鉄線路爆破（満州事変の発端）
28 国際連盟、緊急理事会
10・24 国際連盟理事会、日本の満州撤兵勧告
11・7 中華ソビエト共和国臨時政府樹立
12・11 犬養政友会内閣成立
1932
1・7 スティムソン・ドクトリン
9 独、賠償支払不可能を声明
28 上海事変始まる
2・2 ジュネーブ軍縮会議（〜7月）
3・1 満州国建国を宣言
5・15 五・一五事件（犬養首相暗殺）
7・31 ナチス、独国会選挙で第一党に
11・8 ルーズベルト、大統領選で勝利

29 仏ソ不可侵条約調印

1933
1・7 スターリン、第一次五カ年計画の総決算発表
6・20 白海・バルト海運河（スターリン運河）開通
9・2 伊ソ不可侵条約調印

1934
1・26 第十七回党大会（〜2・10）第二次五カ年計画案採択
ブハーリン、ルイコフ、クループスカヤら自己批判

1933
1・30 ヒトラー、独首相に就任
2・24 国際連盟総会、満州国不承認
3・4 ルーズベルト、大統領就任
9 米、ニューディール法案可決
23 独国会、ヒトラーの全権委任法可決
27 日本、国際連盟脱退
10・14 独、国際連盟脱退
11・17 米、ソ連を承認

1934

9・18 国際連盟に加盟、常任理事国に
12・1 キーロフ暗殺（大粛清への口火）
16 ジノビエフ、カーメネフ逮捕

1935
1・15 党中央委、憲法改正を決定
5・2 仏ソ相互援助条約調印
14 モスクワに地下鉄開通
7・25 第七回コミンテルン大会（〜8・28。最後の大会）

1936
5・8 独ソ通商協定締結

6・30 独、レーム事件（「血の粛清」始まる）
10・15 中国共産党、長征開始
12・29 日本、ワシントン海軍軍縮条約破棄

1935
1・13 遵義会議で毛沢東の指導権確立
5・28 仏、反ファシズム人民戦線結成
10・3 伊軍、エチオピア侵攻
11 国際連盟、対伊経済封鎖決議

1936
1・15 日本、ロンドン軍縮会議脱退通告
2・26 二・二六事件
3・7 独、ラインラント進駐
5・9 伊、エチオピア併合宣言

8・12　徴兵年齢を19歳に引き下げ
25　第一次モスクワ裁判（ジノビエフ、カーメネフら十六名死刑）
9　エジョフ、内務人民委員（内相）に就任
12・5　新ソ連憲法（スターリン憲法）採択

1937
1・23　ラデック、ピャタコフら公開裁判（第二次モスクワ裁判）
3・5　ブハーリン、ルイコフ逮捕
6・11　トハチェフスキーらに死刑判決、即日処刑
7・15　モスクワ・ボルガ運河開通
8・6　米ソ通商協定成立
12　ソ連と国民党政権、中ソ不可侵条約締結

7・17　スペイン内乱始まる
8・1　ベルリン・オリンピック開幕
10・25　ローマ・ベルリン枢軸結成
11・3　ルーズベルト、大統領再選
25　日独防共協定調印

1937
6・7　第一次近衛内閣成立
7・7　盧溝橋で軍事衝突（日華事変）
9・23　中国、抗日民族統一戦線結成
11・6　日独伊防共協定成立

12・12 最高ソビエト第一回総選挙

1938

1・8 メイエルホリド劇場解散される

12 新憲法に基づく第一回最高会議（～19）

3・15 ブハーリン、ルイコフら十八名銃殺（第三次モスクワ裁判）

7・11 張鼓峰（ハサン）で日ソ両軍衝突（ハサン事件）

11・12 スターリン、一度に三千百六十七人の銃殺裁可

1939

3・2 スターリン、全連邦共産党第十八回大会（～13）で全権を完全掌握、第三次五カ年計画を決定

12・11 伊、国際連盟脱退

13 中国国民政府の南京陥落

1938

2・4 ヒトラー、統帥権掌握

3・14 ヒトラー、オーストリア併合宣言

4・1 日本、国家総動員法公布

9・29 ミュンヘン協定（～30）

10・27 日本軍、武漢三鎮占領

仏、人民戦線崩壊

1939

3・15 独軍、チェコのプラハに入城

28 スペイン内乱終結

5・3　モロトフ、外相に任命される
8・23　独ソ不可侵条約（モロトフ・リッベントロップ条約）締結
9・17　赤軍（ソ連軍）、東ポーランド侵攻
28　独ソ国境友好条約調印
11・30　ソ連軍、フィンランド侵攻
（冬戦争。1940年3月12日講和）
12・14　国際連盟、ソ連を除名
21　スターリン、還暦

1940
1・2　エジョフ内相銃殺
6・17　ソ連軍、バルト三国に進駐
7・1　ソ連軍、ルーマニアに進駐
21　バルト三国、ソ連邦加盟を決議
8・20　トロツキー暗殺
31　バルト三国、ソ連軍に編入

5・11　ノモンハン（ハルヒン・ゴル）事件
8・28　「欧州情勢複雑怪奇」として平沼内閣総辞職
9・1　独軍、ポーランド侵攻（第二次世界大戦始まる）
3　英仏、ドイツに宣戦布告
27　ワルシャワ陥落

1940
1・26　日米通商航海条約失効
5・10　チェンバレン辞職、チャーチル挙国一致内閣成立
6・14　独軍、パリ占領（フランス陥落）
7・22　第二次近衛内閣成立
9・27　日独伊三国同盟調印

11・12 モロトフ外相、ヒトラーと会談

1941

1 独ソ戦の机上シミュレーション（模擬戦争）

参謀総長ミェレツコフ解任（後任ジューコフ）

4 帝政ロシア時代の軍服を復活

13 日ソ中立条約調印

5 独、ソ連に直接対話をめざす極秘交渉を提案

4 スターリン、人民委員会議議長（首相）に

6・22 ドイツ、ソ連に電撃侵攻（独ソ戦開始）

29 白ロシア（ベラルーシ）の首都ミンスク陥落

7・3 レーニンの遺体、疎開

10・5 独軍、ルーマニア進駐

12 日本、大政翼賛会発足

11・5 ルーズベルト、大統領に三選

12 ヒトラー、ソ連侵攻計画を正式決定

1941

3・6 独軍、ユーゴ、ギリシャ侵攻

5・6 対日スパイ、ゾルゲによる暗号電報「ヒトラー、ソ連殲滅を決断」

10 ナチス・ドイツ副総統ルドルフ・ヘス、英国上空で撃墜されるが、生還

27 米、国家非常事態を宣言

6・1 ゾルゲ、独の対ソ侵攻を緊急暗号電報で警告

14 米、独伊の在米資産凍結

22 チャーチル、ソ連支援の演説

7・18 第三次近衛内閣成立

スターリン、ラジオで「国民への呼びかけ」
16 長男ヤコフ（34歳）、捕虜に（1943年4月14日射殺）
8・16 恐怖の軍律「最高総司令部指令第二七〇号」
9・19 独軍、レニングラード包囲（1944年1月まで九百日）
10・2 独軍、モスクワ攻撃開始

1942
8・1 モスクワ会談
12 チャーチル、初のモスクワ訪問（～16）

---

25 米、在米日本資産凍結
8・1 米、対日石油輸出の禁止
2 米英、大西洋会談（14日、大西洋憲章発表）
10・18 リヒャルト・ゾルゲ逮捕（ゾルゲ事件）
東条内閣成立
12・8 日本軍、ハワイ・真珠湾攻撃（太平洋戦争始まる）
米英、対日宣戦布告
11 独伊、対米宣戦布告

1942
1・2 日本軍、マニラ占領
2・15 日本軍、シンガポール占領
6・5 ミッドウェー海戦、日本海軍敗退
8・7 米軍、ガダルカナル島上陸
13 米、原爆製造のマンハッタン計画開始

22 スターリングラード攻防戦開始
11・19 ソ連軍、スターリングラードで反撃（ウラン作戦）

1943
2・2 スターリングラードで独軍敗北、戦闘終結
4・14 捕虜だったスターリンの長男ヤコフ、銃殺される
5・15 コミンテルン解散
6・23 ソ連軍、ハリコフ奪回
11・6 ソ連軍、キエフ奪回

1944
1・20 レニングラード解放

11・8 連合軍、北アフリカ上陸作戦
12・31 ガダルカナル島で日本軍敗退

1943
1・14 カサブランカ会談（枢軸国への無条件降伏要求）
2・1 日本軍、ガダルカナル撤退
5・13 北アフリカ戦線、独伊軍降伏
6・20 デトロイトで黒人暴動
7・25 ムソリーニ、逮捕される
8・11 第一次ケベック会談（〜24）
11・22 カイロ会談（〜26）
28 テヘラン会談（〜12・1）

1944
3・8 インパール作戦開始

5・9　ソ連軍、クリミア半島奪回
10・9　スターリン、チャーチル会談（モスクワ）
（バルカン勢力分割協定）
11・12　スターリン、日ソ中立条約の破棄を確約
12・10　ドゴール、モスクワで仏ソ同盟条約調印
1945
1・29　ソ連軍、ワルシャワに侵攻
ソ連軍、ブタペストに侵攻
3・28　レーニンの遺体、モスクワに戻る

5・20　米、共産党解散
6・6　連合軍、ノルマンディー上陸
7・7　サイパン陥落
18　東条内閣総辞職
20　ヒトラー爆殺計画失敗
8・21　ダンバートン・オークス会議
25　パリ解放
9・11　ケベック会談（～16）
10・24　レイテ沖海戦
11・7　ルーズベルト、大統領四選
24　B29、東京初空襲
1945
2・4　ヤルタ会談（～11）
3・9　東京大空襲（～10）
17　硫黄島の日本軍全滅

4・16 ソ連軍、ベルリン総攻撃
6・26 スターリン、大元帥に
8・8 ソ連、対日宣戦布告
14 中ソ友好同盟条約締結
24 スターリン、日本人シベリア連行の秘密命令

1946
2・9 スターリン、第四次五カ年計画発表
10 最高会議第二回総選挙

4・1 米軍、沖縄上陸
12 ルーズベルト、脳出血で死去
（トルーマン、大統領に）
25 ベルリン陥落、米ソ両軍、エルベ川の出会い
28 ムソリーニ、銃殺される
30 ヒトラー、自殺
5・7 独、降伏
6・26 国際連合成立
7・15 ポツダム会談（～8・2）
16 米、世界初の原爆実験成功
26 「対日ポツダム宣言」発表
8・6 広島に原爆投下
9 長崎に原爆投下
14 日本、ポツダム宣言受諾
11・20 ニュルンベルク国際軍事裁判（～46・10・1）

1946
1・10 国連第一回総会
2・8 北朝鮮に臨時人民委員会成立
（委員長に金日成〔34歳〕）

5・3　ソ連軍、中国東北部からの撤退完了
10・18　マレンコフ、副首相に就任
29　国連総会に軍縮案提出
1947
3・10　対独講和をめぐる四国外相会議（〜4・24）
6・27　マーシャル・プラン関係会議（〜7・2）ソ連、会議に出席したが、プラン参加拒否
9・22　コミンフォルム（共産党・労働者党情報局）創設
1948
2・10　ショスタコービッチ、プロコフィエフ、批判される

3・5　チャーチル、「鉄のカーテン」演説
5・3　極東国際軍事裁判（東京裁判）開廷
7・4　フィリピン共和国独立宣言
12　中国、国共両党、全面的内戦に突入
12・20　第一次インドシナ戦争に突入
1947
3・12　トルーマン・ドクトリン
6・5　欧州復興計画「マーシャル・プラン」
8・1　インド、独立
1948
1・30　ガンジー暗殺

6・19 コミンフォルム第二回会議、ユーゴスラビアを除名

1949

1・25 経済相互援助会議（コメコン）設立

30 ソ連副首相ミコヤン、訪中（中ソ共産党幹部初めて接触）

3・5 モロトフ、ミコヤン解任

7 劉少奇、モスクワを秘密訪問

8・29 ソ連、最初の原爆実験成功

4・1 ベルリン封鎖始まる（1949年5月12日解除）

22 中国人民解放軍、延安を奪回

8・13 大韓民国樹立

9・9 朝鮮民主主義人民共和国建国（首相に金日成）

12・10 国連総会、「世界人権宣言」採択

1949

4・4 北大西洋条約機構（NATO）発足

5・12 ベルリン封鎖解除

23 ドイツ連邦共和国（西ドイツ）成立

10・1 中華人民共和国成立

7 ドイツ民主共和国（東ドイツ）成立

11・11　コミンフォルム第三回会議（最後の会議）
12・21　スターリン、古希の式典（スターリン、毛沢東、初会談）

1950
2・14　中ソ友好同盟相互援助条約調印
3・12　第三回最高会議総選挙
30　金日成、モスクワ極秘訪問（〜4・25）
9・12　トルクメン運河の建設開始
12・31　第四次（戦後第一次）五カ年計画終了

1951
6・1　中ソ通商条約締結
23　国連大使マリク、朝鮮戦争休戦を提案

1950
6・25　朝鮮戦争勃発
9・15　マッカーサー指揮下の国連軍、仁川に上陸
10・1　国連軍、三八度線を越えて北進
25　中国人民義勇軍、朝鮮戦争に参戦

1951
4・1　トルーマン、マッカーサーを解任
7・10　朝鮮休戦会談、開城で始まる（戦闘は継続）

9・13 シベリア大水利計画に着手

1952

7・10 ボルガ・ドン運河開通

8・12 中国政府代表団（団長、周恩来）、モスクワ訪問

（9月16日、共同コミュニケ発表）

10・5 ソ連共産党第十九回大会（マレンコフが主報告）

全連邦共産党、ソ連共産党と改称

1953

1・13 医師団陰謀事件

3・5 スターリン、脳出血で死去

6 マレンコフ、閣僚会議議長（首相）に就任

9・8 サンフランシスコ対日平和条約調印

同時に日米安全保障条約調印

1952

2・26 チャーチル、英の原爆保有を公表

4・28 サンフランシスコ対日平和条約発効

11・1 米、エニウェトク環礁で初の水爆実験

4 米大統領選、アイゼンハワー圧勝

1953

1・14 ユーゴ、チトーを初代大統領に選出

7・27 朝鮮休戦協定調印

8・8　マレンコフ、ソ連の水爆保有を発表
12　ソ連、サハロフらが完成させた水爆の初実験
9・12　ソ連共産党第一書記にフルシチョフ就任

Vojtech Mastny 著　1996発行
◎「8 rothers in Arms. The Rise and Fall of the Sino-Soviet Alliance, 1945-1963」
OddArneWestad 著　1998年発行
◎「Dimitrov & Stalin. 1934–1943. Letters from the Soviet Archives」
Alexander Dallin, F. Firsov　2000年発行
Kathrin Wesersby "Stalin, Mao and the End of the Korean War"

アビ・シュレイム『米国とベルリン封鎖』

日本語

『変わる日ロ関係』安全保障問題研究会編　1999年発行
『偽りの同盟』秋野豊著　勁草書房　1998年発行
『私の戦後史』袴田里見著　朝日新聞社　1978年発行
『さまざまな生の断片／ソ連強制収容所の20年』ジャック・ロッシ著　成文社発行　外川継男訳　1996年発行
『モスクワで粛清された日本人』加藤哲郎著　青木書店　1994年発行
『世界歴史大系——ロシア史3』山川出版社発行　1997年発行
『フルシチョフ秘密報告——スターリン批判』全訳解説・志水速雄　講談社学術文庫　1977年発行
『北方領土問題と日露関係』長谷川毅著　筑摩書房　2000年発行
『ロシア・ソ連を知る事典』平凡社発行　1989年発行

＊参考文献は 453 ページよりご利用下さい。

《Огонек》
「アガニョーク」誌
1989年第14号
《Дело No. 537》Валентин Рябов
「第537号書類」（ワレンチン・リャボフ著）

新聞

《Красная Звезда》
「赤星」紙　ロシア国防省機関紙　2000年6月17日付
「赤星」紙　ロシア国防省機関紙　2000年2月12日付
《Независимая Газета》「独立新聞」
2000年8月10日付
2000年9月2日付
《Известия》
「イズベスチヤ」紙　2000年12月8日付

資料

ロシア国防省古文書
「ロシア社会・政治史国家古文書館」所蔵の古文書
ロシア大統領古文書
ロシア軍警察局

英語

◎「The Soviet Tragedy. A History of Socialism in Russia, 1917-1991」
Martin Malia 著　1994発行
◎「The Cold War and Soviet Insecurity. The Stalin Years」

「スターリンと毛、マルキシズム」(アルネ・オッド・ウエスタード著)
1998年8号
《Земля слухом полнилась》Елена Зубкова
「噂は風より早かった」(エレーナ・スブコワ著)
《Военно-исторический журнал》
「軍事史誌」(ロシア軍参謀本部発行)
2000年5・6月号
《Кто спровоцировал смерть старшего сына И.В.Сталина》Т.Драмбян
「誰がスターリンの長男の死を挑発したか」(T. ドラムビャン)
No.3、5 1993
《О масштабах репрессий в Красной Армии в предвоенные годы》А.Степанов
「第二次世界大戦前における赤軍の粛清の規模」(A. ステパノフ著)
No.4 1991
《Японские военнопленные в СССР:правда и домыслы》В.Галицкий
「ソ連での日本人捕虜/真実と憶測」(V. ガリツキー著)
《Проблемы дальнего Востока》
「極東の諸問題」
1995年第2号
《Тайная миссия Микояна в Китай》Андрей Ледовский
「ミコヤンの中国での秘密使命」論文 (アンドレイ・レドフスキー著)
1990年第2号
《Встречи Сталина с японскими коммунистами》Николай Адырхаев
「スターリンと日本共産党の会談」(ニコライ・アドゥィルハエフ著) (スターリンの日本語通訳論文)

1996年第２号
《Коминформ в действии. 1947–1948 гг. По архивным документам》Леонид Гибианский
「コミンフォルム1947–1948年。公文書に基づいて」（レオニード・ギビアンスキー著）
《Коммерсант Власть》
「コメルサント・ブラスチ」（露政治・歴史誌）
2000年7月18日号
1998年1月27日号
2000年4月4日号
1999年12月21日号
《Револьвер Сталина мама прятала в фарфоровой кошке》《Совершенно Секретно》
「極秘」紙　2000年第5号
《Жестокие забавы вождя》Генрих Боровик
「首領の残酷な遊び」（ゲンリック・ボロビック著）
《Версия》
「ベルシア」週刊誌
2000年9月5日号
《Как Сталин и Туполев у Америки бомбардировщик срисовали》Андрей Мусалов
「いかにスターリンとツポレフは米国の爆撃機をコピーしたか」
《Родина》
「ロージナ（母国）」誌
1998年9月号
《Закрытый пакет No. 1》Юрий Мурин
「秘密の封書第1号」（ユーリ・ムーリン著）
1998年8月号
《Сталин и Мао, марксизм》Арне Одд Вестад

「新・最新歴史」誌（ロシア科学アカデミー発行、秋刊）

2000年第3号

《Штрихи к портрету Сталина на фоне его библиотеки и архива》Борис Илизаров

「スターリンの古文書と蔵書を基にしたスターリンの性格の特徴」（ボリス・イリザーロフ著）

《Секретная телеграмма И. В. Сталина Д. Эйзенхауеру накануне битвы за Берлин》Г. Кынин

「ベルリン奪取の戦い直前、アイゼンハワーへのスターリンの秘密電報」（G. クーニン編）

2000年第2号

《Новые документы по《делу зорге》》А. Фесюн

「「ゾルゲ事件」に関する新文書」（A. フェシュン編）

《Неизвестные американские архивные материалы о выступлении Черчилля 5 марта 1946 года》Николай Злобин

「1946年3月5日のチャーチル演説に関する知られざる米国古文資料」（ニコライ・ズロービン著）

2000年第1号

《Новые данные о подготовке германского вторжения в СССР в 1941 г.》Владимир Соколов

「ドイツのソ連へ侵攻準備に関する新データ」（ウラジーミル・ソコロフ著）

1999年第3号

《Японские военнопленные и интернированные в СССР》Владимир Галицкий

「ソ連における日本の捕虜と抑留者」（ウラジーミル・ガリツキー著）

《Для выселения чеченцев и ингушей направать части НКВД》Василий Сидоренко
「チェチェン人とイングーシ人の強制移住のために内務人民委員部隊を派遣せよ」(バシーリ・シドレンコ編)
2000年第2号
《Трудовая дисциплина в годы войны》Галиня Серебрянская
「戦争中の労働規律」(ガリーナ・セレブリャンスカヤ著)
1998年第4号
《Посетители кремлёвского кабинета И. В. Сталина 1924-1953 гг.》А. Коротов, А. Чернев, А. Чернобаев
「スターリンのクレムリン執務室の来訪者/1924-1953年」(A. コロトコフ、A. チェルネフ、A. チェルノバエフ編)
1994年第4号
《Наша линия такая》Б. Боневич, Г. Бордюгов
「我々の路線はこうだ」(B. ボネビチ、G. ボルジュゴフ編)
1993年第2号
《Последний Визит Й. Броза Тито в И. В. Сталину》Юрий Мурин, Леонил Гибианский
「ブロズ・チトーのスターリンへの最後の訪問」(ユーリ・ムーリン、レオニード・ギビアンスキー編)
《Молодая гвардия》
「若き親衛隊」歴史・文学誌
1995年5月号
《Великий государственник》Михаил Лобанов
「偉大な国家主義者」(ミハイル・ロバノフ著)
《Новая и Новейшая история》

◎《Сибирская Вандея. 1919-1920. Документы》, международный Фонд《Демократия》
「シベリアのヴァンデー／1919-1920／文書集」国際基金「民主主義」2000年発行
◎《Великая война и несостоявшийся мир 1941-1945-1994》военный и внешнеполитический справочник В. Похлебкин 1999
「偉大な戦争と実現しなかった平和／1941-1945-1994年」軍事・外交政策事典（V. ポフリョープキン編）
◎《Восточная Европа между Гитлером и Сталиным 1939-1941 гг.》ред. Владимир Волков, Леонид Гибианский
『ヒトラーとスターリンの間に挟まれた東ヨーロッパ1939-1941年』（ウラジーミル・ボルコフ、レオニード・ギビアンスキー編）1999年発行

証言

◎ニコライ・フェドレンコ・ソ連外務省極東部長・スターリンの中国語通訳・後の駐日大使の証言
◎グリゴリー・メクレル・ソ連軍二十五軍特殊宣伝部長の証言
◎ニコライ・レベジェフ・ソ連軍・軍事評議会（最高政治指導部）メンバーの証言
◎レオニード・ワーシン、メクレルの補佐官の証言

雑誌

《Исторический Архив》
「歴史的古文書」誌
2000年第3号（5・6月号）

◎《Крутой маршрут》Квгения Гинзбург
『急な道』(エフゲニア・ギンズブルグ著)
◎《Власть и оппозия》Вадим Роговин
『権力と野党』(バジム・ロゴービン著) 1993年発行
◎《Был ли Сталин агентом охранки?》сборник статей
「スターリンは帝政ロシアのオフランカ（秘密警察）のスパイだったのか」記事・論文集：「スターリンの犯罪／秘密の歴史」（アレクサンドル・オルロフ著)、「歴史の審判の前で」（G．アルチューノフ著）1999年発行
◎《Упушенный шанс Сталина》Михаил Мельтюхов
『スターリンの失われたチャンス』（ミハイル・メリュチュホフ著）2000年発行
◎《Семейная хроника времен культа личности 1925-1953》Инна Шихеева-Гайстер
『個人崇拝時代の家族の記録／1925-1953』（インナ・シヘエワ・ガイスター著）1998年発行
◎《Русская православная церковь и коммунистическое государство 1917-1941》Библейско-богословский институт имени Апостола Андрея
『ロシア正教と共産主義国家／1917-1941年』聖使アンドレイ名称聖書・神学研究所1996年発行
◎《Переписка прдседателя совета министров СССР с Президентами США и премьер-министрами Великобритании во время Великой Отечественной войны 1941-1945 гг.》2тома МИД СССР
『第二次世界大戦中のソ連邦閣僚会議議長と米大統領、イギリス首相との文通』ソ連外務省1986年発行

『収容所／1918-1960／文書集』

◎《У истоков биполярного мира》Виталий Лельчук

『二極世界の源で』（ビタリー・レリチューク著）論文集「ソ連社会」1997年発行

◎《Роль МГБ в советизации Польши》Н. Петров

『ポーランドのソビエト化におけるソ連保安省の役割』（N. ペトロフ著）「スターリンと冷戦」論文集1997年発行

◎『ゴムルカ回想録』1994年発行

◎《Нарастание конфронтации》М. Наринский

『対立激化』（M. ナリンスキー著）論文集「ソ連社会」1997年発行

◎《Литературный фронт》Денис Бабиченко

『文学戦線』（デニス・バビチェンコ監修）1994年発行

◎《Идеологические чистки второй половины 40-х годов》Геннадий Костырченко

『四〇年代後半のイデオロギー粛清』（ゲンナジー・コスティルチェンコ著）論文集「ソ連社会」1997年発行

◎《Военно-промышленный комплекс СССР》Гелий Рябов

『ソ連の軍産複合体』（ゲーリ・リャボフ著）論文集「ソ連社会」1997年発行

◎《Иосиф Виссарионович Сталин. Краткая биография》

『スターリン小伝』国立政治文献出版 47年発行

◎《Звенья》No. 1《Мемориал》

「連鎖」1号1991年発行、ロシア民間人権団体「メモリアル」発行資料集

◎《Колымские Рассказы》Варлам Шаламов

『コルイマ物語』（バルラム・シャラーモフ著）

◎《Сталин. Правда и Ложь》Владимир Жухрай
『スターリン／真実と嘘』（ウラジーミル・ジュフライ著）1999年発行
◎《20 писем к другу》Светлана Аллилуева
『友人への二十通の手紙』（スベトラーナ・アリルーエワ著）2000年発行
◎《Справочник по ГУЛАГу》Жак Росси
『ラーゲリ註解事典』（ジャック・ロッシ著）ロシア語版1991年発行
◎《Рядом со Сталиным》Георгий Куманёв
『スターリンとともに』（ゲオルギー・クマニョフ著）1999年発行
◎《Памятные записки》Лазарь Каганович
『回想録』（ラザリ・カガノービチ著）1996年発行
◎《Власть и художественная интеллигенция. Документы 1917–1953 гг.》Андрей Артизов, Олег Наумов
『権力と芸術インテリ／文書集1917–1953年』（アンドレイ・アルチゾフ、オレグ・ナウモフらの共著）1999年発行
◎《Советский Союз: История власти 1945-1991》Рудольф Пихоя
『ソ連邦：権力史1945–1991年』（ルドルフ・ピホーヤ著）1998年発行
◎《Солдаты империи》Феликс Чуев
『帝国の兵士たち』（フェリクス・チューエフ著）1998年発行
◎《1941 год. Документы》сборник, Международный Фонд《Демократия》
『1941年／文書集』国際基金「民主主義」1998年発行
◎《Частная жизнь вождей》Владимир Ткаченко, Константин Ткаченко
『首領たちの私生活』（ウラジーミル・トカチェンコ、コンスタンチン・トカチェンコ共著）2000年発行
◎《ГУЛАГ. 1918-1960. Документы》сборник, Международный Фонд《Демократия》

омов
『スターリン／権力と芸術』（エフゲニー・グロモフ著）1998年発行

◎《Политбюро. Механизмы политической власти в 1930-е годы》Олег Хлевнюк
『政治局／1930年代における政治権力のメカニズム』（オレグ・フレブニュク著）1996年発行

◎《Сталин. Путь к власти. 1879-1929》Роберт Такер
『スターリン／権力への道／1879-1929』（ロバート・タッカー著）ロシア語版1990年発行

◎《Писатель и власть》Наталья Примочкина
『作家と権力』（ナターリア・プリモチキナ著）1998年発行

◎《Советская юстиция при Сталине》Питер Соломон
『スターリン時代のソビエト司法』（ピーター・ソロモン著）1998年発行

◎《Система исправительно-трудовых лагерей в СССР. Справочник》
『ソ連における矯正労働収容所制度／事典』1998年発行

◎《Архипелаг ГУЛАГ》Александр Солженицын
『収容所群島』（アレクサンドル・ソルジェニーツィン著）1990年発行

◎《Расстреляные маршалы》Владимир Карпов
『銃殺された元帥たち』（ウラジーミル・カルポフ著）2000年発行

◎《Памятное》Андрей Громыко
『アンドレイ・グロムイコ回想録』1988年発行

◎《Русские тайны. Убийство Михоэлса》Виктор Левашов
『ロシアの秘密／ミホエルス暗殺』（ビクトル・レバショフ著）1998年発行

『ソビエトの弾圧の歴史』（ユーリ・スチェツォフスキー著）1997年発行
◎《Лаврентий Берия. 1953. Документы》В. Наумов, Ю. Сигачев
「ラブレンティ・ベリヤ・1953年・文書集」（V．ナウモフ，Y．シガチョフ著）1999年発行
◎《Театр Иосифа Сталина》Антон Антонов-Овсеенко
『ヨシフ・スターリンの劇場』（アントン・アントノフ・オフセエンコ著）2000年発行
◎《Сталин без маски》Антон Антонов-Овсеенко
『素顔のスターリン』（アントン・アントノフ・オフセエンコ著）2000年発行
◎《Семь вождей》Дмитрий Волкогоноа
『七人の首領たち』（ドミトリー・ボルコゴーノフ著）1999年発行
◎《Жертвы Ялты》Николай Толстой
『ヤルタの犠牲者たち』（ニコライ・トルストイ著）1996年発行
◎《Горький безмаски. Тайна смерти》Вадим Баранов
『素顔のゴーリキー／死の秘密』（バジム・バラーノフ著）1996年発行
◎《Крестосев》Александр Яковлев
『十字架の氾濫』（アレクサンドル・ヤコブレフ著）2000年発行
◎《Воспоминания бывшего секретаря Сталина》Борис Бажанов
『私はスターリンの秘書だった』（ボリス・バジャノフ著）1997年発行
◎《1937》Вадим Роговин
『1937年』（バジム・ロゴービン著）1996年発行
◎《Кремлевские жены》Лариса Васильева
『クレムリンの夫人たち』（ラリーサ・ワシーリエワ著）1999年発行
◎《Сталин. Власть и искусство》Евгений Гр

ты и свидетельства участника событий 1937-1952》Андрей Ледовский
『中国の運命におけるソ連とスターリン』（アンドレイ・レドフスキー著）1999年発行

◎《Тайная война Иосифа Сталина: советские разведывательные службы в США накануне и в начале холодной войны. 1943-1953》В. Поздняков《Сталинское десятилетие холодной войны. Факты и гипотезы》
『ヨシフ・スターリンの秘密戦争』（V. ポズニャコフ著）ロシア科学アカデミー発行の論文集「スターリンの冷戦10年」1999年発行

◎《Военно-экономическая политика СССР от《демилита-ризации》к гонке вооружений》И. Быстрова
『ソ連の軍事経済政策／非軍事化から軍備拡張へ』（I. ブィストローワ著）ロシア科学アカデミー発行の論文集「スターリンの冷戦10年」1999年発行

◎《Загадочная война: корейский конфликт 1950-1953 годов》Анатолий Торкунов
『なぞの戦争』（アナトリー・トルクノフ著）2000年発行

◎《Неизвестный Троцкий. Красный Бонапарт》Валерий Краснов, Владимир Дайнес
『知られざるトロツキー／赤いボナパルト』（ワレリー・クラスノフ、ウラジーミル・ダイネス）2000年発行

◎《Коминформ и послевоенная Европа. 1947-1956 гг.》Грант Адибеков
『コミンフォルムと戦後の欧州／1947-1956年』（グラント・アジベコフ著）1994年発行

◎《История советских репрессий》Юрий Стецовский

◎《Сталинград》Энтони Бивор
『スターリングラード』（アントニー・ビーバー著）ロシア語版1999年発行
◎《Тени Сталина》Владимир Логинов
『スターリンの影たち』（ウラジーミル・ロギノフ著）2000年発行
◎《Рузвельт》Анатолий Уткин
『ルーズベルト』（アナトリー・ウートキン著）2000年発行
◎《Так это было. Национальные репрессии в СССР 1919-1952 годы》Светлана Алиева
「それは、こうして起きた／ソ連の民族弾圧1919–1952年」論文・記事集（スベトラーナ・アリーエワ編）1993年発行
◎《Наказанный народ. Репрессии против российских немцев》Институт Гёте,《Мемориал》
論文集「懲罰された人民／ロシアのドイツ人弾圧」ゲーテ研究所（在露ドイツ大使館付属）1999年発行
◎《Накануне. Курсом к победе》Николай Кузнецов военные мемуары
『戦争前夜。勝利に向けて』（ニコライ・クズネツォフ海軍司令官回想録）1991年発行
◎《Записки командующего фронтом》Иван Конев
『前線司令官の手記』（イワン・コーネフ著）2000年発行
◎《Деловсейжизни》Александр Василевский
『全生涯の仕事』（アレクサンドル・ワシレフスキー著）1984年発行
◎《Молотов. Полудержавный властелин》Феликс Чуев
『モロトフ』（フェリクス・チューエフ著）1999年発行
◎《СССР и Сталин в судьбах Китая. Докумен

行

◎《Через годы и расстояния. История одной семьи》Олег Трояновский
『ある家族の歴史』（オレグ・トロヤノフスキー著）1997年発行

◎《Объект No. 1》Илья Збарский
『物体第一号』（イリヤ・ズバルスキー著）2000年発行

◎《Рядом со Сталиным. Записки телохранителя》Алексей Рыбин
『スターリンとともに』（アレクセイ・ルイビン著）1992年発行

◎《Россия перед вторым пришествием》Издание СвятоТроицкой Сергиевой лавры
『キリスト再来前のロシア』（聖トロイツェ・セルギエフ大修道院発行）1993年発行

◎《Сталин》Эдвард Радзинский
『スターリン』（エドワルド・ラジンスキー著）1998年発行

◎《Вожди и Сподвижники》Николай Зенькович
『首領と側近者たち』（ニコライ・ゼンコービチ著）1999年発行

◎《Тайны уходящего века》Николай Зеньковичч
『去り行く世紀の秘密』（ニコライ・ゼンコービチ著）1999年発行

◎《Маршалы и генсеки》Николай Зенькович
『元帥たちと書記長たち』（ニコライ・ゼンコービチ著）1999年発行

◎《Сталин в объятиях семьи》Юрий Мурин
『家族に抱かれたスターリン』（ユーリ・ムーリン著）1993年発行

◎《Сталин и Бомба》Дэвид Холловей
『スターリンと爆弾』（デービッド・ホロウェイ著）ロシア語版1997年発行

◎『ウィンストン・チャーチル回想録』ロシア語版1991年発行

参考文献

ロシア語

◎《Гитлер и Сталин перед схваткой》Лев Безыменский
『ヒトラーとスターリン／戦い前夜』（レフ・ベズィメンスキー著）2000年発行
◎《Спецоперации》Павел Судоплатов
『特別作戦』（パーベル・スドプラートフ）1997年発行
◎《Воспоминания.Избранные фрагменты》Никита Хрущев
『ニキタ・フルシチョフ回想録』1997年発行
◎《Так было.Размышления о минувшем》Анастас Микоян
『アナスタス・ミコヤン回想録』1999年発行
◎《Роковой самообман.Сталин и нападение Германии на Советский Союз》Габриэль Городецкий
『破壊的自己欺瞞／スターリンと、ドイツのソ連侵攻』（ガブリエル・ゴロジェツキー著）1999年発行
◎《Кремль.Ставка.Генштаб.》Юрий Гарьков
『クレムリン・司令部・参謀本部』（ユーリ・ガリコフ著）1993年発行
◎《Рядом со Сталиным》Валентин Бережков
『スターリンとともに』（ワレンチン・ベレシコフ著）1999年発行
◎《Сталин с Политический портрет》Дмитрий Волкогонов
『スターリン』（ドミトリー・ボルコゴーノフ著）1997年発行
◎《Гитлер и Сталин.Жизнь великих диктаторов》Алан Буллок
『ヒトラーとスターリン／偉大な独裁者の生涯』（アラン・ブロク著）2000年発

ワシレフスキー，アレクサンドル Василевский, Александр Михаилович 1895〜1977

ソ連の軍人。陸軍大学卒。1937年参謀本部に勤務、第二次大戦で参謀総長、スターリンを補佐して42年スターリングラード・クールスク作戦を立案。45年極東軍総司令官として対日戦を指揮した。50年陸相、後に病気のため退役。著書に『全生涯の仕事』がある。

＊人名録は487ページよりご利用下さい。

を継いで人民委員会議長（首相）となった。党内論争で右派に属して失脚。38年処刑された。

ルーズベルト，フランクリン・デラノ　Franklin Delano Roosevelt　1882～1945
米国の政治家。ハーバード大学、コロンビア大学法学院卒。1907年弁護士資格を取得してニューヨークの法律事務所に就職。10年ニューヨーク州上院議員に当選、ウッドロー・ウィルソン大統領支持を明確にし、31歳で海軍省海軍次官補の要職に就く。21年カナダの別荘で夏季保養中、小児麻痺に感染して下半身不随になるが、28年ニューヨーク州知事に当選して政界に復帰した。32年現職のハーバート・フーバー大統領を破って第32代米大統領に就任。ジョージア州ウォームスプリングズで死亡するまで12年間大統領職にあった。

【ワ―ヲ】

ワシーリー，スターリン　Василий, Сталин　1921?～62
スターリンの息子で、2番目の妻ナジェージダとの間の子。1948年に父の威光でモスクワ軍管区空軍司令官になったが、素行不良でスターリンも見放し、52年に解任され酒浸りになる。スターリン死去直後の53年3月末、「国営財産の横領」容疑などで軍籍を剥奪され、逮捕、投獄。61年春に釈放され、タタール自治共和国の首都カザンに追放された後、翌62年3月に41歳で死亡。

長官が米側を代表した。ユダヤ系ロシア人で、ナチス・ドイツに強い嫌悪を抱いていたため、独ソ不可侵条約が結ばれた頃、スターリンによって外相を解任された。しかし、独ソ戦が始まると現役復帰し、41年11月～43年8月、ソ連最初の駐米大使を務めた。

劉少奇　Liu Shao-qi　1898～1969
中国の政治家。21年中国共産党に入党。労働組合書記部で安源炭鉱ストライキを指導した。23年安源炭鉱工会総主任、25年全国総工会副委員長。26年湖北総工主席として漢口・九江のイギリス租界回収運動を指導。27年モスクワ東方大学に留学。35年北京などの国民党支配区で学生・勤労者の抗日運動を指導、統一戦線工作を推進した。36年党北方局書記、華中局書記、41年皖南事件後、新四軍再建に尽力。43年延安に赴き、中央書記処書記・人民革命軍事委副主席となり、45年7全大会で党規約改正を報告。49年中央人民政府委主席、人民革命委副主席。56年8全大会では中央委員会を代表して政治報告を行い中央委副主席、政治局常務委委員となり、59年毛沢東に代わり国家主席に選ばれた。毛沢東の後継者と目され、65年国家主席、国防委主席に再任された。文化大革命初期は中央工作組組長として推進役を果たしたが、66年党内の資本主義の道を歩む最大の実権派として批判され、68年12回拡大中央委員会で除名、開封市の監獄で死去したが、80年名誉を回復した。主な著作に『共産党員の修養について』『党内闘争について』『国際主義と民族主義』『劉少奇選集』などがある。

ルイコフ，アレクセイ　Рыков，Алексей Иванович　1881～1938
ソ連の政治家。カザン大学法科に学び、学生運動で逮捕、追放され、1902年スイスに亡命した。帰国後モスクワで地下運動を行い、シベリアへ流刑、そこで17年の革命を迎える。ソビエト政府の初代内務人民委員、18年最高国民経済会議議長。21年病床のレーニンを代理し、24年その後

ヤキール，イオーナ　Якцр，Иона　1896～1937

ウクライナ軍管区司令官。37年6月12日銃殺。

【ラ—ロ】

ラデック，カルル　Радек，Карл Бернгардович　1885～1939

ソ連の政治家、革命家。1908年よりドイツ社会民主党で活動。17年の十月革命でペトログラードに移り、外務人民委員部の中欧局長。18年ドイツ革命が起こるとベルリンに潜行し、ドイツ共産党創立に参画、逮捕、後に釈放されてロシアに帰る。20年コミンテルン書記、24年トロツキー派に加わり、27年除名されたが29年復党。30年代の粛清で再び失脚した。一時「イズベスチヤ」紙の主筆を務めた。37年スターリンが見せしめに行った裁判の犠牲者の一人となった。主な著作に『コミンテルンの5年間』（2巻）、『ドイツ革命』（3巻）がある。

リッベントロップ，ヨアヒム・フォン　Joachim von Ribbentrop　1893～1946

ドイツの外交官。軍人の子として生まれる。第一次大戦では騎兵として従軍、戦後はワイン商として成功。32年ナチスに入党してヒトラーに重用され、「リッベントロップ機関」をつくって独自の外交を展開した。35年以後は全権大使となり、駐英大使を経て38～45年外相を務めた。この間、オーストリアとチェコスロバキアの併合など領土拡張計画の立案・実行に携わった。戦後のニュルンベルク裁判で絞首刑。

リトビノフ，マクシム　Литвинов，Максим Максимович　1876～1951

ソ連の外交官。十月革命直後、ソ連のロンドン代表。1930～39年ソ連外務人民委員（外相）。34年ルーズベルト大統領の指示で米ソ国交正常化交渉が始まった際、リトビノフはソ連側代表で、コーデル・ハル国務

メリカデル，ラモン　Меркадер，Рамон　1914～78

トロツキー暗殺犯。元スペイン軍中尉で内務人民委員部（NKVD）の協力者。1940年8月、トロツキーを暗殺し懲役20年。刑期を終えた60年夏、刑務所で看守だった女性と結婚。モスクワ経由でキューバに渡り78年に死去。遺体はモスクワのクンツェボ墓地に「ラモン・イワーノビッチ・ロペス」の変名で葬られている。

毛沢東　Mao Zedong　1893～1976

中国の政治家、思想家。五・四運動（1919年）前後にマルクス主義に触れ、1920年、湖南共産主義小組を組織し、21年、中国共産党創立大会に参加した。31年、江西省瑞金に成立した中華ソビエト共和国臨時中央政府の主席。35年延安への長征途上、指導権を確立した。49年9月21日、中華人民共和国成立とともに中央人民政府主席就任。54～59年初代国家主席。66～69年プロレタリア文化大革命を発動。

モロトフ，ビャチェスラフ　Молотов，Вячеслав Михайлович　1890～1986

ソ連の政治家。1906年からボリシェビキ党員。十月革命後、21年には共産党中央委員、政治局員候補。ヨシフ・スターリンを強く支持し、26年には政治局員。30～41年、ソ連首相。第二次大戦勃発直前に外務人民委員（外相）になり、スターリンが首相の座に就く。ソ連を代表して英米と交渉、テヘラン、ヤルタ両会談にも出席。戦後は国連設立会議で米側と渡り合った。49年に外相を解任されるが、53年に復帰。56年に失脚。

【ヤ―ヨ】

ヤーゴダ，ゲンリフ　Ягода，Генрих　1891～1938

機密警察機関「統合国家政治保安部（OGPU）」長官。内務人民委員（内相）も務める。36年9月に更迭。38年銃殺。

を受け逮捕されたが、奇跡的に一人銃殺を免れた。20年ニジェゴロド党県委書記、22年北カフカス党地方委書記、26年通商人民委員、30年補給人民委員、34年食糧工業人民委員、37年外国貿易人民委員、46年副首相・内外通商相。35年より党中央委政治局員、56年の第20回党大会でスターリン批判の口火を切ったが、65年老衰のため公職を辞した。

ミホエルス，ソロモン　Мцхоэдс，Содомон　1890～1948

ソ連のユダヤ人運動家。モスクワの国立ユダヤ劇場の創始者でソ連邦人民芸術家の称号を持つ人気俳優。ドイツとの開戦後間もなく創設された「ユダヤ反ファシスト委員会」の会長でもあった。1948年、白ロシア（ベラルーシ）の首都ミンスクで暗殺される。

ムーンテルス，ビジゲイム　Мунтерс，Вцдьгейм　1898～1967

ラトビアの外相。1939年にスターリンに強引に相互援助条約を結ばされる。この条約はラトビアの「ソ連邦加盟」のきっかけとなった。

ムソリーニ，ベニト　Benito Mussolini　1883～1945

イタリアの政治家。ファシズム指導者。1922年、首相就任。26年には独裁的な権力を握り、以後ドゥーチェ（指導者）の地位を維持した。ファシズム政権は、経営者と労働者を職種ごとに党の管理する組合として組織し、イタリアを「協調組合国家」として再編成した。イタリアは40年6月、第二次大戦に参戦したが、ギリシヤ、エジプトへの侵攻はいずれも失敗した。43年7月、国王はムソリーニを解任。北イタリアのコモ湖畔でパルチザンに捕らえられて銃殺された。

メリカデル，カリダド　Меркадер，Карцдцд

スペインの筋金入りの女性共産主義者。トロッキー暗殺実行部隊のひとつ「マーチ（母）」の隊長。

問。41年から陸軍現役に復帰し、極東軍司令官に任命される。42年南西太平洋方面軍司令官。45年に太平洋方面軍最高司令官となり、戦艦ミズーリ号艦上で日本の降伏文書を受け取る。45～50年連合国軍総司令部（GHQ）最高司令官。50～51年朝鮮戦争で米軍主力の国連軍司令官。51年トルーマン大統領により解任される。

マリク，ヤコフ　Малцк，Яков　1906～80
ソ連の外交官。ハリコフ経済大学卒、モスクワ外交官養成所卒。外務省情報部部長を経て、1942年駐日大使、対日宣戦布告手交後帰国。51年国連ソ連代表として朝鮮戦争の停戦を提案した。53年駐英大使、55年日ソ交渉全権大使を務めた。

マリノフスキー，ロマン　Малиновский，Роман　1876～1918
ボリシェビキの革命家。帝政ロシアのドゥーマ（国会）にボリシェビキ派の代表として送り込まれていたが、帝政側のスパイとの噂が根強く、革命後、本物のスパイだったことが判明、レーニンが銃殺刑に処した。

マレンコフ，ゲオルギー　Маленков，Георгий Максимилианович　1902～88
ソ連の政治家。モスクワ高等工業専門学校卒。国内戦で赤軍に志願、1920年共産党に入党し、党中央委員会の専従となった。39年書記、スターリンの後継者と目され、53年首相となったが、55年スターリン批判をめぐりフルシチョフ派と対立、失脚、57年反党グループとして追放された。

ミコヤン，アナスタス　Микоян，Анастас Иванович　1895～1978
ソ連の政治家。1915年ボリシェビキに入り、カフカスの青年運動をリードし、ロシア革命・国内戦期にはバクーで活躍、18年イギリス軍の干渉

32年ソ連科学アカデミー会員、42年同副総裁となった。主な著作に『体質と病的特異質に関する学説入門』『代謝の栄養中枢』『水腫』『動脈性高血圧症』『病理生理学指導書』などがある。33年にはスターリンがゴーリキーの勧めで「長生きの研究」をするための全ソ実験医学研究所なる組織を創設、呼び寄せられてモスクワ郊外の別荘地区「銀の森」で研究に専念させられた。

【マーモ】

マーシャル，ジョージ　George C. Marshall　1880～1959

米国の軍人、政治家。バージニア州の陸軍士官学校卒業。38年陸軍参謀本部次官。39～45年陸軍参謀総長。45～47年中国特派大使。47～49年国務長官。47年6月5日、欧州再建のためのマーシャル・プランを提唱。50～51年国防長官。53年マーシャル・プランにおける貢献によりノーベル平和賞受賞。

松岡洋右（まつおか・ようすけ）1880～1946

外交官、政治家。1893年渡米。オレゴン大学に学んだ後、外務省入省。1921年、南満州鉄道会社理事、さらに副総裁を歴任。33年、国際連盟会議に全権大使として出席し、日本軍の満州撤退勧告案採択に際して議場を退場。40年、第2次近衛内閣の外相となり、日独伊三国同盟（1940）、日ソ中立条約（41）を締結。対米強硬路線に立ち、戦後A級戦犯として極東国際軍事裁判における審理中に獄中で病死。

マッカーサー，ダグラス　Douglas MacArthur　1880～1964

米国の軍人。1903年ウェストポイント陸軍士官学校卒業。06～07年セオドア・ルーズベルト大統領の軍事顧問。17～18年第一次大戦の欧州遠征軍准将。30～35年陸軍参謀総長。32年のワシントン市内でのボーナス行進鎮圧で軍を直接指揮。35～41年フィリピン植民地政府軍事顧

相、35年大統領となった。国際連盟で安全保障委員長を務めた。38年ナチス・ドイツのチェコ占領でアメリカに亡命、40年ロンドンに亡命政権を樹立、43年ソ連と同盟、45年帰国。46年大統領に再選されたが、48年二月事件で人民民主主義政権が成立すると辞職し、間もなく死去。

ベリヤ，ラブレンティ　Берия, Лаврентий Павлович
1899〜1953
ソ連の政治家。1917年ボリシェビキに入り、ロシア革命後、国内戦期にカフカスの秘密警察で反革命取り締まりにあたった。同郷人のスターリンにゲーペーウー（国家政治保安部）長官に抜擢され、30年代の血の粛清で指導的役割を果たした。38年内務人民委員、戦後副首相となった。スターリンの死の直後、権力奪取のためクーデターを計画したが失敗、ベリヤ裁判の結果、銃殺された。スターリンの死亡はベリヤによる陰謀だとの説は未だ消えない。

ヘルツ，グスタフ　Hertz, Gustv Ludwig　1887〜1975
ドイツの物理学者。1928年ベルリン工科大学教授、35年ジーメンス研究所所長。45〜54年ソ連で研究活動をし、54年ライプチヒのカール・マルクス大学（東ドイツ）教授。14年原子への電子の衝突の実験を行い、量子論の実験的基礎をつくった。25年ノーベル物理学賞受賞。

ボゴモーレツ，アレクサンドル　Богомолец, Александр Александрович　1881〜1946
ソ連の病理学者。ノボロシスク大学医学部卒。1909年副腎腺の研究で博士号を取得、11年サラトフ大学教授、25年第2モスクワ国立大学教授となり、モスクワ血液学・輸血法研究所で活動した。高等神経活動研究所を組織、主宰し、パブロフの条件反射学説に関連した病理・生理学を研究。また輸血作用のメカニズムに関する理論「コロイド凝固現象」を展開した。29年ウクライナ科学アカデミー会員、31年同アカデミー総裁、

〜1971

ソ連の政治家。モスクワ産業大学卒。1918年共産党に入党。35年党モスクワ地方委員会書記、38年ウクライナ第一書記。スターリンの死後、その後継者として、53年中央委員会第一書記となる。56年第20回党大会でスターリン批判を行い党路線を大幅に修正、米ソ共存外交を推進して内外の論争を呼び、中ソ対立に発展した。58年反対派を追放、首相を兼任したが、党機構改革と農業政策で失敗し、64年失脚した。

ベギン，メナヘム　Begin, Menahem　1913〜92

イスラエルの政治家、シオニズム運動の指導者。若い時からシオニズム運動に参加。1940年ソ連当局に逮捕されるまでパレスチナへの非合法移民の組織化にあたった。42年パレスチナへ移り、非合法軍事組織を率い、テロ活動を推進。48年イスラエル建国に伴いヘルート党を結成して国会議員となった。67年の六日戦争後無任所相となるが、70年ロジャーズ提案の受諾を不満として辞任。77年右翼連合を率いて政権の座に就き、対アラブ強硬政策を主張。83年辞任。

ヘス，ルドルフ　Hess, Rudolph　1894〜1987

ドイツの政治家。第一次大戦で戦った後、ミュンヘン大学で学ぶ。1920年ナチスに入党、34年ナチスの副党首としてヒトラーの副官となる。41年ドイツによるロシア攻撃の前夜英独和平協定推進のためにスコットランドへ赴任、ロンドン塔に投獄された後、オールダーショットで精神医療を兼ねた介護の下におかれた。46年ニュルンベルク裁判で終身刑の判決を受け、生涯服役した。

ベネシュ，エドワルド　Benes, Edvard　1884〜1948

チェコスロバキアの政治家。プラハ大学およびソルボンヌ大学卒。第一次大戦中祖国独立運動に参加。1915年民族会議をパリに結成してその書記長となった。チェコスロバキア共和国成立とともに18年外相、21年首

事、06年民刑局長を兼任、第二次西園寺内閣の司法次官、12年から10年間検事総長、21年大審院長、さらに第二次山本内閣の法相を歴任した。25年枢府副議長、36年二・二六事件後枢府議長に昇格、39年内閣を組織したが、独ソ不可侵条約締結の報に接して退陣。40年、第二次近衛内閣の国務相、内相。45年再び枢府議長を務め、ポツダム宣言受諾をめぐっては無条件降伏反対の立場をとった。敗戦後A級戦犯として極東軍事裁判で終身刑を宣告され、52年仮出所後病気のため死去した。主な著作に『平沼騏一郎回顧録』がある。

ブハーリン，ニコライ　Бухарин，Николай Иванович 1888～1938

ソ連の政治家。モスクワ大学卒。1906年共産党に入党。逮捕、流刑、後に亡命先でレーニンと知り合った。12～13年ウィーン大学で経済学を聴講、18年「世界経済と帝国主義」を発表、マルクス主義の理論家として知られるようになった。革命後は「プラウダ」紙の編集長、党政治局員。またコミンテルン執行委員で、その「綱領」の起草者。20年代の党内論争で右派をリード、スターリン路線に反対したが、29年失脚、30年代の粛清で処刑された。主な著作に『共産主義のABC』『過渡期の経済』『史的唯物論』などがある。

ブルガーニン，ニコライ　Булганин，Николай Александрович 1895～1975

ソ連の政治家。1917年ボリシェビキに入る。37年ロシア共和国人民委員会議長、38年ソ連邦人民委員会議長代理、47年陸軍相兼副首相、48年共産党政治局員を歴任。54年中国、ユーゴスラビアを訪問。56年日ソ国交正常化交渉でソ連代表を務めた。58年首相を解任され、61年第22回党大会で除名された。

フルシチョフ，ニキタ　Хрущёв，Никита Сегеевич 1894

ビシンスキー，アンドレイ　Вышинский，Андрей　1883〜1954

ソ連の法律家、外交官。キエフ大学卒。1902年ロシア社会民主労働党に入党。20年ロシア共産党に入党、23年ロシア連邦検事、25年モスクワ大学教授、35年ロシア連邦検事総長、40年外務次官、49年外務大臣を歴任した。36〜38年大粛清裁判の国家控訴人として注目され、また、ソ連の法理論の確立に尽力した。主な著書に『ソビエト社会主義法学の基礎的課題』『ソビエト法における裁判証拠の理論』『国際法と国際政治の諸問題』などがある。

ヒトラー，アドルフ　Adolf Hitler，1889〜1945

ドイツの政治家で、ナチス・ドイツの指導者。オーストリア生まれ。1919年にドイツ労働党（翌年、国家社会主義労働党と改名）に入党し、21年には指導権を確立して党首となった。33年1月に政権を把握。34年には総統となり、全体主義的な独裁体制を樹立した。39年9月1日のポーランド侵攻で第二次大戦を引き起こした。40年9月、日独伊三国同盟を締結。ドイツ軍は当初、機甲化師団を使った電撃戦を成功させて破竹の勢いだったが、41年6月独ソ戦開始で敗色が濃くなり、ソ連赤軍に包囲されたベルリンの首相府地下壕で自殺した。

ピャタコフ，ユーリー　Пятаков，Георгний Леонидович
1890〜1937

ソ連の政治家。ペトログラード大学中退。学生時代よりキエフを中心に革命運動に参加した。逮捕され流刑、亡命した。1917年ロシア革命後、ウクライナ臨時政府の首班、23年国民経済最高会議副議長、29年国立銀行総裁。20年代後半の党内論争でトロツキー派に属し除名され、後に復党したが、30年代の粛清裁判で処刑された。

平沼騏一郎（ひらぬま・きいちろう）1867〜1952

司法官僚・政治家。帝国大学卒。1888年司法省に入り、1905年大審院検

建活動に従事。35年検挙され、戦後政治犯一斉釈放により出獄後、党中央委員、政治局員、幹部会員として活動。この間、統制委員会議長、中央委員会書記局員となる。64年労働組合部長、70年党副委員長。78年除名された。主な著作に『党とともに歩んで』『獄中日記』『私の戦後史』などがある。

バジャーノフ, ボリス　Бажанов, Борис　1900～82

スターリンの党政治局担当秘書。1928年1月、「党内での偽りの生活」を嫌悪し、粛清される前にイラン国境を越えて米国に亡命した。著書に『私はスターリンの秘書だった』がある。

ハリトン, ユーリ　Харитон, Юлий Борисович　1904～96

ソ連を代表する核物理学者。核開発コンプレクス「アルザマス16」の所長を1946～96年の長年にわたり務めた。49年8月の原爆実験に参加。スターリン時代に「社会主義労働英雄」を3度受章。

ハリマン, W. アバレル　William Averell Harriman　1891～1986

米国の実業家、政治家。グロートン校、エール大学卒業。1915年、鉄道会社「ユニオン・パシフィック」副会長に就任し、32～42年会長。ルーズベルト大統領の個人的知己を得て、43～46年駐ソ連大使。46年には駐英国大使。54年にはニューヨーク州知事。

ビエルト, ボレスラフ　Bierut, Boleslaw　1892～1956

ポーランドの大統領。1912年ポーランド社会党左派の党員となり、18年共産党に入党、ワルシャワ・ウッチの労働組合・党組織を指導した。数次の投獄の後、コミンテルンの活動家として、チェコスロバキア、オーストリア、ブルガリアで働き、第二次大戦前からモスクワで活動。大戦末期からポーランド国民評議会議長。解放後、47～52年大統領、党総書記を歴任した。

反革命公判で欠席のまま死刑の判決を受け、最後の亡命地メキシコで40年8月に暗殺された。主な著作に『我らの革命』『ロシア革命史』『裏切られた革命』などがある。

【ナーノ】

野坂参三（のさか・さんぞう）1892〜1993

社会運動家、日本共産党の指導者。慶応義塾大学卒。慶応義塾入学後友愛会に加入、卒業後その常任書記となり、機関誌「労働及産業」の編集を担当。19年友愛会特派員としてイギリスに渡り、20年イギリス共産党に創立と同時に入党。22年帰国して日本労働総同盟顧問となり、総同盟の戦闘化を図った。同年日本共産党創立直後に入党、23年第一次共産党弾圧事件で検挙・投獄された。24年産業労働調査所設立。28年三・一五事件で検挙・投獄。31年日本共産党中央委員、35年コミンテルン第7回大会で執行委員会幹部会員に選ばれ、36年岡野進の名で山本懸蔵とともに「日本の共産主義者への手紙」を発表した。40年中国に入り、延安に留まって日本の侵略戦争に反対して戦い、日本人反戦同盟などを組織した。46年帰国、日本共産党第5回大会で中央委員に選ばれ、政治局員・書記局員となる。同年衆院議員に当選、共産党国会議員団長として活動したが、50年マッカーサー指令で公職追放された。56年東京地方区から参院議員に当選。58年第7回党大会以来82年まで中央委員会議長。名誉議長。主な著書に『亡命十六年』、『野坂参三選集』（全2巻）、『風雪のあゆみ』（全9巻）などがある。

【ハーホ】

袴田里見（はかまだ・さとみ）1904〜90

社会運動家。1925年日本共産党から派遣され、モスクワの東洋勤労者共産主義大学に学ぶ。28年帰国し、党中央委員として、宮本顕治らと党再令によって追放され、武装闘争方針をとって党を極左冒険主義に導き、党勢を激減させた。53年北京で客死。主な著作に『獄中十八年』、『徳田球一全集』（全6巻）などがある。

トハチェフスキー，ミハイル Тухачевский, Михаил 1893～1937
ソ連の軍人。1914年ロシア陸軍将校であったが革命に参加、内戦で自衛派との戦闘に成功を収めたが、「クロンシュタットの反乱」鎮圧や農民弾圧でも辣腕を振るった。後に参謀総長、国防人民委員に任命されたが、37年スターリンが命令した赤軍粛清の犠牲者となった。

トルーマン，ハリー Harry S. Truman 1884～1972
米国の政治家。第33代大統領。カンザスシティー（ミズーリ州）市立法律専門学校卒業。1934～45年上院議員。45年に発足した第4期ルーズベルト政権の副大統領。ルーズベルト大統領が同年4月12日に死亡したため、大統領に就任。48年再選（～52年）。

トロツキー，レフ Троцкий, Лев Давидович（本名レフ・ダビードビチ・ブロンシュテイン）1879～1940
ロシアの革命家。オデッサ実業学校卒。17歳で革命運動に参加。1898年逮捕され、シベリアへ流刑された。1902年ロンドンへ亡命。「労働者新聞」などを編集。05年帰国。ペトログラード・ソビエト議長となり十月ゼネストを指導、後に亡命。ウィーン、パリ、ニューヨークを転々とし、17年の二月革命後に帰国。ボリシェビキに合同、ペトログラード・ソビエト議長としてレーニンとともに十月革命を遂行、ソビエト政府の初代外務人民委員としてブレスト講和全権を務め、次いで国防人民委員、赤軍創設に功績を上げる。レーニンの死後スターリンら党主流の一国社会主義路線に挑戦、この党内論争に破れ、26年除名された。29年国外追放となり、トルコ、フランス、ノルウェーを転々とした。36年モスクワの

ディミトロフ，ゲオルギー　Димитров，Георги　1882〜1949

ブルガリアの革命家。国際労働運動の指導者。12歳で植字工見習となり、1901年ソフィアの植字工組合書記、翌年社会民主党に入る。党分裂後、左派に属する。09～23年労働総同盟書記。九月蜂起のリーダーとして死刑を宣告されたがソ連に亡命、コミンテルン執行委員となる。33年旅行中、国会議事堂放火の容疑でナチス官憲に捕らえられた。ライプチヒ公判でナチズムを糾弾、国際世論の支持で無実となり、34年再びソ連へ行く。35年コミンテルン第7回大会で書記長として「反ファシズムと人民戦線」を発表。第二次大戦が起こると、ブルガリアの祖国戦線の結成を提唱し、45年帰国、翌年首相。人民民主革命・土地改革を推進した。

デカノーゾフ，ウラジーミル　Деканозов，Владимир　1898〜1953

ソ連の政治家。独ソ戦開始前は駐独大使。独ソ戦開戦直前、モスクワでシューレンブルグ駐ソ独大使とスターリン・ヒトラーの直接会談に向けた交渉を行った。第二次大戦中は外交次官。53年12月、ベリヤとともに処刑された。

徳田球一（とくだ・きゅういち）1894〜1953

社会運動家。日本共産党の指導者。日本大学卒。弁護士になるとともに社会運動に参加。1920年日本社会主義同盟結成に参加、22年モスクワの極東民族大会に日本代表の一人として出席。帰国後、堺利彦・山川均らとともに日本共産党創立に参加し、中央委員となる。23年第一次共産党弾圧事件で検挙。24年日本共産党の解党決議の後、党再建論を唱えて堺・山川らに反対、市川正一・渡辺政之輔らとともに中央ビューローの中心となって活動した。26年第3回党大会の後、27年モスクワで27年テーゼ作成に参加した。28年三・一五事件で検挙され、以後法廷と獄内で18年間非転向で闘った。戦後、党再建活動の中心となり、45年第4回党大会で書記長。46年以来衆院議員に選出されたが、50年マッカーサー指

義者）の創立者の一人。1911～12年ザグレブ、スロベニア、チェコ、オーストリアなどで働く。第一次大戦でロシアの捕虜になり、十月革命後、国際赤軍団で活躍。20年共産党員、37年党書記長。41～45年民族解放軍・パルチザン部隊の最高司令官として活躍した。45年首相・国防相・民族戦線執行委員会議長を兼任。53年大統領。スターリンの恫喝にも屈しなかった信念の人として国民の敬愛を受けた。55年以後非同盟運動を推進した。68年新憲法下終身大統領に選出された。

チモシェンコ，セミョーン　Тимошенко, Семён Константинович　1895～1970

ソ連の軍人、元帥。ツァーリ騎兵隊の下士官として1917年の革命に参加した。39年ポーランド駐留赤軍司令官。39～40年対フィンランド戦争に参加。40～41年国防人民委員、第二次大戦（41～45年）には西部方面軍司令官。45～47年中国にあって中国解放軍の編制に寄与。レーニン賞3回、〈勝利〉勲章を受ける。

チャーチル，ウィンストン　Winston S. Churchill　1874～1965

英国の政治家。1894年、サンドハーストの陸軍士官学校卒業。1900年下院議員、11～15年海相、17年軍需相、24～29年蔵相を歴任。40年に首相となり、第二次大戦で指導力を発揮する。戦後の45年、選挙で労働党に敗れて下野。46年、米ミズーリ州フルトンで有名な「鉄のカーテン」演説を行い、世界に東西冷戦の始まりを強く印象づけた。53年、『第二次大戦回顧録』でノーベル文学賞受賞。

ツァナバ，ラブレンティ　Цанава, Лаврентий　1900～1955

ソ連の政治家。白ロシア国家保安相。ソ連のユダヤ人を代表する著名人、ソロモン・ミホエルス暗殺に直接関与し、スターリンから「政府の特別課題達成」の“功績”で「赤旗勲章」などを密かに授与された。

された。

ソルジェニーツィン，アレクサンドル　Солженицын，Александр Исаевич　1918～2008

ソ連の作家。ロストフ大学物理数学科卒。対独戦に参加。1945年不当な告発を受け、8年間の服役後、56年釈放され、名誉を回復。物理と数学の教師を務めるかたわら62年『イワン・デニーソヴィチの一日』を発表。ソビエトの官僚機構を批判し、人間性の回復を求めたが、その作品が特に反ソ的という理由で、69年作家同盟から除名された。その技法は、作者・主人公・語り手が融合した語りと、特定の主人公よりも登場人物全体の声の重なりを重視するポリフォニーが特徴で、ドストエーフスキーの再来ともいわれる。70年ノーベル文学賞受賞。74年2月13日反体制的運動のため国外追放となり、3月よりチューリヒに在住。76年7月から米バーモント州に転居し、約18年間の米国生活を経て94年5月、ロシアに帰還した。主な著作に『マトリョーナの家』(63年)、『ガン病棟』(68年)、『煉獄の中で』(68年)、『1914年の8月』(71年)、『収容所群島』がある。

【タート】

チェンバレン，ネビル　Chamberlain, Neville　1869～1940

イギリスの政治家。バーミンガム大学卒。1915年バーミンガム市長、18年下院議員、23年蔵相、24年厚生相などを歴任。挙国一致内閣の成立に指導的役割を果たして、31年首相となった。イタリア、ドイツ宥和政策を支持して、38年我々の時代の平和が達成されたと主張、40年戦時中の指導力と戦争突入時の軍事政策の失敗を非難されて辞任した。

チトー，ヨシプ　Tito Josip（本名Broz）1892～1980

ユーゴスラビアの政治家。ユーゴスラビア社会主義労働者党（共産党主たスターリンによって逮捕される。その後解放されるが、1937年の大粛清で銃殺された。

スベトラーナ，アリルーエワ Светлана, Аллилуева 1926～
スターリンの長女で、2番目の妻ナジェージダの子。インド人と結婚。夫の死後、遺骨を持ってインドに入国したまま亡命し、その後英国へ渡る。著書に『友人への二十通の手紙』などがある。

スワニーゼ，エカテリーナ Сванидзе, Екатерина 1885～1907
スターリンの最初の妻。貧しい農民の出で、近所の家で裁縫や洗濯をして日銭を稼ぐ生活をしていたが、1904年にスターリンと故郷のグルジアで結婚した。1907年、長男ヤコフの生後間もなく死亡。

ソコロフスキー，ワシーリー Соколовский, Василий 1897～1968
ソ連の軍人。陸軍大学卒。1918年赤軍に入隊して国内戦に参加、旅団長となる。31年共産党に入党。41年参謀次長。独ソ戦には西部戦線の参謀長、次いで司令官となり、モスクワ攻防戦やベルリン作戦に功績があった。46年ドイツ占領の赤軍司令官、52年より参謀総長、党中央委員。主な著書に『戦術論』がある。

ゾルゲ，リヒャルト Sorge, Richard 1895～1944
ドイツの新聞記者。1919年に創立されたドイツ共産党に入党。25年モスクワに行き、コミンテルン情報局・ソ連共産党で活動。30～33年「社会学雑誌」特派員として上海で情報活動、33年「フランクフルター・ツァイトゥング」特派員として来日、日本で情報活動グループを組織した。コードネーム「ラムザイ」。ドイツのソ連侵攻をいち早くクレムリンに打電したことで知られる。41年尾崎秀実らとともに検挙され、44年処刑

いたことが判明するまでは、病死したとされていた。

スターリン，ヨシフ　Сталин，Иосиф Виссарионович（本名ジュガシビリ）1878／1879～1953

ソ連の政治家。チフリス神学校中退。早くより職業的革命家となり、カフカスで非合法活動を行い、しばしば逮捕、流刑、逃亡を経験した。論文「マルクス主義と民族問題」でレーニンに認められ、1912年党中央委員、機関紙「プラウダ」の編集にあたる。17年ロシア革命をリードした党中央5名の一人。17～23年民族人民委員として、連邦の結成に成功、22年レーニンの推薦で党書記長のポストに就き、以後30年余の長期にわたりその地位にあって、党内外の実権を一手に収めた。死後3年目の56年第20回党大会でフルシチョフのスターリン批判が行われ、晩年の個人崇拝と民主主義ルールの逸脱が非難された。この批判は中ソ論争の端緒ともなった。主な著書に『レーニン主義の諸問題』、『全集』（未完）がある。従来、公式の伝記である『スターリン小伝』によって誕生日は1879年の12月21日とされていたが、エドワルド・ラジンスキーの最新の調査によると本来は1878年12月6日（旧暦）であるとの説も浮上している。

スドプラートフ，パーベル　Судоплатов，Павел　1907～96

ソ連の秘密警察幹部。国家保安省情報・破壊工作局長としてトロツキー暗殺、「チトー暗殺計画」をはじめとする様々な特殊任務を計画、指揮したことで知られる。1953年3月スターリンの死と、同年12月のベリヤの処刑後、「祖国を裏切った」として逮捕され、長い獄中生活の後、68年に出所。以後、文筆活動に入り、『特別作戦』など3冊の著書がある。

スネサレフ，アンドレイ　Снесарев，Андрей　1865～1937

旧帝政軍から革命側に寝返り、トロツキーに任命され北カフカス軍管区の司令官となっていたが、ツァリーツィンに食糧徴発のために派遣され反攻を受け台湾に亡命、その後大陸反攻を呼号した。主な著書に『抗戦と建国』『中国の命運』がある。

ショスタコービッチ，ドミトリー　Шостакович,Дмитрий Дмитриевич　1906〜75

ソ連の作曲家。レニングラード高等音楽院卒。1926年に初演された『第1交響曲』で、世界的に知られた。その後西ヨーロッパの現代音楽の影響で、急進的傾向をたどったが、共産党の批判を受けて作風を転換、37年の『第5交響曲』はその線に沿った傑作として称賛された。第二次大戦後再びモダニズムに陥ったとして批判されたが、49年のオラトリオ『森の歌』で名誉を回復。しかし60年代の雪解けの時期以後は自由な立場で個性的作品を発表した。

スースロフ，ミハイル　Суслов,Михаил Андреевич　1902〜82

ソ連の政治家で党のイデオロギー担当。ブレジネフ時代まで「イデオロギーの守護神」といわれた。モスクワ経済専門学校卒。1921年ロシア共産党に入党。食農委員会、コムソモール（共産主義青年同盟）で活躍。モスクワ大学講師を経て、31〜36年統制委員、37年ロストフ地方委書記、39〜44年スダブロポリ地方委第一書記、46年中央委員、66年政治局員を経て「プラウダ」紙編集長となった。党内きっての理論家で「毛沢東主義批判テーゼ」を起草した。

杉本良吉（すぎもと・りょうきち）1907〜39

演出家。本名、吉田好正。早稲田大学露文科中退。築地小劇場の運動に参加し、土方与志や村山知義に師事する。32年に日本共産党の指示によりロシア行きを決意し、38年に岡田嘉子とともにソ連領に越境。ソ連の著名な演出家メイエルホリドとその下で勉強中の土方与志らを頼ろうとするが、すぐにスパイ容疑で逮捕され、39年に銃殺。81年に銃殺されて

疑で1944年11月に処刑された。

ジュガシビリ，ビッサリオン　Джугашвили, Виссарион

スターリンの父親。ジジ・ロロ村生まれの靴職人で、1874年5月17日に24歳でスターリンの母エカテリーナと結婚してゴリの住人となる。よく酒に酔って暴力を振るい、妻と息子を残してチフリスへと去った。その後は「酔っ払いの喧嘩で死んだ」「浮浪者となって1931年頃に目撃された」などの伝説が残っているが、詳しいことははっきりしない。

ジュガシビリ，ヤコフ　Джугашвили, Яков　1907?～1943

スターリンと最初の妻エカテリーナの息子。砲兵中隊長（陸軍上級中尉）として独ソ戦に赴くが、レニングラードに近いビチェブスク市近郊で数千人の将兵とともに捕虜となった。43年4月、ドイツ軍の収容所で射殺される。

蔣介石　Jiang Jie-shi　1887～1975

中国の軍人・政治家。字は中正。保定軍官学校、日本の陸軍士官学校卒。辛亥革命に参加。第二革命後、上海で株式取引所の仲買人となり、上海の資本家との結びつきをつくった。1922年広東軍政府に参加、孫文の信任を得て、ソ連視察。26年中山艦事件で指導権を握り、帝国主義や浙江財閥と結び、四・一二クーデターを断行。南京政府を樹立した。第二次北伐完了後、一時は反蔣広東政府の樹立などで下野したが、行政院長などになり、党・軍・政の3権を握り、独裁的地位を固めた。30年以降、4次にわたる江西ソビエト区包囲戦を続行。31年満州事変後も譲歩政策をとり、新生活運動を起こしてファッショ的な国内支配をめざした。36年末、西安事件で監禁され、内戦停止を約束して釈放。日中戦争の勃発で、中国共産党と抗日民族統一戦線を組んだが、次第に反共路線を強め、41年新四軍事件を起こした。第二次大戦後、米国にその援助を頼んで内戦を起こし、48年初代中華民国総統となったが、49年末には人民解放軍の

参謀総長でロシア正教徒。独ソ戦前の1937年から3年間と独ソ戦中の2度、軍参謀総長を務めた。スターリンの執務室で唯一、喫煙を許された腹心と言われた。

周恩来 Zhou En-lai 1898～1976

中国の政治家。天津南開大学に在学中、五・四運動が起こり、天津の運動を指導。仏・独留学中に、中国共産党に入党。1924年黄埔軍官学校政治部主任となったが、26年解任された。27年上海労働者のストライキを組織。国共分裂して、南昌蜂起に参加。以後、軍事部門を担当。34年江西ソビエト区の中央革命軍事委員会副主席。長征に加わり、36年西安事件には党を代表して蔣介石の釈放に努めた。日中戦争中は、党を代表して武漢や重慶に駐在。46年内戦の勃発まで、国共間の折衝にあたった。49年国務院総理・外交部長を兼任。58年外交部長を辞してからも、総理として文化大革命を通じて内政・外政の両面に活躍した。主な著書に『周恩来選集』がある。

ジューコフ, ゲオルギー Жуков, Георгий Константинович 1896～1974

ソ連の軍人。フルンゼ陸軍大学卒。1915年ロシア陸軍に入隊、18年赤軍に入隊、19年共産党に入党した。39年ノモンハンの戦いで戦車部隊を指揮した。41年赤軍参謀総長、独ソ戦開始後はモスクワ防衛司令官となる。43年元帥。44年ナチス軍を撃退してベルリンに入った。46年陸軍総司令官となったが47年左遷された。53年第一国防次官、党中央委員、55年国防相となるが、57年解任され退役した。

シューレンブルグ, ベルネル Schulenburg, Berner 1875～1944

ドイツの駐ソ大使。独ソ戦開始直前に、スターリンとヒトラーの直接会談を模索するが、失敗。開戦直後、クレムリンに赴き、モロトフ・ソ連外相に口頭で事実上の「宣戦布告」を告げた。「反ヒトラー陰謀」の容

ジダーノフ，アンドレイ　Жданов, Андрей Александрович　1896〜1948

ソ連の政治家。1915年ボリシェビキに入る。34〜44年キーロフ暗殺事件後のレニングラード党書記の重責を果たした。第二次大戦にはレニングラード防衛の戦功で大将となる。党内きっての理論家で、戦後は、哲学・文学・音楽問題のイデオロギー批判を展開、これは「ジダーノフ批判」と呼ばれる。また、コミンフォルムの結成大会では基調報告を行い、スターリンの後継者と目されたが早世した。この死をめぐっては今なおスターリンの陰謀説もあるが、証拠は挙がっていない。

シティコフ，チェレンティ　Штыков, Терентий　1907〜64

1948年から3年間、朝鮮民主主義人民共和国駐在のソ連大使。朝鮮戦争時にはスターリンと金日成との窓口となる。60年代にはソ連共産党中央委員、最高会議代議員となった。

ジノビエフ，グリゴリー　Зиновьев, Григорий Евсеевич　1883〜1936

ソ連の政治家。若くしてボリシェビキの革命家となり、1902年スイスに亡命、ベルン大学で学んだ。レーニンの秘書として党機関紙を編集。17年ロシア革命でレーニンとともに帰国、10月の武装蜂起に反対したが、革命後、ペトログラード・ソビエト議長、19〜26年コミンテルン議長。後に偽造と判明したいわゆるジノビエフ書簡はイギリスの政争に利用され、保守党の勝利をもたらした。レーニン没後、レニングラード分派のリーダーとしてスターリンの一国社会主義路線に反対、27年除名された。33年復党し雑誌「ボリシェビキ」編集部員となったが、34年キーロフ暗殺事件の容疑で逮捕、36年反革命公判で死刑に処せられた。主な著書に『著作集』(9巻）がある。

シャポーシニコフ，ボリス　Шапошников, Борис　1882〜1945

1931年ジェット推進力研究モスクワ集団を結成、33年ソ連初の液体推進燃料を使ったロケットを打ち上げた。49年秋には既に開発を終えていたＶ２のコピー「Ｒ（ロケット）１」を近代化して600キロの飛行距離を持つＲ２を開発、カスピ海沿いの実験場、カプスチン・ヤードで発射実験に成功した。ソ連の宇宙船の主任設計者として宇宙計画を監督、57年初の人工衛星ボストーク、61年初の有人宇宙飛行ボスホードを成功させた。

【サ―ソ】

サハロフ, アンドレイ　Сахаров, Андрей Дмитриевич 1921～89

ソ連の核物理学者、ソ連科学アカデミー会員。モスクワ大学卒。1950年タム博士と共同で熱核反応の制御についての研究を完成。ソ連の水爆の父と呼ばれるが、反体制の姿勢を隠さず、66年23回党大会を前に、スターリン名誉回復に反対する書簡に署名した。68年「進歩・平和共存・知的自由」を発表。75年ノーベル平和賞受賞。80年ソ連国家への反逆を理由に全ての国家称号を剥奪され、ゴーリキー市（今のニジニーノブゴロド市）へ国内流刑となったが、ゴルバチョフ時代初期にモスクワに戻り、体制批判を続けた。ソ連人民代議員も務めた。

シケイロス, ダビッド　Siqueiros, David Alfaro　1896～1974

メキシコの画家。スペインで「ビダ・アメリカーナ」を発表。1922年メキシコに帰り、共産主義の政治活動に従事した。30年投獄。後にアメリカへ渡るが、急進的政治活動のため追放される。ウルグアイ、アルゼンチン、ブラジルなどで創作活動に従事し、その作品は主に社会的テーマを取り上げ、大胆かつ独創的な手法で描かれている。トロツキー暗殺実行部隊「コニ」の隊長でもあった。

紙を発行、ボリシェビキ路線と対立したが、十月革命後は、ソビエト政権を支持、社会主義リアリズムの輝ける旗手として、新文化の建設に挺身した。晩年には、未完の大作『クリム・サムギンの生涯』に打ち込み、ロシア革命に至るインテリゲンチヤの没落の歴史をテーマとした。しかし、収容所視察をスターリンに命じられ、真実を知りながら書かなかったという一面もある。

ゴットワルト，クレメント　Gottwald, Klement　1896～1953

チェコスロバキアの政治家・革命家。社会民主党左派に属し、1921年チェコ共産党を創立。25年中央委員、29～45年書記長、28～53年コミンテルン執行委員を兼任。38年ミュンヘン協定後、モスクワへ亡命。第二次大戦後の新内閣の副首相、46年人民民主主義政府の首相、48年の二月事件で大統領に就任した。

ゴムルカ，ウラジスラフ　Gomulka, Wladyslaw　1905～82

ポーランドの政治家。1922年から精油工場で働き、社会主義運動に参加。26年ドロホビチア市で化学工業労組書記になり、共産党に入党。30年同労組の本部書記、翌年党労組部委員として多くのストライキを指導。34～36年モスクワの党学校で学び、帰国後シレジアで投獄された。39年ワルシャワ防衛戦に参加。後に国内で地下活動を続け、42年労働者党中央委員となり、反占領民族解放路線の確立に貢献した。43年労働者党総書記となったが、48年右翼的偏向の非難を受け、51～56年拘禁された。56年10月の中央委員会で政治局員、後に第一書記として復活、社会主義へのポーランドの道の推進者となる。60年代にその路線は安定したが、物価問題を契機に70年バルト海沿岸部の港湾・造船労働者の暴動事件の責任を追及されて引退した。

コロリョフ，セルゲイ　Королёв, Сергей　1907～66

ロシアの航空機技術者、ロケット設計者。モスクワ高等技術学校卒。

高会議代議員、科学アカデミー幹部会員。ソ連科学アカデミー原子力研究所所長。

ゲオールギエブナ，エカテリーナ（愛称ケケ）Георгиевна, Екатерина
スターリンの母親。農奴の家に生まれる。1874年に16歳でスターリンの父ビッサリオンと結婚。二人の子供を出産するも早死に。その後にソソ（後のスターリン）を出産。裕福な家々を回り洗濯や縫い物をして家計を支える。ビッサリオンが去った後、ソソを厳しく育てた。

ケナン，ジョージ　Kennan, George Frost　1904〜2005
アメリカの外交官。プリンストン大学卒。東欧諸国の大使館員を務め、1930年ロシアの語学・文化を専門に研究、以後ソ連通として対ソ外交に重きをなす。47年国務省政策企画部長となり、アメリカの冷戦外交の基本となったソ連封じ込め政策を立案した。52年ソ連大使となるが、ソ連政府より拒否される。53年プリンストン高等研究所教授。対ソ外交に関する数多くの著述・講演を行った。57年『ソビエト革命とアメリカ』でピュリッツァー賞を受賞。主な著書に『アメリカの外交 1900 〜 50』、『ソビエトの外交政策 1917 〜 45』がある。

ゴーリキー，マクシム　Горький, Максим（本名アレクセーイ-マクシーモヴィチ-ペーシコフ）1868〜1936
ロシアの作家。独学で創作を志し、1892年処女作『マカール・チュードラ』を発表した。95年『チェルカッシュ』、1901年『海燕の歌』などで名声を得る。社会の下層にうごめく人々の生命力を賛美し、プロレタリア文学への道を開く。06年長編小説『母』で革命家の典型を描き、02年戯曲『どん底』、06年『敵』を発表。レーニンと親交があり、05年逮捕され、後に国外へ亡命。15年より「レートピシ」誌を編集、その周囲に左翼作家を結集した。17年の二月革命で帰国、「ノーバヤ・ジーズニ」

日武装闘争を始めた。34年人民革命軍を編制、36年反日民族統一戦線の方針を提起し、祖国光復会を創立した。37年「朝鮮共産主義者の任務」を執筆して主体的立場を強調。45年北朝鮮共産党を結成、48年第1期最高人民会議代議員・内閣首相、50年人民軍総司令官。67年第4期最高人民会議代議員・首相。70年労働党中央委員会総書記。72年より共和国主席。主な著書に『金日成著作集』がある。

クズネツォフ，ニコライ　Кузнечов，Николаи　1902〜74

ソ連の提督。ソ連海軍建設者の一人。1939年共産党中央委員。第二次大戦中は海軍人民委員および海軍の総司令を兼ね、戦後48～50年太平洋艦隊司令長官、51～53年海相、53年国防次官の要職を務めた。

クループスカヤ，ナジェージダ　Крупская，Надежда Константиновна　1869〜1939

ロシアの女性革命家、レーニン夫人。女子大を中退。日曜学校の教師となり革命運動に参加した。レーニンとともにシベリア流刑され、そこで結婚した。「イスクラ」「プロレタリア」紙の編集書記。ロシア革命後は教育人民委員代理。晩年のレーニンを看病。その死後はスターリン派党主流と対立した。主な著書に『回想録　レーニンの思い出』、『選集』（11巻）がある。70歳の誕生日にスターリンから送られたケーキを食べ、「中毒死」した。

クルチャトフ，イーゴリ　Курчатов，Игорь Васильевич　1903〜60

ソ連の物理学者。1923年クリミア大学物理数学部卒。原子核物理の分野で研究、34年中性子による核分裂を観察、人工放射性元素の核異性体を発見した。49年8月の原爆実験成功への貢献により、最高勲章の社会主義労働英雄勲章を受章。57年常温で水素原子のヘリウム原子変換に成功。原子核工学、特に核融合反応における進歩に貢献した。第三次ソ連邦最

30年代の反革命公判で再び有罪、処刑された。

カガノービチ，ラザリ　Каганович，Лазарь Моисеевич　1893～1991

ユダヤ生まれのソ連の政治家。若くして革命運動に加わり、1911年ボリシェビキに入る。ロシア革命後、赤軍の編制にあたり、国内戦にトルキスタンで活躍した。24年共産党中央委員、30～52年政治局員。スターリンの側近で、粛清の立役者の一人。交通・重工業・燃料工業人民委員などを歴任、56年スターリン批判で失脚した。

カリーニン，ミハイル　Калинин，Михаил Иванович　1875～1946

ソ連の政治家。小学校卒。プチロフ工場の旋盤工として働き、1898年社会民主労働党に入党、レーニンの古い僚友「闘争同盟」のメンバー。革命後、1919年全露ソビエト中央執行委議長に選ばれ、死ぬまで最高ソビエト幹部会議長の地位にあった。国民の信望が厚く、党最高幹部の一人。主な著書に『青年論』『共産主義教育論』、『著作集』（4巻）がある。

キーロフ，セルゲイ　Киров，Сергей Миронович　1886～1934

ソ連の政治家。工業高校卒。トムスクで製図工となり、革命運動に参加、1904年入党。シベリア、カフカスで活躍した。国内戦では軍事革命委員としてアストラハンを防衛した。23年共産党中央委員。スターリンの後継者と目されていた。26年党委書記として反対派の本拠レニングラードへ乗り込み、組織再建に努めたが、党本部スモールヌイで暗殺された。

金日成　Kim Il-sung　1912～94

北朝鮮の政治家。1927年中国吉林省で反帝青年同盟・共産主義青年同盟を組織、30年朝鮮革命軍を組織、32年豆満江沿岸で遊撃隊をつくり、抗

はつらいよ　夕焼け小焼け』にも出演した。主な著書に『悔いなき命を』(73年) がある。その後もソ連にとどまり、92年2月10日、モスクワのアパートで89歳の生涯を閉じた。

オルジョニキーゼ, セルゴ　Орджоникидзе, Григорий Константинович　1886～1937
ソ連の政治家。看護学校卒。1903年ボリシェビキに入る。カフカスで活動。投獄、流刑、亡命の後、中央委員となり、革命後はウクライナ地方非常任委員、カフカス地区党第一書記を経て、30年より重工業人民委員・政治局員。社会主義的工業化に貢献するが、晩年にはスターリンと対立、自殺した。しかし、他殺説も濃厚である。

オルロフ, アレクサンドル　Орлов, Александр　1895～1973
『スターリンの犯罪／秘密の歴史』の著者。スペイン駐在の内務人民委員部 (NKVD) 指導者であったが、1938年7月21日に亡命。「スターリンが実は帝政ロシアのスパイであった」という「国家機密」をスターリンの死の翌月から米誌「ライフ」に発表した。

【カ―コ】

カーメネフ, レフ・ボリソービチ　Каменев, Лев Борисович　1883～1936
ユダヤ生まれのソ連の政治家。1901年社会民主労働党に入党。革命運動のためモスクワ大学を中退、亡命・流刑生活を送る。ロシア革命で党中央委員、「プラウダ」紙を編集、しばしばレーニン路線に反対した。全露ソビエト中執議長、モスクワ・ソビエト議長、通商人民委員などを歴任。党内有数の理論家として初代のレーニン研究所所長となり、「レーニン全集」(第2版、25～32年) を編集。20年代の党内論争で、反対派トロツキストとして除名され、後に復党。「文学研究所」所長となる。

ル・スドプラートフの部下として「ウートカ」「コニ」の二つのトロツキー暗殺実行部隊を組織し、指揮した。

エジョフ，ニコライ　Ежов，Николай Иванович　1895～1940

ソ連の政治家。労働者の出身で内務人民委員を務める。ゲンリフ・ヤーゴダの後任として1936～38年国家政治保安部長官。スターリン時代の大粛清の当事者。その体制は「エジョフシチナ（エジョフ体制）」と呼ばれた。自分の妻まで毒殺していたが、40年2月、自らも粛清の対象となり銃殺された。

エレンブルグ，イリヤ　Эренбург，Илья Григорьвич　1981～1967

ソ連の詩人、小説家。1909年フランスに亡命、17年帰国。54年『雪解け』を発表、以来この言葉はソ連の自由化の象徴となった。61年レーニン賞受賞。主な著書に『詩篇』『ジャンナ・ネイの恋』『第二の目』『あらし』『日本印象記』などがある。

岡田嘉子（おかだ・よしこ）1902～92

俳優・演出家。新聞記者・岡田武雄の娘として広島県に生まれる。東京女子美術卒業。劇作家中村吉蔵に師事し、1919（大正8）年初舞台。21年、山田隆弥主宰の舞台協会公演『出家とその弟子』の芸妓楓で脚光を浴びた。24年日活に入り村田実監督『街の手品師』で好評を得た。27年より、岡田嘉子一座を結成し各地を巡業したが、31年映画界に復帰。36年、井上正夫の演劇道場に参加し演出家杉本良吉を知り、38年12月、二人で樺太国境を越え、ソ連に入る。太平洋戦争中、ハバロフスクで対日ラジオ放送のアナウンサーとなり、戦後モスクワ放送局に移る。54年ルナチャルスキー演劇大学に入学、卒業公演に『女の一生』を演出して成功。72年頃よりたびたび帰国し、演出・舞台出演を行い、また映画『男

ンに随行。

ウォロシーロフ，クリメント　Ворошилов，Климент Ефремович　1881～1969

ソ連の軍人。職工として革命運動に参加。第五ウクライナ軍を指揮、1918年のツァリーツィン防衛で名をあげ、25年陸海軍人民委員、34～40年国防人民委員、26～52年党政治局員を兼ねる。第二次大戦には北西軍司令官として、レニングラード防衛に功績があった。43年テヘラン会談に出席。戦後は、53～60年最高ソビエト幹部会議長。スターリン側近の一人。晩年に反党グループとして批判されたが、自己批判により名誉を回復した。

エイゼンシテイン，セルゲイ　Эйзенштейн，Сергей Михайлович　1898～1948

ソ連の映画監督・映画理論家。ラトビア生まれ。工業学校で建築を学び、1919年赤軍に参加、ポスター・宣伝美術を担当した。後に舞台装置家・演出家を経て23年映画界に入り、25年第1回監督『ストライキ』のモンタージュで注目された。26年『戦艦ポチョムキン』を発表。26年招かれてハリウッドに渡り、さらにメキシコに赴いたが思想的対立と妨害から32年帰国。国立映画大学で映画理論教授に就任の後、38年『アレクサンドル・ネフスキー』、44年『イワン雷帝／第1部』などを撮る。しかし遺作となった『イワン雷帝／第2部』はスターリンから厳しい批判を受けた。彼のモンタージュ論は、世界の映画に大きな影響を与え、精細な理論は今なお大きな関心を集めている。主な著書に『映画の弁証法』『映画論』がある。

エイチンゴン，レオニード　Эйтингон，Леонид

トロツキー暗殺部隊の最高責任者。スペイン内乱でも活躍した。パーベ

人名録

【アーオ】

アトリー，クレメント Attlee, Clement Richard 1883～1967

イギリスの政治家。社会問題に対する関心から社会主義に転向し、1907年独立労働党に入党。22年下院議員、24年陸軍次官、31年郵政相。31～35年労働党副党首、35年党首。第二次大戦中はチャーチルに協力して、43～45年副首相を務める。45年総選挙で労働党初の絶対多数を獲得、第三次労働党内閣の首相として、ポツダム会談に出席する一方、社会主義政策を推進したが、資本に妥協的で、対外政策では中国承認の反面、他の民族運動を抑圧する矛盾に陥る。51年総選挙で敗北して下野、55年党首を辞任した。

アリルーエワ，ナジェージダ Аллилуева, Надежда 1901～1932

スターリンの2度目の妻。1918年、速記タイピストとして兄フョードルとともに、食糧徴発のためにツァリーツィンに派遣されたスターリンに同行。モスクワに帰任後、スターリンと結婚（この頃から兄フョードルは精神を病むようになる）。娘のスベトラーナと息子のワシーリーを産む。18年末からはレーニンの秘書を務め、24年1月のレーニン死後、雑誌「革命と文化」で働く。29年9月「工業アカデミー」に入学し、化学繊維について学び始め、政治にも目覚める。32年11月、短銃自殺。その死と前後の真相については今なお諸説が入り乱れ、謎に包まれたままである。

アントノフ、アレクセイ Антонов, Алексей 1912～

ソ連の政治家。レニングラード工科大学卒。1940年共産党に入党。レニングラード国民経済会議議長を経て、65年電気技術工業相、71年党中央委員、80年副首相。45年2月のヤルタ会談には参謀総長としてスターリ

文庫本　平成二十一年六月　扶桑社刊
装　幀　伏見さつき
DTP　佐藤敦子

スターリン秘録

二〇二四年四月二十三日　第一刷発行

著　者　斎藤　勉

発行者　赤堀正卓

発行・発売　株式会社　潮書房光人新社

〒100-8077　東京都千代田区大手町一-七-二

電話／〇三-六二八一-九八九一㈹

印刷・製本　中央精版印刷株式会社

定価はカバーに表示してあります

乱丁・落丁のものはお取りかえ致します。本文は中性紙を使用

ISBN978-4-7698-7068-5　C0195

http://www.kojinsha.co.jp

産経ＮＦ文庫

産経NF文庫の既刊本

台湾を築いた明治の日本人　渡辺利夫

なぜ日本人は台湾に心惹かれるのか。「蓬莱米」を開発した磯永吉、東洋一のダムを築いた八田與一、統治を進めた児玉源太郎、後藤新平……。国家のため、台湾住民のため、己の仕事を貫いたサムライたち。アジアに造詣の深い開発経済学者が放つ明治のリーダーたちの群像劇！

定価902円(税込)　ISBN 978-4-7698-7041-8

「賊軍」列伝　明治を支えた男たち　星　亮一

一夜にして「逆賊」となった幕府方の人々。戊辰戦争と薩長政府の理不尽な仕打ちに辛酸をなめながら、なお志を失わず新国家建設に身命を賭した男たち。盛岡の原敬、水沢の後藤新平、幕臣の渋沢栄一、会津の山川健次郎……。各界で足跡を残した誇り高き敗者たちの生涯。

定価869円(税込)　ISBN 978-4-7698-7043-2

産経NF文庫の既刊本

「令和」を生きる人に知ってほしい日本の「戦後」

皿木喜久

なぜ平成の子供たちに知らせなかったのか……GHQの占領政策、東京裁判、「米国製」憲法、日米安保——これまで戦勝国による歴史観の押しつけから目をそむけてこなかったか。「敗戦国」のくびきから真に解き放たれるために「戦後」を清算、歴史的事実に真正面から向き合う。

定価869円(税込)　ISBN978-4-7698-7012-8

子供たちに伝えたい日本の戦争 1894～1945年

あのときなぜ戦ったのか

皿木喜久

あなたは知っていますか？子や孫に教えられますか？日本が戦った本当の理由を。日清、日露、米英との戦い…日本は自国を守るために必死に戦った。自国を貶める史観を離れ、「日本の戦争」を真摯に、公平に見ることが大切です。本書はその一助になる〝教科書〟です。

定価891円(税込)　ISBN978-4-7698-7011-1

産経NF文庫の既刊本

封印された「日本軍戦勝史」①② 井上和彦

日本軍はこんなに強かった！快進撃を続けた緒戦や守勢に回った南方での攻防戦など、第二次大戦で敢闘した日本軍将兵の姿を描く。彼らの肉声と当時の心境、敵が見た日本軍の戦いぶり、感動秘話などを交え、戦場の実態を伝える。

①定価902円(税込) ISBN 978-4-7698-7037-1
②定価902円(税込) ISBN 978-4-7698-7038-8

「美しい日本」パラオ 井上和彦

なぜパラオは世界一の親日国なのか——日本人が忘れたものを取り戻せ！ 太平洋戦争でペリリュー島、アンガウル島を中心に日米両軍の攻防戦の舞台となったパラオ。圧倒的劣勢にもかかわらず、勇猛果敢に戦い、パラオ人の心を動かした日本軍の真実の姿を明かす。

定価891円(税込) ISBN 978-4-7698-7036-4

産経NF文庫の既刊本

日本が戦ってくれて感謝しています2

あの戦争で日本人が尊敬された理由

井上和彦

第1次大戦、戦勝100年「マルタ」における日英同盟を序章に、読者から要望が押し寄せたインドネシア――あの戦争の大義そのものを3章にわたって収録。日本人は、なぜ熱狂的に迎えられたか。歴史認識を辿る旅の完結編。15万部突破ベストセラー文庫化第2弾。

定価902円（税込）　ISBN978-4-7698-7002-9

日本が戦ってくれて感謝しています

アジアが賞賛する日本とあの戦争

井上和彦

インド、マレーシア、フィリピン、パラオ、台湾……日本軍は、私たちの祖先は激戦の中で何を残したか。金田一春彦氏が生前に感激して絶賛した「歴史認識」を辿る旅――涙が止まらない！感涙の声が続々と寄せられた15万部突破のベストセラーがついに文庫化。

定価946円（税込）　ISBN978-4-7698-7001-2